崔允漷　　吴刚平　　周文胜　　主编

课　程

与

梦　想

"真爱梦想杯"
校本课程设计大赛
作品精选

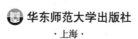

华东师范大学出版社
·上海·

图书在版编目(CIP)数据

课程与梦想:"真爱梦想杯"校本课程设计大赛作品精
选/崔允漷,吴刚平,周文胜主编. —上海:华东师范大学
出版社,2022
ISBN 978 - 7 - 5760 - 2976 - 5

Ⅰ.①课…　Ⅱ.①崔…②吴…③周…　Ⅲ.①课程设
计—中小学　Ⅳ.①G632.3

中国版本图书馆 CIP 数据核字(2022)第 118155 号

课程与梦想

"真爱梦想杯"校本课程设计大赛作品精选

主　　编　崔允漷　吴刚平　周文胜
责任编辑　彭呈军
特约编辑　单敏月
责任校对　王婷婷　时东明
装帧设计　卢晓红

出版发行　**华东师范大学出版社**
社　　址　上海市中山北路 3663 号　邮编 200062
网　　址　www.ecnupress.com.cn
电　　话　021 - 60821666　行政传真 021 - 62572105
客服电话　021 - 62865537　门市(邮购)电话 021 - 62869887
地　　址　上海市中山北路 3663 号华东师范大学校内先锋路口
网　　店　http://hdsdcbs.tmall.com

印 刷 者　上海商务联西印刷有限公司
开　　本　787×1092　16 开
印　　张　17.25
字　　数　348 千字
版　　次　2022 年 8 月第 1 版
印　　次　2022 年 8 月第 1 次
书　　号　ISBN 978 - 7 - 5760 - 2976 - 5
定　　价　62.00 元

出 版 人　王　焰

前　言

　　为落实立德树人根本任务,深化基础教育课程改革,推进校本课程能力建设,提升学校课程领导力,教育部基础教育课程研究华东师大中心、华东师范大学课程与教学研究所与上海真爱梦想公益基金会,联合创建全国性的校本课程设计大赛机制,搭建校本课程开发的专业公益平台。这一专业公益平台,不仅开发和提供了校本课程纲要和教案研制的技术模板,还贯彻前置评价理念,研制和提供了涉及先进性、一致性、技术性和原创性等4个维度共16项指标的评价工具,为中小学教师开发校本课程提供技术规范和专业支持。

　　自从2012年5月启动"真爱梦想杯"第一届校本课程设计大赛以来,每两年举办一届校本课程设计大赛和学术研讨会,至今已连续举办五届,参赛中小学教师几乎涵盖全国所有省级行政区域,累计网络征集和共享14 000多份校本课程纲要和42 000多份教案,持续推动全国中小学校本课程设计学术理论交流和实践经验分享。作为校本课程设计大赛10年旅程的一个小结和纪念,也是向一直关心和支持这一专业公益平台建设的广大教育工作者和社会各界人士做出的一次成果汇报,我们特将全部五届大赛特等奖作品,按照主题类别进行整理,编辑成册,取名《课程与梦想——"真爱梦想杯"校本课程设计大赛作品精选》,公开出版发行。

　　从主题内容看,获得特等奖的全部50件作品大致可分为五大类别,即创意设计与工艺制作类、乡土文化与地方特色类、艺术体验与户外拓展类、科创信息与绿色环保类、传统文化与红色经典类等。这些成果在很大程度上反映了我国中小学教师校本课程设计的关注重点和技术能力的最新进展,具有十分突出的类型特点。

　　第一,创意设计与工艺制作类校本课程的特点。这类课程常以陶瓷、纸张、泥土、绳子等生活中常见的事物或当地特色工艺资源为学习材料,学生可以在此类课程中学习一项具体的工艺制作过程,充分发挥创意设计物件作品。它们从课程目标到学习主题与活动的安排,再到评价任务设计,大体上都遵循同一种设计思路。首先,学生需要通过各种形式的活动了解一项手工艺制作的基本流程、所需工具、具体技法等内容,同时学习如何欣赏该手工艺制品。其次,在做好前期准备工作的基础上,教师设置课时留给学生设计与制作,学生则将先前所学的手工艺知识与技能应用到实际动手操作过程中,充分体验作品创作的全过程。最后,学生再通过作品展示与评价环节加深对手工艺的认识与理解,同时也获得校本课程学习的成就感与欣赏他人、评价他人的能力。

第二,乡土文化与地方特色类校本课程的特点。这类课程主要以介绍某一地区的物质文化遗产或非物质文化遗产为主要切入点展开,课程内容充分反映了地方特色,为学生深入了解、欣赏、传承家乡文化提供了学习机会。其设计以两种思路为代表。第一种思路为选取能够反映地方特色的手工艺项目作为课程主要内容,如"舟山核雕""皮影""徐州泥玩具"等。该思路的整体过程和创意设计与工艺制作类校本课程类似,即遵循"了解并欣赏地方手工艺及其历史文化——设计并创造地方手工艺作品——展示并评价自身与同伴的手工艺作品"的学习活动安排流程。与前一类主题的校本课程的区别在于,乡土文化与地方特色类校本课程在前者的基础上,更加凸显手工艺项目的地方性与独特性,侧重于对学生家乡情怀的培养。第二种思路以地标性建筑为主要线索,串联地方文化共同构成校本课程学习内容,进而结合项目化学习的特点组织学习活动,如"运河桥韵""海南骑楼""乡情古塔""走进地标"等。遵循此类思路的课程设计共通点在于,教师在指导学生做好前期了解与准备工作的基础上,专门设置课时组织学生实地参观考察,以提供实践机会让学生在亲身体验中感知家乡文化、认识家乡文化。在学生拥有切身体会后,再设计家乡旅游路线规划、家乡绘本绘制、家乡短片制作等成果展示活动,鼓励学生将对家乡的全新认知与情感转化为实物或非实物作品,体现自己的所思、所获、所感。

第三,艺术体验与户外拓展类校本课程特点。这类课程着重鼓励学生探索自我、探索世界,学生可以在此类课程的学习过程中体验以剧目创作、舞台表演为代表的艺术形式,也可以走出课堂、投身自然,感知周围的点滴世界。它们的共性在于:首先,在课程内容的切入点选取上贴近学生生活,如身体的构造、生活的地方等。这些课程内容的切入点是学生在日常生活中经常面对的或遇见的,但他们又没有一个完整的学习机会更加深入、全面地了解它们,而校本课程的设计可以帮助他们重新认识这些熟悉的事物与环境。其次,在课程活动的安排上注重学生自身的表达、创作与探索。教师善于通过丰富多样的活动,如情境游戏、剧本改编或创编、剧目排演、新闻采编等,鼓励学生充分释放自我表达的欲望,在这些活动中勇敢表达自己的想法、尽可能地在同伴面前展示自己。最后,在课程评价的设计上强调过程性评价。由于此类课程设计的最终目的不在于评价学生成果质量的优劣,而在于学生在学习过程中的表现,故过程性评价是此类课程设计中教师所关注和侧重的基本原则。

第四,科创信息与绿色环保类校本课程特点。这类课程主要吸纳21世纪新兴教育理念,如创客教育、STEM教育、环境教育等,在这些理念的指导下展开课程设计,为学生提供了解世界范围内都在关心的科技发展、环境保护等重要议题的学习机会。此类课程均反映出整合性越来越强的趋势,逐步转向以问题解决为导向的综合性学习,学生在校本课程学习的过程中能够自发地调动各个学科的知识与思维方式，从不同学科视角出发共同解决同一个核心问题，如"速度与激情""创客梦工厂"等。教师开始结合学生生活的环境，如学校、家乡等，围绕学校、家乡可能出现或常出现的环境问题展开设计，引导学生针对这些问题设计方案，践行力所能及的环保举动，继而历经从发现问题、提出问题到解决问题的完整学习历程。由于科创信息与绿色环保类校本课程中的主题任务或核心问题指向各不相同，故此类课程并没有固定的设计思路，学习活动的安排与评价任务的设计由项目或问题驱动，呈现出丰富多样的形式，如微电影制作、调查报告撰写、模型搭建等，保证学生学有所获的同时也增加学习过程的趣味性与新鲜感。

第五，传统文化与红色经典类校本课程特点。这类课程是近年来在落实立德树人根本任务和实现中华民族伟大复兴中国梦的指引下，学校与教师开始特别关注的一类课程。此类课程着重弘扬中华优秀传统文化、国家发展进程中值得传颂的革命精神、奉献精神等，学生可以通过课程学习探索这些经典文化与精神在新时代的意义。与其他四类主题的校本课程相比，此类校本课程的开发还在探索阶段，故总体而言获奖案例相对较少。从学段维度来看，传统文化与红色经典类校本课程主要分布在小学。然而，这并不意味着此类课程只适用于小学生，其同样也可以向初中生与高中生开放。由于此类课程所涉及的主要内容与其他类别的课程相比，并不是学生日常生活中常常能够接触到的。因此，具有历史感和抽象性的内容需尽可能与学生所处的现代情境建立起联系，并以多样化、趣味性强的活动串联学习内容。此外，课程评价也应更侧重于学生在课程学习中的过程性体验与对课程学习的心得、感悟等。

无疑，这50件校本课程设计大赛特等奖作品，是我国中小学教师校本课程开发优秀成果的一个缩影。我们希望并相信，本书的出版和发行，是"真爱梦想杯"校本课程设计大赛的新起点，能够一花引来万花开，进一步发掘和激活校本课程开发的学校教育创新潜力，更好地服务于中小学培育"有理想、有本领、有担当"的时代新人！

最后，在本书出版之际，作为主编，我们在此要表达我们发自内心的感谢。衷心感谢十多年来关怀、指导和推动"真爱梦想杯"校本课程设计大赛的领导、专家和各界人士，感谢你们对这项专业公益事业的引领和支持！衷心感谢踊跃参与历届校本课程设计大赛和研讨活动的广大中小学校长、教研员和教师，感谢你们的专业投入和专业表现！衷心感谢徐晨盈博士全程参与本书整理和统稿工作，以及华东师范大学出版社教育心理分社彭呈军社长和各位编辑，感谢你们的热情付出和专业精神！

编者

2022 年 2 月 6 日

于华东师范大学课程与教学研究所

目 录

第三部分　艺术体验与户外拓展

第四部分　科创信息与绿色环保

第五部分　传统文化与红色经典

附录：2013—2021 年五届校本课程设计大赛特等奖一览表

第一部分

乡土文化与地方特色

🔶 导读

乡土文化与地方特色类校本课程主要以介绍某一地区的物质文化遗产或非物质文化遗产为主要切入点展开,课程内容充分反映了地方特色,为学生深入了解、欣赏、传承家乡文化提供了学习机会。

此类课程的设计,旨在支持学生在学习过程中提升倾听与表达能力、欣赏与创作能力、合作与交流能力等共通能力的同时,着重强调学生在人文积淀、人文情怀等核心素养方面的发展。学生能够在认识、感知、欣赏乡土文化与地方特色的基础上,探寻自身与家乡的关系,逐渐形成家乡认同感。

此类课程多设置综合性较强的项目课题,鼓励学生合作完成,具有一定的学习挑战性。与其他主题类别的校本课程相比,此类课程更适合拥有一定知识储备、技能发展到一定程度的学生。因此,历届乡土文化与地方特色类的获奖校本课程作品主要面向小学高年级、初中阶段的学生。

综合历年获奖作品来看,乡土文化与地方特色类校本课程的设计以两种思路为代表。第一种思路为选取能够反映地方特色的手工艺项目作为课程主要内容,如"舟山核雕""皮影""徐州泥玩具"等。该思路的整体过程和创意设计与工艺制作类校本课程类似,即遵循"了解并欣赏地方手工艺及其历史文化——设计并创造地方手工艺作品——展示并评价自身与同伴的手工艺作品"的学习活动安排流程。与前一类主题的校本课程的区别在于,乡土文化与地方特色类校本课程在前者的基础上,更加凸显手工艺项目的地方性与独特性,侧重于对学生家乡情怀的培养。

第二种思路以地标性建筑为主要线索,串联地方文化共同构成校本课程学习内容,进而结合项目化学习的特点组织学习活动,如"运河桥韵""海南骑楼""乡情古塔""走进地标"等。遵循此类思路的课程设计共通点在于,教师在指导学生做好前期了解与准备工作的基础上,专门设置课时组织学生实地参观考察,以提供实践机会让学生在亲身体验中感知家乡文化、认识家乡文化。在学生拥有切身体会后,再设计家乡旅游路线规划、家乡绘本绘制、家乡短片制作等成果展示活动,鼓励学生将对家乡的全新认知与情感转化为实物或非实物作品,体现自己的所思、所获、所感。

01 舟山核雕

江苏省苏州市太湖国家旅游度假区中心小学　吴静

前记

适用年级：五或六年级
总课时：32

课程简介

作为苏州人，你一定知道苏州的园林，但你知道苏州的核雕吗？苏州舟山核雕被列入第二批国家级非物质文化遗产代表作名录，是一种特有的民间工艺。独特的工艺，丰富的题材，多样的变化，体现了苏州人民的智慧和深厚的文化底蕴。该课程能让你认识核雕、动手制作核雕、亲近本地工艺大师并欣赏其杰作。赶快来吧，加入核雕世界，走进奇妙的艺术天地。

背景分析

民间传统工艺是我国劳动人民为了满足自己的生活和审美要求，就地取材并付诸手工制作，在现实生活中使用，同时在人民大众中广为流传的审美与实用结合的造型艺术，具有物质与精神的双重属性。苏州核雕是苏州优秀的传统工艺，被列入第二批国家级非物质文化遗产代表作名录，名家众多。

核雕工艺中的自然之趣、物我合一的造物理念正好与儿童精神相映照，将核雕工艺作为我国传统工艺文化的优秀代表融入学校特色课程体系是必要的，也是可行的，能够有效发挥其独特的教育作用。课程的开发和实施，有利于学生个性特长的形成，有利于地方传统艺术的传承和创新,有助于学校特色文化建设,作为校本课程中的一个重点,对学校课程建设发挥良好的引领作用。

学校位于舟山村之侧,许多核雕艺人是课程实施最方便最丰富的教师资源,舟山村的核雕工场和展示馆则是课程实施最理想的实践基地和教学课堂。学校的学生大部分生于舟山村,学生们耳濡目染,大多对核雕具有浓厚兴趣,很希望能够对这一传统工艺有更深入的了解,并成为他们的一技之长。

综合上述原因,学校成立了核雕社团,在综合实践活动课程中增加了核雕内容,邀请核雕大师集中授课,具备了良好的课程基础。作为吴文化与学校教育有机结合的代表,多次在市区内外展示,获得广泛赞誉,为课程实施提供了持久动力。

课程目标

1. 通过欣赏本地工艺大师的核雕作品,认识核雕的艺术价值,培养浓厚的兴趣;

2. 通过教师讲解、实操体验,认识制作核雕的工具,了解制作核雕的基本流程,尝试学习基本的创作技法;

3. 通过有指导的动手雕刻,能够在作品中表现自己的创意与技巧;

4. 通过作品展示,学习欣赏别人的创作,体会"工艺"的深刻含义。

学习安排

认识核雕 ⇨ 亲近核雕 ⇨ 创作核雕 ⇨ 展示核雕

课时1:分享课程纲要。

单元一

课时2:观看大师的雕刻表演(或视频)。教师提前准备大师雕刻视频或者与舟山村核雕大师联系好。

课时3—4:"核雕历史",多媒体介绍核雕的历史,了解核雕的历史由来。要求教师准备多媒体资源。

课时5—6:"认识核雕大师",多媒体介绍从古到今的核雕大师,了解核雕大师的生平以及代表作品。教师要准备多媒体课件。

单元二

课时 7—8："核雕原料及选料"，了解核雕的原料，认识橄榄核原料的分类，了解橄榄核的选料方法。要求教师准备不同种类的橄榄核。

课时 9—10："核雕工具及刻法"，课堂教师展示核雕工具，介绍各种工具的不同用法，使学生了解何种工具适合雕刻何种内容；学生体验不同种类的雕刻方法，为以后的实践作准备。要求教师准备好核雕的各种刻刀以及多媒体课件。

课时 10—11："核雕题材"，认识核雕的各种题材内容。要求提前准备各种题材内容的核雕成品。学生通过认识尝试进行核雕题材的设定和勾画。

课时 12—13："核雕制作流程"，学习制作核雕的流程。要求提前准备多媒体资源及视频。指导学生体验核雕制作的流程，通过家校联合的方式，为学生提供学习体验制作流程的工坊环境。

课时 14："走进核雕村"，组织学生实地参观舟山核雕村、体验核雕制作过程。要求教师提前联系好舟山村村民。

课时 15："核雕市场调查"，组织学生进行一次核雕市场调查，了解现阶段核雕产业的发展情况，认识核雕的价值。要求教师提前指导学生如何开展市场调查。

单元三

课时 16—25：动手制作核雕。教师准备好雕刻材料，学生设计画样，动手雕刻。教师提醒学生设计时要有创新精神，设计的作品要有个性、有自己的想法；教师辅导学生，提醒学生雕刻时注意安全；适时提出雕刻意见，指导学生修改。

课时 26—27："核雕保养"，了解核雕保养的注意点，对自己的核雕作品进行保养。要求教师准备多媒体资料及实物。

单元四

课时 28—29：展示作品，教师组织学生举行核雕作品展览。教师可以邀请核雕大师参观，并且组织全校师生进行参观。注意提前跟学校领导汇报，安排好展览事宜。

课时 30—31：总结与评价，学生梳理总结所学的核雕知识，根据所学知识，结合自己创作的核雕作品，开展自评、互评，评比出最优秀的作品。教师组织评比，准备好奖品。

课时 32：课程回顾，回顾一学期的课程，学生总结本学期课程所学知识，谈谈学习核雕的感想和收获。教师注意前段时间的课程活动的记录（照片、视频），准备好多媒体资料，帮助学生回顾整个学期的活动。

评价活动

开展过程评价＋作品评价。制定评分规则。

评价依据：(1)课堂参与度、上课表现；(2)核雕作品的评比结果。

成绩评定：设甲、乙、丙三个等级；另按实际学时数计算学分。

核雕课程综合评分表

学科知识(20%)	上课表现(20%)	核雕作品(60%)		
		构思新颖	刀工线条	设计比例

甲等：能清楚说出核雕整体的工艺知识，独立完成单个核雕的设计制作，作品设计具有创新性，完成的作品制作精美。

乙等：对核雕的发展历史和著名大师有所了解，能基本判别核雕作品的优劣，能在指导下完成核雕制作。

丙等：了解著名的核雕大师，能够在老师指导和同学合作下制作简单的核雕。

学分计算：每一个学时获 0.5 个学分，满分为 8 分。评等级即可。

备注

以上课程涉及工具操作和校外活动，需要注意课前的指导、联系和学生的安全。

02 运河桥韵

浙江省杭州市拱墅区卖鱼桥小学　王怡芳、朱雅萍

前记

适用年级：五或六年级

总课时：32

课程简介

我们的学校叫卖鱼桥小学。小朋友，你想认识桥吗？这门课程就是老师带你去认识"有意义"的桥；与你一起编制"百桥图"，从汉字"桥"的多样性中感受中国人的智慧；与你一起思考桥的意义：没有桥还有路吗？没有桥，我们的生活会是怎样的？我们还可以一起玩沙盘游戏、畅游拱墅运河，设计桥名片，绘制"运河长卷"。

背景分析

大运河，蕴含国家元素，又是现存世界最长、历史最久的人工河。运河、杭州，是一场永不落幕的遇见。杭州这座有着世界文化双遗产的城市，运河、西湖上的桥不计其数，且具有丰富的文化内涵。杭州市卖鱼桥小学地处运河畔，紧邻运河文化带，拥有后申遗时代的光荣与梦想。卖鱼桥小学文澜校区附近有拱宸桥、登云桥、北星桥、轻纺桥、康家桥、会安桥、长征桥、惠安桥，湖墅校区附近有卖鱼桥、德胜桥、潮王桥，霞湾校区附近有江涨桥、大关桥、华光桥等。作为以"桥"命名的杭州市卖鱼桥小学，有"卖鱼桥"和"卖鱼桥小学"的故事，研究"运河桥韵"更具有实践研究意义。

"运河桥韵"属于学校自主研发的"渔韵"课程之年级课程分支，通过整合突破学科界

限,围绕主题将各学科知识融合在一起,实现知识之间的沟通和融合,通过学习渗透系统的思维方式,实现学生综合能力的发展。已多次在省市级会议上推介,被各类媒体报道,深受学生喜欢。

本课程通过"使者""探旅""报关""绘制运河长卷"等系列深度体验活动,引导学生探寻家门口的桥文化,感悟运河畔文化底蕴,激发学生对学校、对社区、对杭州的热爱之情,培养有家国情怀的卖小学子。

课程目标

1. 通过各种途径,收集家乡杭州各种桥的名称,从"卖鱼桥"出发,了解拱墅运河畔的桥名由来,小组合作编制百桥图,从汉字"桥"的多样性中感受中国人的智慧;

2. 通过实地调研运河从武林门到拱宸桥段的桥,结合资料搜集,认识各种类型的桥梁,通过绘桥、捏桥、桥梁设计、搭桥等系列操作活动,展示"形状最特别"的桥;

3. 通过品读关于家乡桥的文学作品,基于"尊、忠、善、勇"进行"家门口的桥旅"大行动,围绕"桥与我",每个人写一段话,表达自己对"桥"之意义的深刻理解;

4. 通过本课程的综合学习,了解桥是杭州独特的文化底蕴,理解"一桥知杭州"的得天独厚的区域资源,提升自己爱桥爱校爱家乡的情感。

学习安排

本课程的内容单元安排如下:

知桥 ⇨ 做桥 ⇨ 议桥

每周 2 课时连续上,共 80 分钟。课时具体安排如下:
课时 1:分享课程纲要。

单元一:知桥——寻桥名趣事,编百桥图　11 课时

课时 2—3:从"卖鱼桥小学"出发。参观校史馆,了解"卖鱼桥小学"的故事,全班学生摆"卖鱼桥"造型合影。

课时 4:建立桥名大使团。以游戏、抽签的形式组建卖鱼桥、德胜桥、江涨桥、拱宸桥、北星桥等"桥名大使"团队,颁发令旗。"使者"基于调研设计采访问题,明确任务。

课时 5—6:桥名大使团外出探寻桥名趣事,及时拍摄记录工作轨迹。

课时 7—8：桥名大使团小组合作挑选最有意思的桥名，制作名片，讲述桥名趣事和轶事。

课时 9—10：全员查阅资料，到图书馆、拱宸书院，或者网络寻找各种"桥"的字，编制"百桥图"，展示在橱窗展板上，从汉字"桥"的多样性中感受中国人的智慧。

课时 11—12：桥名大使团展示，每团选一种方式展示。可有如下方式：（1）校报、手抄报呈现百桥图；（2）广播站、朗读亭介绍桥故事；（3）合作绘制"百桥寻踪墙"；（4）整理桥名寻踪足迹，剪辑采访踪迹视频等。

单元二：做桥——寻特别之桥，展桥会　10 课时

课时 13—14：寻找"最特别的桥"。分组（2—4 人），清楚任务，每人带 IPAD 或在电脑教室上网查找；或课外在拱墅运河畔（限定区域：从武林门到拱宸桥这一段）寻找自己认为"形状最特别"的一座桥，并实地测量。

课时 15—16：绘桥、捏桥。选择一座"最特别的桥"，小组合作进行团扇画桥、黏土捏桥，再布置成立体的团扇、泥桥墙廊。

课时 17—18：进一步认识桥形。认识"拱桥、梁桥、浮桥、悬索桥、斜拉桥"等不同类型的桥，选择一种类型设计桥梁模型图，电脑制图或者手绘，组内交流作品，推选最佳桥梁模型设计图纸。

课时 19—20：搭桥。根据前两课时设计的桥梁模型图纸，小组合作，用不同材质搭建一座"最特别的桥"，汇报总结、实验展示。感受不同材质、不同桥面它们不同的承重力大小。要求事先准备草图、材料、装饰等，且各部分能够固定。

课时 21—22：展桥会。每个小组（2—4 人）带着自己设计的桥，向全班展示"最特别"的一座桥，时间 5 分钟，说清楚：（1）这是什么形状的桥？（2）为什么说是"最特别"的？设计的亮点和匠心是什么？展桥会结束后，把各种桥汇集在准备好的展板上展出。

单元三：议桥——家门口桥旅，勾桥忆　8 课时

课时 23—24：转盘游戏，根据"尊、忠、善、勇"令旗分为"尊君之桥、忠诚之桥、善义之桥、勇敢之桥"四组使者团，到拱宸桥周边寻找相应的锦囊。

课时 25—26："家门口的桥旅"。搜寻尊君爱国之桥（如拱宸桥）、忠诚之桥（如德胜桥）、善义之桥（如左家桥）、勇于牺牲之桥（如潮王桥）等，在桥面插上令旗，讲述桥的古今故事，家长或同学拍照录像记录。

课时 27—28：四个使者团分组汇报，再全班大讨论，寻找桥的意义：连接、沟通、奉献、牺牲等。写一篇 600 字以上的短文。到拱宸桥边的"朗读亭"说说对桥意义的感受，录音后，剪辑片子。

课时 29—30：以沙盘形式还原古时候"报关"的场景，体现"河面船只拥堵"，桥东桥西

来回不方便,形象感知"桥"作为一个沟通两岸的工具是如何应需而生的。

课时31—32:总结与评价。制作运河长卷,展示"尊、忠、善、勇"桥旅行动踪迹、百桥图、各类桥形等,"桥名大使"和"桥形大使"汇报介绍,播放代表性的 VCR。结合学习过程与成果展示,综合评定期末成绩,给予评优奖励。

评价活动

学生的学期成绩以等第制方式呈现,并由过程性评价(90%)和总结性评价(10%)两部分构成。

1. 过程性评价(90分)

(1) 单元一(30分)

"运河桥韵"之"知桥"评价		评分等级(学生自评)		
评价要点	素养指向	很好 (5分)	一般 (3—4)分	不太满意 (1—2)分
我能讲"卖鱼桥"的故事(5分)	表达			
我能主动搜索不同名称的桥(5分)	主动			
我能与小组成员分享有趣的桥名(5分)	分享			
我能设计有创意的名片和广告(5分)	创意			
我能与小组成员合作编制"百桥图"(5分)	合作			
我能分享桥名寻踪过程(5分)	分享			

(2) 单元二(30分)

"运河桥韵"之"做桥"评价		
评价要点	素养指向	评价操作说明
外出寻找一座特别的桥并实地测量(5分)	自主	根据实践探究的表现,给予相应等级:积极,5分;一般,3—4分;不积极,1—2分。
能够用团扇画桥、黏土捏桥(5分)	创造	根据作品的完成过程及结果,给予相应等级:美观,5分;较美观,3—4分;一般,1—2分。
能够和组员一起完成桥梁设计方案(5分)	合作	根据设计过程中参与的程度,给予相应等级:参与意识强,5分;较强,3—4分;一般,1—2分。
能够提前准备搭建桥梁的材料、装饰等(5分)	认真	根据材料准备情况,给予相应等级:充分,5分;一般,3—4分;不充分,1—2分。

评价要点	素养指向	评价操作说明
能够用不同的材料搭建各种形状的桥(5分)	创意	根据完成作品的情况,给予相应等级:创意强,5分;一般,3—4分;无创意,1—2分。
能够准确、清晰地介绍一座"特别的桥"(5分)	表达	根据介绍情况,给予相应等级:独立完成,5分;协助完成,3—4分;完不成,1—2分。
说明:该主题的评价者为教师。		

（3）单元三(30分)

"运河桥韵"单元三"议桥"评价		
评价要点	素养指向	评价操作说明
搜寻"尊、忠、善、勇"之桥,讲述故事(5分)	实践	根据寻找过程,给予相应等级:主动,5分;较主动3—4分;不主动,1—2分。
能和小组成员一起创编桥的故事、童谣,表演诗文(5分)	合作	根据参与的情况,给予相应等级:合作,5分;一般,3—4分;不合作,1—2分。
主动参与桥意义的大讨论(5分)	分享	根据讨论的情况,给予相应等级:深入,5分;一般,3—4分;不深入,1—2分。
到"朗读亭"说桥意义感受(5分)	表达	根据意义的表达,给予相应等级:深刻,5分;一般,3—4分;肤浅,1—2分。
参与"报关"游戏(5分)	参与	根据游戏参与的情况,给予相应等级:积极,5分;一般,3—4分;不积极,1—2分。
能围绕"桥与我"写一段话(5分)	阐释	根据这段话的情况,给予相应等级:精彩,5分;一般,3—4分;不精彩,1—2分。
说明:该主题的评价者为教师。		

2. 总结性评价(10分)

依据学生的作品和行为表现,具体评价方式如下:

（1）学生作品:运河长卷(6分)

评价要点	素养指向	评价操作说明
能够独立设计有创意的桥的展示作品(3分)	创新	根据完成的作品,给予相应等级:创新,3分;比较创新,2分;不够创新,1分。
能够合作展示"桥名大使""桥形大使"寻踪活动(3分)	合作	根据实践活动中的主动与合作情况,给予相应等级:主动,3分;一般,2分;欠主动,1分。
说明:展示性作品评价者为教师、同学、学生自己。		

（2）行为表现：汇报介绍（4分）

评价要点	素养指向	评价操作说明
能够大胆汇报交流桥的展示作品（2分）	表达	根据汇报情况,给予相应等级：自信,2分;较自信,1.5分;一般,1分。
能够主动宣传学校,保护并宣传家乡的桥（2分）	主动	根据实际开展情况,给予相应等级：主动,2分;一般,1.5分;不主动,1分。
说明：展示性作品评价者为教师、同学、学生自己。		

最终成绩＝单元一(30％)＋单元二(30％)＋单元三(30％)＋总结(10％)

＊评价等第说明：90分及以上,优秀;75—89分,良好;60—74分,合格;60分以下,需努力。

备注

以上课程涉及工具操作和校外活动,需要注意课前的指导、联系和学生的安全。

03 沛县封侯虎

江苏省沛县泗水小学　张振华、朱桂金

前记

适用年级：三至六年级

总课时：18

课程简介

沛县封侯虎（布老虎）是沛县传统布制玩具中最具代表性及历史渊源的民间艺术品，是中华民族民间美术中一枝绚丽的奇葩，它所蕴含的优秀古典文化是现代儿童获得审美机能的沃野。本课程以丰富多彩的沛县封侯虎研究性学习主题活动为依托，以做中学、自主探究、任务驱动、小组学习、游戏活动为基本教学方式，以实践为主要环节，以培养综合能力为重要特征，以"寻、忆、绘、剪"，到"赞、网、研、做、护、悟"这些次序和逻辑设置内容，并与其他学科融通，形成以文化为核心的综合课程，充分体现民族性、乡土性、实践性、创造性。通过学习提高儿童审美意识，激发创造潜能，培育其心智；通过学习使儿童从小学会关注传统文化，关注社会生活，让优秀传统文化深深根植在孩子心中。

背景分析

沛县，因古有"沛泽"而得名，是汉高祖刘邦的故乡和发迹之地。沛县有着丰厚的历史文化遗产，民间艺术源远流长，并与其他艺术种类构成民间美术的多元化，体现着两汉遗风的浓郁风情。"沛县封侯虎"（布老虎）具有 200 多年的历史，是沛县传统布制玩具中最具代表性及历史渊源的民间艺术品，曾作为国礼在北京人民大会堂赠送外国使节，被誉为

"最美的中国卡通"。随着社会的发展,中华民族民间美术的传承和保护面临着非常严峻的形势,特别是当前非物质文化正在以前所未有的速度消解,民间文化的生存与社会发展的步伐发生错位,许多民间艺术品种出现了传承危机。文化传承着一个民族生存奋斗世代沿袭下来的不朽精神。对于祖先留给我们的丰富文化遗产,每个中国人都应该珍惜、爱护,以一己绵薄之力去传承、发扬、光大,教师更要身体力行。

张振华与朱桂金老师都是"沛县封侯虎"的代表性传承人,他们既是"沛县封侯虎"民间艺人又是教师,于是他们有了开发课程的想法。正是在这样的背景下,他们从 1995 年开始进课堂实践,至今已有 18 年,张振华与朱桂金老师的"沛县封侯虎"课程终于成型。通过在学校开设该课程,教师与儿童学到了很多传统技艺中值得学习与研究、品味的东西。同时,这门课程让儿童在做中学,去亲身体验和实践,形成技术思维和技术能力,锻炼儿童手的灵巧度。通过手脑并用,达到心灵手巧的境界,促进儿童多元智能发展。

课程目标

课程目的:立足本土,让传统文化深深根植在孩子心中;发挥潜能,使孩子绽放更多的文化创意之花。开发原则:民族性、乡土性、实践性、趣味性、综合性、递进性、系统性。课程特色:以儿童为本,让孩子真正成为课程开发的主人。

具体目标如下:

1. 了解"沛县封侯虎"(布老虎)起源、历史和各种造型、装饰所蕴含的象征意义以及"沛县封侯虎"背后的故事等;

2. 掌握"沛县封侯虎"的传统造型、装饰特点及制作要领,运用美术要素构成规律,进行欣赏和创作等主题学习活动;

3. 以丰富多彩的研究性学习活动为依托,经历任务驱动的自主探究和小组合作学习,在实践中掌握封侯虎的赏析、设计制作、评价等基本方法;

4. 了解审美过程的基本要求,形成良好的美术学习习惯,获得成功的体验和丰富的经验以及良好的心理、意志品质;

5. 逐步养成对自我、社会、自然之间内在联系的整体认识,愿意传承优秀的传统文化。

学习安排

1. 课程内容安排说明

本课程使用了单元学习的方式,共 10 个单元,以"寻、忆、绘、剪",到"赞、网、研、做、护、悟"的次序和逻辑组织内容,每个单元安排的课时根据需要不等,每课时 40 分钟,总计

18课时。

课程的内容进度安排由浅入深、循序渐进。从最初的"寻虎"到后来的"悟虎",时时引导儿童乐于观察生活、关注社会,本课程还与其他学科相融通,形成走进文化的综合课程,充分体现民族性、乡土性、实践性、创造性。

具体的内容框架如下:

单元一：寻虎

单元目标：通过欣赏、认识布老虎、寻找家乡的封侯虎(布老虎),激发儿童对民间美术的兴趣和对家乡的热爱。

课时1：分享课程纲要;虎虎生威的布老虎

课时2：活动——寻找古黄河畔刘邦故乡的封侯虎

单元二：忆虎

单元目标：通过了解封侯虎的演变过程,讲述相关的民俗故事,编排"手抄报"的形式,培养儿童的续编故事的能力和审美表达能力。

课时3：封侯虎故事会

课时4：封侯虎手抄报

单元三：绘虎

单元目标：通过欣赏,引导儿童用画笔与封侯虎"对话",绘出自己心中之虎,激发儿童的想象力和创新能力。

课时5：妙笔画虎

单元四：剪虎

单元目标：通过剪纸的表现手法,体验家乡剪纸虎的神奇魅力,探究民间美术多元化表现形式的兴趣,进一步加强儿童对虎造型表现能力的培养。

课时6：巧手剪虎

单元五：赞虎

单元目标：了解、收集诗词、成语中的虎韵及布老虎名称趣话,通过欣赏、交流,给虎起名、用虎的词语说、写句子等游戏活动,加深儿童对悠久丰富的民间美术的情感,培养民族自豪感。

课时7：诗词、成语中的虎韵

单元六：网虎

单元目标：运用网站的搜索引擎,下载、复制相关资料,建立封侯虎资源库,收集有关的故事与传说。体验民俗风情的独特韵味,培养计算机操作等综合能力。

课时 8："网览"封侯虎民俗风情

单元七：研虎

单元目标：了解封侯虎的种类、用料和设色及装饰特点,感受它的造型美、色彩装饰美,激发对封侯虎的探究兴趣,培养审美能力。

课时 9：封侯虎的种类、用料与设色

课时 10：封侯虎造型的表现方法

单元八：做虎

单元目标：了解封侯虎制作工具与材料、制作方法与流程。尝试正确的开片方法,完成封侯虎的基本制作与外部装饰,通过菜单体验、3D 虚拟设计课程,做出具有自己创意的新作品。培养动手能力、团结协作能力、创造能力。

课时 11：封侯虎的制作工具与材料

课时 12：封侯虎的开片方法

课时 13：封侯虎的制作过程(1)——虎坯制作

课时 14：封侯虎的制作过程(2)——虎坯装饰

课时 15：封侯虎 3D 虚拟设计课程(菜单体验)

单元九：护虎

单元目标：通过民俗调查,与封侯虎民间艺人面对面,了解封侯虎濒危现状,激发对封侯虎的保护意识;通过艺术节亲子活动促进与亲人间的情感交流,培养知恩、感恩情怀。

课时 16：民俗调查——走近封侯虎民间艺人

课时 17：社区活动——封侯虎艺术节亲子游戏

单元十：悟虎

单元目标：通过感悟、讲述,培养思维表达能力、文化传播能力;通过封侯虎课程的学习,在做中学、乐中学,使"教学做合一"的思想理念贯穿始终,感受民族文化的博大精深,从小学会关注传统文化,关注社会,让优秀传统文化深深根植在心中。

课时 18：把"根"留在课堂

2. 课程实施说明

（1）建立课程保障机制

学校组建沛县封侯虎（布老虎）课程领导小组，由课程开发者张振华和朱桂金老师有计划、有组织地开展教师培训，课程实施做到固定时间、固定场地、固定教师。学校选择封侯虎、艺人制作场景及当地历史古建筑等图片进行场地的环境营造，沛县人民政府还专门成立了"沛县张振华封侯虎艺术研究所"，形成教师研究团队，以课题研究促进课程实施，并建立"振华教育在线"专题网站，为儿童提供封侯虎课程学习交流的平台，成为孩子们点击的热点。

（2）课程实施方法与途径

本课程安排在学校校本课程领域，每周1课时，周三下午第2节课时间进行，与国家课程整合在"学校课程方案"中，排在课表内。课程实施注重结合理论进行反思，再回馈到行动计划。通过资源库的建设，以"问题设计、信息搜索、自主讨论、教师引领、菜单体验、网络档案、反馈评价"的循环形成比较完整的教育过程：

问题设计 → 信息搜索 → 自主讨论 → 教师引领

反馈评价 ← 网络档案 ← 菜单体验

封侯虎课程教学方法以封侯虎专题研究性学习的方式组织跨学科的知识学习，以小组讨论、游戏、合作、比赛、艺术节展示等方式组织多样性的学习实践活动，通过田野调查、实物观察、动手实践、人物采访、录像欣赏、演讲、讲述等方式激发儿童学习封侯虎的兴趣。实施过程中给予教师课程权利，鼓励教师发展潜能，形成自己的特色，努力构建当地个性化、特色化的封侯虎综合课程。

学校通过各种手段、途径，努力提高封侯虎教育效果，形成封侯虎学校文化。主要从以下几方面着手：

（1）普及层次：全校三至六年级周三下午第2节课按教学计划实施的教学活动；

（2）兴趣层次：学生自愿参加的学校封侯虎兴趣小组利用节日、假期开展的社区活动；

（3）研究层次：参加封侯虎课程研究小组的同学，都有自己的研究专题，时间地点不固定，采用校内外结合的方法进行封侯虎研究性学习活动。

评价活动

1. 评价指标

（1）形成自己对课程的兴趣，完成对封侯虎课程的学习。

（2）初步掌握封侯虎课程的相关知识与技能并能通过实践测评。

（3）能够运用所学知识创造性地设计、完成封侯虎作品，并进行展示。

2. 评价方式

封侯虎课程评价更加注重主体性、过程性、形成性和发展性，因此评价目标多元、评价手段多样、评价方法灵活、重过程、重表现、重环节。在实施过程中，对教师、学生、课程进行正确的综合评价。通过学生自评、互评、师评，评价学生在实施过程中的具体学习情况及参与的热情。

（1）自评：由任课教师先确立目标与评价方式，儿童对自己课堂表现进行自我评价。

（2）互评：由同桌之间、同学之间或小组之间通过多种途径进行评价。

（3）师评：由教师通过观察儿童、课堂学习情况，以及通过作业、考核等形式对儿童进行综合评价。教师评价应给予积极的评价，不能以成人认为重要的审美标准来评价儿童的作业效果，评价要以儿童的创造性为重要依据。评价等级：中年级采用星级评价（最多五星，最少一星），高年级采用等级评价（优秀、良好两个等级）。

具体方法：每位同学每节课获得一张评价卡，活动结束后，学生用描述性的语言记录自己在课堂上的收获。接着请同桌或者本小组同学给予中肯的评价，评价卡上留有老师评价的空间。由课代表收齐后交给老师，再做评价。

评价举例："活动成绩评价表"

姓名：　　　　班级：　　　　活动内容：　　　　日期：

自评	我学到了什么？我获得多少机会？我喜欢的原因？我不满意的地方？
互评	评价者签名：
师评	1.优秀　2.良好　3.合格　4.不合格

3. 建立儿童成长记录手册"成长诗篇"

每位儿童有一本封侯虎课程学习儿童成长记录手册——"成长诗篇"，让儿童在成长手册上记录本课程学习成长历程。内容包含：家长寄语、努力目标、成长经历、获奖记录、精彩一刻、得意之作、童言心语、教师评语等板块，可用文字、绘画、照片等形式记录，手册还留有教师、家长评价空间。

04　皮影

长沙市开福区新竹第二小学　朱玮芳

前记

适用年级：五年级

总课时：18 课时

课程简介

皮影艺术综合了戏剧、音乐、美术，集文人写作、艺人刻绘与民间演唱等为一体，蕴藏着极为丰富的文化艺术资源。湖南皮影在此基础上多了一份神秘古老的地方特色。本课程确定了"皮影文化""皮影制作""影戏创编""影戏表演"等主要内容，学生通过观看皮影戏，了解皮影艺术的形式并激发对民间艺术的兴趣；通过搜集皮影的资料了解表现形式及艺术流派；通过了解皮影的具体表演形式，学习皮影的制作工序、工艺，体验皮影艺术的魅力。

背景分析

我校的校本课程秉承学校艺体特色，按照传统和现代两条交织的线索开发和实施。其中，皮影课程属于传统这条线索。皮影是我国非物质文化遗产，承载着中华民族优秀文化的基因。湖南皮影是一种民间美术、民间音乐、民间舞蹈、民间说唱等综合性的戏曲表演艺术，在音乐、念白、造型、雕刻、操纵等方面，都具有浓郁的地方特色。"国务院办公厅关于加强我国非物质文化遗产保护工作的意见"指出："通过社会教育和学校教育等途径，使该项非物质文化遗产的传承后继有人，能够继续作为活的文化传统在相关社区尤其是青少年当中得到继承和发扬……学校教育是最有影响力最有价值的民间艺术继承方式……",把本地民间文化艺术纳入教育体系,无疑是对"非遗"最好的保护与传承。一方面,皮影作为一种民族民间文化,其深刻的精神内涵,值得我们去传承和创新;另一方面,学生具有好玩、好表现的天性,皮影这种操作性和趣味性兼有的民间艺术无疑是满足他们自我表现欲的有效方式之一。因此,我们确立了"皮影课程"的拓展方向。

课程目标

1. 通过观看皮影戏,了解皮影艺术的表现形式,产生对民间艺术的兴趣。

2. 通过搜集关于皮影的文字、图片及实物资料,了解表现形式及艺术流派,形成对皮影艺术的热爱。

3. 通过探究、体验活动,了解皮影的具体表演形式,学习皮影的制作工序、工艺。

4. 通过跳皮影舞蹈、表演皮影剧、学习皮影唱腔,切身体验皮影艺术的魅力。

学习安排

课时 1:分享课程纲要;"皮影的由来"

实施要求:与学生分享课程纲要。通过看、听、摸多种感官来了解皮影,了解皮影的历史源流,初步感受皮影文化的魅力。

课时 2:有趣的皮影戏

实施要求:通过观看和欣赏皮影作品,了解皮影戏这种中国传统民间艺术特色。初步尝试用透明胶片制作造型新颖、别致的皮影作品。

课时 3:画皮影

实施要求:了解皮影的相关知识、人物造型手法及其美感。能利用皮影人物造型的方法,用线画一幅有特点的皮影人物画。

课时 4:刮蜡皮影人物

实施要求:了解剪纸与皮影戏的关系,尝试阴刻;了解皮影这种传统民间艺术的特色,运用刮蜡画设计制作造型新颖别致的皮影作品。

课时 5:皮影的造型与角色

实施要求:把握原生态皮影造型的特点与角色,了解数字化皮影和工艺画皮影的前景。

课时 6:头茬与身子

实施要求:了解头茬是角色设定的标志,不同手法表现不同的人物形象和性格;掌握身子的基本制作工序,尝试制作头茬。

课时7:五官

实施要求:掌握皮影人物的五官侧轮廓是刻画角色的重点——"眼眉平,多忠诚;圆眼睁,性情凶;若要笑,嘴角翘;若要愁,锁眉头"。

课时8:图案

实施要求:赏析皮影图案特点,初步学习绘制图案。

课时9:雕镂

实施要求:通过动手制作与设计,学习简单的皮影雕刻知识,深入了解皮影的造型特点。

课时10:色彩

实施要求:掌握皮影的用色原则如"随类赋彩",知道皮影由于半透明,设色需正、反两面上色,欣赏皮影艺术特有的装饰美。

课时11:结构

实施要求:了解为表演灵活,影人肢体部分之间的组合、分解方式,充分体现粗中有细、豪放有致的艺术风格。重点掌握关节处理的要求。尝试连接各关节部位。

课时12:工艺制作

实施要求:通过完整地体验皮影的制作工序,深入感受皮影这种传统文化艺术的魅力。

课时13:皮影的流传与地方特色

实施要求:通过对比各地皮影,发现不同的地方特色。

课时14:皮影舞

实施要求:通过欣赏模仿皮影戏的唱腔和影人动作,感受皮影戏的声调韵味与动作特点。

课时15:经典皮影戏剧本

实施要求:欣赏几个经典皮影戏剧目,如"东郭先生和狼"、"三打白骨精"等,评析剧本特点,初步尝试自编皮影戏剧本片段。

课时16:自制影人

实施要求:个人尝试或合作制作皮影人。

课时17:操纵表演

实施要求:尝试进行皮影操作表演,归纳操纵皮影人的技巧。

课时18:汇报表演

实施要求:个人或合作自选皮影片段进行表演。

评价活动

本课程以促进学生发展为目的,力求让每一位学生在评价中感受成功。

评价体系多元化:包括学生自评,小组互评,教师、家长点评等。

评价内容全面化:不仅仅关注学生掌握的情况,还重视学生多方面潜能的发展;不仅仅关注结果,还重视学生的学习活动过程和态度。

评价方法多样化:包括艺术作品、表演汇报、成长记录等。

成绩给定方式:主题学习资料(包括收集皮影相关文字、图片资料,皮影文化手抄报、皮影知识PPT汇报课件或网页制作、皮影地方特色调查表等小组学习成果)采用小组互评和教师评价方式,每项都给出优秀、良好和合格等级,以等级数量占项目总数的比率确定该项综合等级;主题学习资料、过程性学习成绩和成果作品三项中有两项为优秀,则最终成绩为优秀,以此类推。

05 稻米飘香

山东省临沂高都小学　陈宏敏、段金

前记

适用年级：小学中高年级

总课时：32

课程简介

"稻米飘香"是一门围绕稻米开展综合学习的校本课程,旨在让学生了解稻米文化,体验稻米种植,通过主题研究和动手实践,认识稻米,研究稻米,培养基础扎实,具有文化认同、创新精神、独立思考和实践能力的综合人才。本课程采用项目式学习,活动中既注重过程评价又注重结果评价,通过多元化的嵌入式表现评价提高学生的兴趣和活动效果。

背景分析

塘贡米的故事是山东临沂广为流传的民间故事,相传唐太宗李世民东征驻此地,食用塘崖村大米倍加赞赏。从此该地种植的大米多被官府征收进贡,并得名"塘米"。塘米故事是当地本土文化的典型代表,其文化底蕴源远流长。在1978年山东省稻米质量评审会上,来自临沂市塘崖村出产的"塘米"以其独特的风味荣获第二。1985年11月,"塘米"又被评为省名优特稀产品,选送北京参加展评,引起有关专家和外宾的关注。

在农业现代化的今天,生长在稻米之乡的孩子们品尝着餐桌上美味的白米饭却不知道大米是怎么来的。虽然孩子们不需要面朝黄土背朝天,但是需要去了解家乡的风土与文化,培养他们对自己家乡的认同感,将文脉薪火代代相传,并在传承的基础上进行创新,用科技创新来造福家乡。

课程目标

1. 通过小组合作,开展网络调查和实地参观访问,了解有关稻米的古诗、谚语、传统习俗等文化;

2. 在实践中了解稻米的主要特征,知道稻米的生长周期;在稻米种植中学会观察与记录,交流与表达,合作与分享;

3. 通过参与种植劳动和探究活动,感受劳动的辛苦和科技造福农业的意义。

学习安排

单元一：开启单元

课时 1：分享课程纲要；分享塘米故事

实施要求：

1. 通过分享课程纲要,学生提出自己的想法,教师在课后根据学生需求调整课程纲要;

2. 课前向长辈了解当地塘米故事,课上交流讨论,引发学生对稻米飘香课程的兴趣向往;

3. 学员分组,把所有同学根据性别和研究专长的不同分为稻秧组、稻花组、稻穗组和米粒组四个小组。

课时 2：学唱开启歌"拾稻穗的小姑娘"

实施要求：学唱"拾稻穗的小姑娘",在儿歌画面和轻松愉悦的歌唱中激发对稻米课程的喜爱；并在接下来所有课程的学习中,每个项目的开始都以开启歌开启新的学习之旅。

单元二：传播稻米文化

课时 3：文化项目开启

实施要求：

1. 明确文化项目任务的情景；

2. 进行头脑风暴式的梳理稻米所涵盖的文化,稻米古诗、稻米谚语、稻米习俗等,尽可能多地覆盖,并分组认领文化搜寻任务；

3. 确定稻米文化项目的调查渠道,如网络调查、实地调查访问等；

4. 制定可行的项目任务计划。

课时 4—5：调查稻米文化

实施要求：

1. 各小组分头集合制定调查计划；

2. 各小组去微机室和图书室调查稻米文化资料；

3. 各小组汇总整理分析所收获的稻米文化。

课时 6：走进村庄

实施要求：以项目小组的形式采访当地农民专家，观察记录所闻所思，完成项目调研成果，汇报评定。

课时 7：走进当地文化馆

实施要求：以项目小组的形式参观当地稻米文化馆，观察记录所见所思，完成项目调研成果，汇报评定。

课时 8：稻米文化成果制作

实施要求：各小组梳理汇总本单元通过各种形式搜集来的稻米文化，用自己独特的方式制作成果，或文字展示，或节目表演。

课时 9：展示塘米文化

实施要求：分小组向外地游客进行稻米文化介绍的实地展演，进行本单元的评价总结。

单元三：一粒米的来龙去脉

课时 10：种植项目开启

实施要求：

1. 明确种植项目任务的情景；

2. 讨论用何种方式来了解大米的来龙去脉；

3. 制定可行的项目任务计划。

课时 11：认识稻米

实施要求：通过网络、书籍、访问等形式了解稻米的生长周期、稻米的地理分布、发展历史、稻米分类等相关知识。

课时 12—14：育秧

实施要求：

1. 通过网络和采访等各种形式了解水稻育秧知识；

2. 梳理所搜集到的育秧知识，小组合作制定育秧方案；

3. 体验育秧过程，包括购买种子、泡种、育秧、浇水、施肥、拔草等各个环节；

4. 形成项目成果，成果评定。

课时 15—16：插秧

实施要求：

1. 通过网络和采访等各种形式了解水稻插秧知识；

2. 体验插秧过程，进行插秧后的水稻生长管理；

3. 形成项目成果，成果评定。

课时 17—18：收获

实施要求：

1. 通过网络和采访等各种形式了解水稻收割知识；

2. 体验水稻收割过程，感受收获的快乐；

3. 形成项目成果，进行成果评定。

课时 19—20：蒸米饭，品尝香喷喷的大米饭

实施要求：

1. 用各种方式了解蒸米饭的过程，准备蒸米饭的器具；

2. 体验蒸米饭的全过程，包括淘米、使用电饭煲、安全用电等具体实践过程；

3. 品尝香喷喷的大米饭，感受分享劳动成果的快乐；

4. 开展节约教育，剖析身边浪费粮食的行为，学会节约粮食；

5. 项目延伸，将生活中"光盘行动"落实到位。

单元四：小小发明造福家乡农业

课时 21：发明项目开启

实施要求：

1. 明确文化项目任务的情景；

2. 制定可行的项目任务计划。

课时 22：寻找发明灵感

实施要求：

1. 回忆稻米种植过程，找寻发明灵感；

2. 走进农田找寻发明灵感。

课时 23—25：设计我的小发明

实施要求：在小组内设计小发明方案，包括确定发明意义，设计图纸，明确所需材料等。

课时 26—28：制作我的小发明

实施要求：在小组内按照所设计的图纸合作完成小发明。

课时 29：发明成果展示，推销我们的小发明

实施要求：邀请相关的科技专家参与科技创新小发明展示会，进行科技创新评定。

课时30：走向科技创新大赛

实施要求：带着科技造福农业小发明走向科技创新大赛。

单元五：学习汇报

课时31：稻米飘香作品成果展览会

实施要求：用作品成果的形式展示本课程的"科技造福农业"小发明等各项可以展示的项目成果，对各小组和每位同学进行综合评定。

课时32：稻米飘香成果展演汇报会

实施要求：把塘米故事，本土文化，有关稻米的古诗、谚语、习俗，袁隆平的故事，水稻种植过程的收获等各方面的课程学习成果用展演的形式展示评定。

课程实施注意事项

学习对象：小学中高年级学生，控制在 16 人左右。

课时安排：每年春季开课，随着当地水稻生长过程合理安排上课的节奏，春季开设水稻育秧和插秧课，秋季开设水稻收割课，稻米文化项目任务主要安排在种植项目任务之前，如果受当年气候变化影响，育秧时间前完不成，就穿插安排在种植项目的中间。科技造福农业发明项目主要安排在冬季，水稻收获之后。春夏季 12 课时，秋冬季 10 课时，根据气候的变化适时合理调配。

活动场地：室内课用多媒体教室，计算机室，图书室，学校创客空间；室外课在水生植物种植园地，当地文化馆等实践基地。

活动建议：

1. 注重科技与人文的融合，在种植中渗透谚语、民俗。整个课程分为五个单元，除了第一单元的开启和最后一个单元的成果展示，第二单元为人文单元，第三单元和第四单元为科技单元。整个课程内容分了科技和人文两条主线，两条主线相互交叉，又相互融合，互为补充。

2. 水稻种植是一个漫长而艰辛的过程，从五月育秧、插秧，到十月收获，历时六个月。在此期间学生参与全过程，在种植中学会观察与记录，交流与表达，感受劳动的辛苦，养成坚韧耐挫的意志，提升自己的综合素养。

3. 塘米文化是当地本土文化的典型代表，学习并传承塘米文化是一种光荣的使命。教学时通过参观、访问等活动，让学生走进社区、走近当地稻米种植农民，在探寻中增强家乡文化认同，在实践中体验传承民间技艺，在自信展示中传播本土文化。

4. 课程采用了项目式学习方式,关注大目标大任务,课程实施过程中关注团队合作,鼓励学生通过互相帮助,取长补短,合作完成项目学习任务。同时关注调查、搜集、整理资料的能力培养,通过对资料的分析形成项目成果。

评价活动

本课程采用过程性评价和终结性评价相结合的方式进行评价,针对单元学习任务,开发相应的评价量规进行相关评估。评价形式采用学生自评、小组同伴互评、教师评价相结合的评价方式。注重评价主体多元化,同时通过让学生参与评价量规的开发过程,清楚地理解应该从哪些方面评价学习以及如何评价学习。下表为"稻米文化项目"的整体评价量规。

稻米文化项目评价量规							
评价指标		评价等级			评价主体		综合评定
一级指标	二级指标	A ☆☆☆	B ☆☆	C ☆	自我评价	小组评价	教师评价
项目完成表现	信息意识	能够熟练运用上网、查阅书籍等方式选取资料,辅助完成项目成果。	能通过上网、查阅书籍等方式搜集相关资料。	知道上网、查阅书籍能找到自己想要的资料。			
	参观素养	在参观过程中讲文明懂礼貌,注意团队合作,认真观察记录,遇到问题及时和老师沟通。	能够有序、文明地进行参观,做好观察和记录。	在参观过程中在教师的引导下能够完成参观任务。			
	访问素养	合理制定采访计划,在采访过程中自然大方、文明礼貌,采访效果好,及时整理采访素材制作项目成果。	能够有计划、有目的地进行采访活动,采访过程进展顺利。	在教师和小伙伴的帮助下完成采访任务。			
	问题解决	能发现关键问题,并能找到合理的解决办法。	能发现遇到的问题,并能及时解决。	能发现一些问题但不能解决。			
	沟通合作	积极与他人分享自己的成果且不断地吸取其他成员的优点。	能有效地与他人沟通信息,且积极与团队成员合作。	愿意主动与他人沟通,并能配合团队成员工作。			
项目成果评定	成果质量	能够按时高质量的完成项目成果,成果形式有创意,有借鉴意义。	能够按时高质量地完成项目成果。	能够按时按要求完成项目成果。			
	成果分享评价	能够大胆、自信地汇报交流项目成果,能客观公正的评价他人作品。	较自信地汇报交流项目成果,能够合理评价他人作品。	能按要求汇报交流项目成果,评价他人作品。			

除了制订和运用整体的项目评价量规,也可以制订和运用分项的评价量规,如稻米种植项目评价量规等。

稻米种植项目评价量规							
评价指标		评价等级			评价主体			综合评定
一级指标	二级指标	A ☆☆☆	B ☆☆	C ☆	自我评价	小组评价	教师评价	
项目完成表现	观察记录	在稻米种植的过程中能够自主选择合适的观察点进行观察,并及时有序地进行记录。	在稻米种植的过程中会观察和记录稻米生长过程中的变化。	能在老师的指导下观察和记录稻米生长过程中的变化。				
	交流表达	在稻米种植实践过程中积极主动恰当地和小伙伴交流,表达自己的想法。	在稻米种植实践过程中和小伙伴交流表达自己的想法。	在稻米种植的实践过程中在老师的要求下和小伙伴分享交流。				
	合作分享	在稻米种植实践过程中根据需要和小伙伴们合作完成种植任务并分享自己的经验。	在稻米种植实践过程中能和小伙伴们合作劳动。	在稻米种植实践过程中在老师的要求下和小伙伴们合作劳动。				
项目成果评定	成果质量	能够按时高质量地完成项目成果,成果形式有创意,有借鉴意义。	能够按时高质量地完成项目成果。	能够按时按要求完成项目成果。				
	成果分享评价	大胆、自信地汇报交流项目成果,能客观公正地评价他人作品。	较自信地汇报交流项目成果,合理评价他人作品。	能按要求汇报交流项目成果,评价他人作品。				

06 创意绘本

江苏省无锡市少年宫　尤敏红

前记

适用年级：小学高年级
总课时：32

课程简介

本课程是一门以小学高年级儿童为主体，围绕"无锡是个好地方"这一主题，运用导演的角色和思维，开展创意绘本活动的美术综合实践课程。课程以项目组合作的形式，结合个人兴趣爱好，通过探访惠山古镇，观察记录传统民居建筑、无锡泥人、锡剧服饰和美食小吃，搜集整理无锡城市起源、历史变迁、风土人情的图文资料，学习和综合运用文本创编、装帧设计、艺术表现、展示分享等绘本知识，创意制作绘本，个性化呈现对家乡乡土文化的理解和热爱。

背景分析

把绘本创作与地方文化学习融合成一门美术综合实践课程，对促进儿童图像识读、美术表现、审美态度、创新思维、文化理解等美术素养和增强儿童家乡乡土文化意识具有重要的教育价值。对于无锡小学高年级儿童而言，了解和感受无锡地方文化，通过创意制作绘本，个性化表达对"无锡是个好地方"的理解，是一项喜闻乐见的学习活动。

惠山古镇是无锡老街坊风貌保存完好的唯一街区。古镇历史文物林立，人文荟萃，大运河支流直达古镇腹地，是无锡地名"无锡锡山山无锡"的发源地。这里汇聚了传统的无锡民居建筑、无锡泥人、锡剧服饰和传统美食等地方特色文化资源和图文资料，被称为露天博物馆,是儿童深入感知和体验无锡地方文化的理想活动基地,且近邻少年宫,为开展绘本学习活动,描绘无锡地方文化,提供了便利条件。

无锡市少年宫拥有开设创意绘本课程的良好基础和成熟经验。配备专用儿童绘本美术馆,馆藏绘本5 000余册;配置先进的多媒体教学设备,设阅读区、制作区、材料区、展示区及小舞台等教学功能区域。具备专业的绘本课程教师团队,开发了包括本门课程在内的十大主题系列创意绘本课程,探索出绘本表征＋项目主题活动的绘本教学模式,深受儿童喜爱,在全国校外美术教育领域具有良好的影响。

课程目标

1. 以项目小组合作形式开展探访惠山古镇、搜索图文资料、撰写调查报告、项目展示讨论等活动,加深对无锡地方文化的感知与了解,丰富绘本创作的信息与素材。

2. 通过赏析经典绘本、填写绘本构思单,学习整理创作思路,构建故事文本,表达自己的观点。

3. 选择合适的表现形式及工具材料完成绘本制作,运用绘本语言创意表现主题内涵,通过视觉图像创作传递对家乡乡土文化的理解。

4. 在会展策划、新书发布、剧本表演等展示过程中,运用所学知识,欣赏同伴的作品,体会无锡地方文化的魅力。

学习安排

1. 主题选择

课程设计从项目主题活动的维度和绘本表征的维度展开:

项目主题:以感受和理解无锡地方文化主题展开,围绕无锡起源、历史传说、传统建筑、无锡泥人、锡剧服饰、美食小吃、地方童谣、风景名胜、现代无锡等专题进行观察记录并搜集资料。

绘本表征:包括绘本创作的设计装帧、艺术表现和人文内涵三方面。设计装帧着重体现绘本硬体的表现样态,涵盖封面、封底、扉页、环衬、五格书、四页书、翻翻书等硬体表现方式。艺术表现着重展现绘本绘画的表现样态,涵盖水彩、线描、拼贴、水墨、版画、亚克力、水粉、油画、黏土等表现方式。人文内涵彰显绘本对人性关爱的思考,整体呈现绘本成品的气质风貌和价值取向。

2. 模块划分

本课程按四个单元展开。

"绘本旅行"的任务是丰富创作信息,可通过生活探究、社会实践、网络搜索、撰写调查报告等途径实现。

"绘本秘密"的任务是建构文本,可通过赏析经典、文本构思、制作硬体、故事叙述等途径实现。

"绘本镜头"的任务是绘制故事,可通过图像表达、装帧设计、材料运用、表现技法等途径来实现。

"绘本舞台"的任务是成果展示,可通过同伴交流、会展策划、新书发布、剧本表演等途径来实现。

3. 内容安排

单元一:绘本旅行

课时1—4:分享课程纲要;看世界——探访惠山古镇

实施要求:1. 发放并介绍本课程任务书,了解"创意绘本"的课程目标、内容、学习活动安排、考核评价任务,形成学习本课程的兴趣意愿和概略想法;2. 探访惠山古镇。以项目小组合作形式,观察记录建筑特色、无锡泥人、锡剧服饰和美食小吃的相关信息,完成调查报告,小组汇报项目调研结果。

单元二:绘本秘密

课时5—8:寻秘密——你侬我侬无锡好地方

实施要求:

1. 搜集整理无锡城市起源、历史变迁、风土人情的图文资料,各项目组 PPT 展示介绍;

2. 结合绘本《荷花镇的早市》赏析,分析图文表达的意图和内涵,学习创编故事文本,完成绘本构思单的填写。

课时9—10:制图书——制作绘本硬体

实施要求:

1. 了解绘本硬体制作的基本流程,选择适合主题表达的硬体形式,合理运用材料与工具制作空白绘本书;

2. 通过交流与评价,感受绘本造型多元的趣味与创意。

单元三:绘本镜头

课时 11—12:绘故事——无锡到底有没有锡?

实施要求:

1. 聆听传说故事和代代相传的地方童谣,知道无锡地名的由来;

2. 拓展家乡传说故事,发挥想象,在创作中加入穿越、个性化的作者形象设计,增强故事内容的趣味性。

课时 13—14:无锡名胜——无锡园林甲江南

实施要求:

1. 通过图片搜集、展示、陈述等活动,了解寄畅园、蠡园、梅园、鼋头渚、灵山大佛等风景名胜;

2. 学习图文合页的绘本形式将故事中历史古迹的局部与细节展现出来。

课时 15—16:无锡民居——小桥流水人家

实施要求:

1. 通过前期古镇写生记录及图文影像资料,了解无锡传统民居建筑小桥流水、白墙黛瓦、飞檐翘角的风格与特点;

2. 探寻屋脊的脊身、脊翼和脊首的变化与寓意。尝试跨页概念,展现无锡建筑特有的图案与细节。

课时 17—18:无锡泥人——阿福阿喜送吉祥

实施要求:

1. 通过前期探访惠山古镇的泥人博物馆及赏析绘本《大阿福》,知道吉祥物阿福阿喜的由来;

2. 进一步观察大阿福服饰神兽等形象图案,使用镜头分格的方式表现无锡阿福阿喜的外形特点及传说故事。

课时 19—20:无锡戏剧——走进古老的吴歌

实施要求:

1. 通过图文搜集及影像资料,了解锡剧的起源、人物扮相、唱腔特色及服饰特点;

2. 尝试选择以翻翻书的形式表现精美服饰的局部与细节,感受吴地瑰宝的魅力。

课时 21—22:无锡美食——舌尖上的无锡

实施要求:

1. 通过图文搜集及古镇内百年老店"忆秦园"小笼包子店的探访,了解小笼包的制作过程,知道酱排骨、油面筋、水蜜桃、"太湖三白"是家乡美食的代表;

2. 结合构思单中设计的美食地图素材,大胆想象,加入折叠页创作,趣味表达故事情节。

课时 23—24:未来无锡——赏古阅今画传奇

实施要求:

1. 畅想家乡未来的面貌,大胆想象描绘未来无锡的模样,思考如何将现代与传统融汇一体;

2. 尝试选择跨页设计,全场凸显画面美感。

课时 25—26:试设计——封面封底讲故事

实施要求:

1. 赏析绘本《小石狮》《石头汤》,感受绘画作者对封面封底设计的巧妙构思;

2. 根据绘本主题,独立完成封面与封底的设计,有创意地凸显无锡特色文化的视觉风格。

课时 27—28:藏于环衬的秘密

实施要求:

1. 赏析绘本《迟到大王》《我爸爸》,理解环衬设计暗藏了绘本故事的预设和提示;

2. 独立完成主题绘本前环衬和后环衬不同的设计,选择具有无锡地方文化特色的元素设计环衬。

单元四:绘本舞台

课时 29—32:新书发布会——无锡那么美,带你去看看

实施要求:

1. 策划新书发布会,通过开设书展,演绎绘本,展现绘本创作的亮点,分工合作完成筹备任务;

2. 课程回顾,通过评奖环节,总结本学期课程所学知识,谈谈绘本创作的感想和收获;

3. 通过新书发布会、绘本剧表演等活动,丰富对无锡地方文化的感受。

评价活动

1. 评价方式

本课程的评价注重主体性、过程性、多元性和发展性,在实施过程中,采用儿童自评、小组评价、教师评价相结合的形式,评价和了解儿童的学习状态和效果。

2. 评价内容:相关知识掌握情况、活动过程表现、绘本作品。

各部分评价要点如下:

（1）知识掌握情况评价要点：能理解并介绍无锡地方文化的概况；能以独特的视角呈现绘本主题内容；能用绘本的相关知识介绍展示自己的作品。

（2）过程表现评价要点：见下表。

学习过程自我评价表

请结合自己的表现，在下列各项中填上适合表现的等级并完成问题的回答。表现等级分三档，"☺"代表优秀，"☺"代表一般，"☹"代表需要加油。

姓名：		绘本名：	班级：
评价序号	评价内容		评价等级
1	我对创意绘本课程有浓厚的兴趣		☺ ☺ ☹
2	我积极参与了探访古镇的实践调研活动		☺ ☺ ☹
3	我与同伴相互协作完成了项目调研汇报		☺ ☺ ☹
4	我在课余时间向别人介绍无锡的风土人情		☺ ☺ ☹
5	我独立完成了绘本构思单的填写		☺ ☺ ☹
6	我快乐地经历了绘本创作的整个过程		☺ ☺ ☹
7	我参与了新书发布会三项以上的准备工作		☺ ☺ ☹
8	我对自己的绘本作品感到满意		☺ ☺ ☹
你觉得这次创意绘本创作活动是否成功？为什么？			
你在这次创意绘本活动中为团队做出了什么样的贡献？			
如果你再次参与创意绘本活动，你会在哪些方面改进？			

学习过程小组评价表

在下列各项中填上适合表现的等级，表现等级分 ☺ ☺ ☹ 三档，"☺"代表优秀，"☺"代表一般，"☹"代表需加油。（由小组集体评价）

组别：	记录：		周次： 日期：	
姓名	素材收集	创意贡献	团队协作	展示交流
同学 A	☺ ☺ ☹	☺ ☺ ☹	☺ ☺ ☹	☺ ☺ ☹
同学 B	☺ ☺ ☹	☺ ☺ ☹	☺ ☺ ☹	☺ ☺ ☹

姓名	素材收集	创意贡献	团队协作	展示交流
同学 C	☺☺☹	☺☺☹	☺☺☹	☺☺☹
同学 D	☺☺☹	☺☺☹	☺☺☹	☺☺☹
同学 E	☺☺☹	☺☺☹	☺☺☹	☺☺☹
同学 F	☺☺☹	☺☺☹	☺☺☹	☺☺☹

（3）绘本作品评价要点：（由教师评价）

绘本作品教师评价表

此表打印后贴于绘本学习任务手册首页，由教师标注出每阶段需达到的目标，根据学生完成情况在评价栏中奖励"OK"与"奖杯"两种贴纸。"OK"代表完成，"奖杯"代表优秀。

评价内容	评价等级
1. 文本创作有逻辑，语言优美	
2. 有创意地制作绘本硬体	
3. 用独特视角表达和描绘无锡是个好地方	
4. 选择适合主题表达的工具、材料及表现方法	
5. 灵活运用跨页、图文分页、图文合页、翻翻书、折叠页等方式呈现内页设计	
6. 有创意地构思设计封面与封底	
7. 选取具有无锡文化元素的图案设计环衬	

注：评价时，强调对学生参与绘本创作活动的创意思维能力、团队协作能力、积极表达展示能力的正面评价，以激发儿童参与课程的积极性和热情。

备注

以上课程涉及工具操作和校外活动，需要注意课前的指导、联系和学生的安全。

附：绘本构思单

作者：		书名：
出版社：		
绘本硬体设计： 手卷书（　　）　四页书（　　）　五格书（　　）　折叠书（　　）　翻翻书（　　）　精装书（　　）　其他_____		

媒材与表现方法：	
画具、材料：	
油画棒（　） 水彩笔（　） 彩色铅笔（　） 水彩（　） 拼贴材料（　） 其他媒材：_____	
表现方法：	
线描（　） 版画（　） 水彩（　） 拼贴（　） 彩铅（　） 其他方法：_____	

无锡的传说（童谣）：
无锡的著名景点：
无锡的民间工艺品：
无锡的美食小吃：
锡剧服饰与戏台：
我最喜欢的城市一角：
未来无锡的模样：

我的故事文本：
P1：
_____
P2：
_____
……

景点、美食地图设计图：

分镜图设计：

封面	封底
前环衬	后环衬
内页	
内页	

07 海南骑楼

海南省海口市第二中学　韩民姝

前记

适用年级：初一或初二
总课时：18

课程简介

　　骑楼是海南颇具地域特色的建筑形式，蕴含着丰富的历史文化信息。"走进海南骑楼"校本课程，利用显性历史遗存的骑楼资源，通过引领学生开展查阅资料、走访了解、实地考察、合作探讨和艺术再现等实践活动，认识骑楼建筑与环境相适应的精妙构思、与艺术融合的丰富造型，陶冶文化情怀与艺术情操，提高美术表现及创新能力；了解海南骑楼的文物价值及保护思路，增进热爱海南、建设海南、发展海南的情感。

背景分析

　　"走进海南骑楼"是富有海南地方特色的校本课程。本课程开设的目的是通过引领学生进行查阅资料、走访了解、实地考察、合作探讨和艺术再现等实践活动，认识海南骑楼建筑与环境相适应的理性构思与人文情怀，与艺术相渗透的丰富造型与风格特色，陶冶学生的文化情怀与艺术情操，提高美术再现、美术创新能力；同时，通过课程学习中的多种实践活动，促进学生丰富社会经历、积累社会经验、提高人文素养，理解海南骑楼的历史文化与建筑艺术价值，了解其保护现状，提出加强保护的建议，借以增进热爱海南的情感，自觉地为海南国际旅游岛建设添砖加瓦。

学生对骑楼已有的感性认识足以满足课程所需的基础;初一、初二学生已有一定的社会活动能力,能基本满足本课程开展实践活动的需要,不过仍需注意加强活动目的的要求、人员组织、实施方式等的具体指导,加强活动安全教育,以确保活动的顺利与高效;学生已有六、七年美术学习经历,已具备以速写、水彩等绘画形式再现海南骑楼的基本技能,教学重点是对骑楼艺术特色的认知与表现。

课程目标

1. 通过实践活动,认识海南骑楼的艺术特色、保护现状和历史文化意义,学习对骑楼进行艺术再现的基本技能。

2. 通过考察、探究活动,丰富社会经历,积累社会经验,探讨海南骑楼保护方案。

3. 通过艺术创作活动,尝试从不同的角度发现并交流骑楼的"美",体悟海南骑楼审美价值。

学习安排

课时 1—2:课程介绍;了解海南骑楼

实施要求:查阅书籍、报刊或上网,了解海南骑楼的来龙去脉。

课时 3—4:南洋风格的海南骑楼

实施要求:了解琼籍华侨带回南洋风格骑楼的主要原因。

课时 5—6:鼎盛时期海南骑楼的追忆

实施要求:走访久居海南骑楼老街的老人,了解他们记忆中的海南骑楼。

课时 7—8:海南骑楼的奇、精、密

实施要求:实地考察与认知海南骑楼建筑的奇、精、密。

课时 9—10:海南骑楼的细部构件

实施要求:实地考察或上网了解骑楼的细部结构,通过写写或画画,将其表现出来;通过摄影把认为有价值的部分拍下来供大家研讨。

课时 11—12:海南骑楼的典型街区

实施要求:实地考察海南有代表性的骑楼老街,感知它们各自的建筑艺术特色。

课时 13—14:海南骑楼的其他代表

实施要求:实地考察或上网查询海南骑楼与文昌骑楼在建筑风格上的差异,并撰写约500 字的比较文章。

课时 15—16:老街

实施要求：写一篇赞美骑楼之文。

课时 17—18：中山路骑楼的现状概况

实施要求：从建筑造型和装饰图案上来描绘中山路骑楼的风韵。

课时 19—20：中山路骑楼的现状概况

实施要求：探访、了解中山路骑楼保存现状的概况。

课时 21—22：中山路骑楼的中式风格

实施要求：以图片或文字说明中山路骑楼的中式风格特点。

课时 23—24：中山路骑楼的西式风格

实施要求：实地观察中山路骑楼西式风格的装饰构件造型和雕花图案，用摄影或画速写的方法收集相关资料，供同学一起欣赏并探讨。

课时 25—26：中山路骑楼的保护

实施要求：思考加强中山路骑楼保护的措施；上网查找各地保护骑楼的方法措施，与同学讨论如何借鉴"他山之石"保护海南骑楼。

课时 27—28：海南骑楼的改造

实施要求：假如让你进行一座骑楼危房改造，但又不失去骑楼的特点，该怎样做？把你的思路写出来。

课时 29—30：骑楼的局部刻画

实施要求：仔细观察骑楼局部，把自己认为最美的部分进行速写（可参考校本课程教材提示的方法）。

课时 31—32：铅笔淡彩画表现骑楼

实施要求：画清楚骑楼的轮廓，注意大的明暗关系，单纯、明快地上色。

课时 33—34：水彩画表现骑楼的步骤

实施要求：细细品读图例，跟着教学示范临摹画出骑楼，掌握方法后试着去实地写生。

课时 35—36：油画表现骑楼；学生眼中的骑楼

实施要求：上网了解梁峰画家简介；以各种艺术手法来抒发自己对海南骑楼的印象及对家乡的情感。

评价活动

1. 在实地考察中，评价学生是否热情参与、认真负责；学习小组是否分工合理、调查细致、团结协作；提出保护或改造骑楼的方案是否有理、有据、可行。

2. 评价学生小组搜集、整理的有关资料，是否对深入研究和加强保护骑楼有价值。

3. 评价学生表现骑楼之美的美术作品的水平与品位。

备注

　　本课程课时可灵活安排,并不断收集学生搜集、整理的有价值的资料和创作的艺术作品,充实教学内容,并尽可能将学生的骑楼作品汇编成册。

08 护宝奇兵

北京师范大学哲学学院、忻州师范学院政治系　王鹃、裴云

前记

适用年级：七或八年级
总课时：32

课程简介

　　"护宝奇兵"依托各地丰富的文物资源，以"文物保护"和"文明旅游"为切入点，设置如下模块：学习护宝知识、开展护宝调查、制定护宝计划、实施护宝行动、总结护宝活动。课程实施借鉴翻转课堂理念——课前行动，课中研讨。学生在教师指导下，以小组为学习共同体，采用在线学习、课堂释疑、实际调查、社会行动等方式，理论联系实际，掌握文物保护的知识，发展社会调查、保护文物的能力，树立文物保护意识，提高公民意识和社会责任感。

背景分析

　　文物是祖先遗留的珍贵遗产和精神财富，蕴涵着国家和民族独特的文化底蕴和精神追求，一旦损毁，千古遗憾。近年来，文物损毁现象屡见报端，大多数是人为破坏。近到故宫青铜缸遭刻画，远到埃及文物遭刻字，文物保护意识的淡漠，行为的无知，令人痛心。青少年是文物保护得以延续的中坚力量，他们对文物的认识，直接决定着成年后的行为。只有青少年普遍认同和接受文物保护，内化为价值观，并且自觉、有效地付诸行动，才能实现文物保护的可持续发展，同时提升民族认同和社会责任感。调查发现，除了媒体宣传外，

相关部门针对社会大众的文物保护教育很少。青少年参与文物保护的专门教育,有很大的发展空间。

作为课程开发者,我们在文物保护方面做过相关的调查研究,在一些中学开设过相关讲座,指导中学生开展过相关活动,参与设计过以文物保护为素材的"公民教育"校本课程,参与编写过山西省地方课程"生涯教育"教材编写。

课程实施的条件:(1)当地有相应的文物资源,有文物保护需求;(2)多学科教师的合作,特别是历史和思想品德教师;(3)学校的支持,包括网络资源的使用以及必要的活动经费;(4)当地文物保护部门以及相关组织的支持。

课程目标

1. 了解家乡的文物资源及特色文化,掌握文物保护的相关知识和法律常识,学习社会调查的基本知识;

2. 学习查找文献、制定方案、开展调查、撰写报告、制作展板等方法,学会与他人协商、对话、交流和沟通的技巧,提高自主学习能力和自我管理能力;

3. 组建小组,运用咨询、访谈、观察、协商、宣传、监督等方法,开展社会调查和社会行动;

4. 关注地方资源的保护和发展,提升文物保护意识和法制观念,增强公民意识和社会责任感,增强爱护家乡和发展家乡文化的情感。

学习安排

总体思路:学习护宝知识——开展护宝调查——制定护宝计划——开展护宝行动——展示护宝成果

单元一:学习护宝知识

课时1—2:护宝集结令——课程介绍

实施要求:课程介绍。学习小组分组,建立联系群,比如 QQ 群或者微信群,实现信息即时分享。学习文物保护的基本知识,渗透青少年参与文物保护的必要性和可能性。

课时3—4:文物保护知多少——文物知识学习

实施要求:课前——小组成员利用图书馆、网络资源等进行文物保护基本知识的检索以及学习,在小组网络群进行沟通汇总。课中——小组内部及小组间进行基本文物保护知识的交流学习。主要包括"文物保护的常见问题,文物保护的管理体制和法规制度,中学生参与文物保护的责任和方法"等。

课时 5—6：打造武器——文物保护调查方法

实施要求：课前——小组成员利用图书馆、网络资源进行社会调查基本知识的检索以及学习，在小组网络群进行沟通汇总。课中——教师引导学生学习社会调查的一些基本方法和注意事项，重点是选取调查对象，选择调查方法，实施调查，撰写调查报告等方面。

单元二：开展护宝调查

课时 7—8：家乡的珍宝——寻找文物保护对象

实施要求：课前——小组成员利用网络、图书馆等资源或者实地走访，了解家乡文物保护的相关情况，确定调查对象，初拟调查计划。课中——组内研讨，选定调查的目标文物，依据目标文物损毁的情况、原因，结合调查方法，初拟调查计划。组间分享。安排核心调查的相关事项。

课时 9—10：文物损毁——情况调查

实施要求：课前——小组为单位对学校周围的文物损毁情况及保护现状进行观察、记录，重点记录文物损毁的情况，初步探查原因。课中——小组间对调查的核心内容进行交流分享，总结外出调查的相关经验。教师对外围调查的相关事项进行说明。

课时 11—12：焦点访谈——文物损毁情况外围调查

实施要求：课前——小组走访调查，对文物保护单位所在的社区或村落的群众和文物保护相关部门人员进行访谈，深入了解原因，做好相关记录。课中——小组之间对外围调查、访谈情况做及时交流、汇总、分享。其他小组和教师对小组情况进行点评，解决困惑。

课时 13—14：云时代的"锦囊"——汇总调查资料

实施要求：课前——小组整理前期调查资料，整理小组资料包，准备汇报的 PPT 制作及分组，为下节课的小组分享作准备。课中——小组间进行前期调查汇报及资料分享。

课时 15：一个都不能少——补充调查

实施要求：课前——针对调查的遗漏部分，进行补充调查。也可以作为护宝调查的机动周。课中——小组对补充调查的情况进行汇总分享，教师对计划制定事项进行说明。根据文物损毁原因进行分组调整或者重新分组，在制定计划和行动部分按照原因组进行。

单元三：制定护宝计划

课时 16—17：成竹于胸——起草护宝计划

实施要求：课前——小组为拟定计划做准备，可以是咨询相关人士，如管理者、专家，也可以是查阅资料等，初拟护宝计划。课中——组内形成计划方案，组间分享。

课时 18：计划书 PK——研讨计划

实施要求：课前——组内进行计划书申报准备。课中——教师指导，各组汇报计划，进行计划的优选，依据文物损毁的原因分组，形成循序渐进的几套计划。

课时 19—20：摩拳擦掌——准备行动条件

实施要求：课前——成立组织，为开展护宝行动准备必要的条件，包括寻求支持和经费、印刷宣传材料、准备建议书、与相关单位协商，甚至购买保险等。课中——组内交流，完善行动必备条件，为护宝行动的第一阶段做计划。需注意：护宝行动部分，根据文物损毁原因进行分组，各自分阶段展开各不相同的行动。

单元四：采取护宝行动

课时 21—22：护宝行动一

实施要求：课前——在第一阶段，"游人损毁"原因组，可能是制作警示牌、发放宣传资料；"当地人员破坏"原因组，可能在社区广场或者公园，或者村落中的人群集散地进行宣传。课中——组内资料汇总，组间研讨交流，为第二阶段行动作准备。

课时 23—24：护宝行动二

实施要求：课前——本阶段，"游人损毁"原因组可以在文物所在地或者景区对游人进行监督；"当地人员破坏"原因组可在社区居委会或者村委会进行宣传，提高基层行政组织对文物保护的重视程度。课中——组内资料汇总，组间研讨交流，为第三阶段行动作准备。

课时 25—26：护宝行动三

实施要求：课前——本阶段，可能是媒体曝光，"游人损毁"原因组、"当地人员破坏"原因组都可以邀请地方电视台进行曝光宣传，扩大社会影响力。课中——组内资料汇总，组间研讨交流，为第四阶段行动作准备。

课时 27—28：护宝行动四

实施要求：课前——本阶段，"游人损毁"原因组可能是建设防护网络；"当地人员破坏"原因组可能是向政府建言，撰写调查报告，联系政府文物保护部门，递交调查报告。课中——组内资料汇总，研讨分析，组间交流分享，为补充行动作准备。

课时 29：补充行动

实施要求：课中——针对行动过程中的遗漏和不足，进行补充行动，或者作为护宝行动的机动周来使用，进行行动资料的整理、分享。

单元五：总结护宝活动

课时 30：我参与，我成长——活动总结

实施要求：课前——对前期活动中的学习、计划、行动各阶段进行总结，撰写总结报告、学习体会。课中——小组整理资料袋,进行个人及小组评价。研讨成果展示的具体计划、分工等事项。

课时31—32:硕果累累——护宝成果展示

实施要求:课前——为展览做准备,扩大课程影响力。课中——校内展览,展示、交流课程学习成果。

评价活动

"护宝奇兵"的课程评价坚持多元性、连续性、创新性的原则。其中,多元性体现在(1)评价依据多元化——个人+小组,过程+结果;(2)评价主体多元化——学生自评,组内互评,组间互评,教师评价;(3)评价内容多样化,每个成员有个人资料袋,内含活动记录表、活动材料及活动参与过程中的个人阶段性成果等。连续性表现为评价从始到终,贯穿课程进行的每个阶段。创新性体现在打破以往笼统的一刀切的分数或等级评价形式,建立分阶段评价,使学生了解自己在各个阶段的表现,同时评价中侧重过程性评价,总体评价则采用评语形式。

09 乡情古塔

浙江省杭州市大关中学 裘乐春、申家宁、赵丹华、房磊、李蒙爱、周济群、刘丹、王蕾

前记

适用年级：七或八年级

总课时：16

课程简介

该课程以初中学生为授课对象，根据学校"开发，促进学生和谐发展"的教育理念自主进行适合学校具体特点和自身条件的课程设置，本着"以校为本，以学生需要、兴趣为出发点"的原则，制定了实施方案。

本课程分为"讲古塔""访古塔""3D 建塔""设计塔"四个篇章。通过体验性学习、实践性学习和应用性学习活动，了解古塔建筑的基本知识，培养对传统文物的保护意识。

背景分析

本课程是杭州市大关中学的拓展性课程，是学校整体课程规划中的重要内容，通过对古塔文化的探寻，使学生更深入地了解杭州和古塔的基本知识，并体会历史文化遗产的价值，加强区域内文化遗产的保护和传承。

对于七、八年级的学生而言，对地方文化的认识和继承较为欠缺，需对他们加强保护文化、保护文物的教育。学校设有 STEM 教室，且该年段的学生已通过"3D 创意建模"课程学习了建模和 3D 打印，对打印已有一定认识。所以"乡情古塔"课程的开设，对学生有一定可行性，且对学生个人全面素质发展和学校发展具有重要意义。

课程目标

1. 通过欣赏与感悟活动,加强对古塔的认知和兴趣;通过实践与发现的活动,加强对文物的珍爱之情和保护责任心,从不同角度感悟到中国优秀传统文化的博大精深;

2. 了解塔文化浓厚的文化底蕴,探索塔文化的历史习俗、风土人情、表现形式和现实特点;

3. 自主参与活动,发展思维能力,激发想象力和创造力,感受塔文化的博大精深;

4. 通过学习 3D 打印,归纳打印诀窍,总结经验,学会打印基本的塔模型。

学习安排

本课程每周 1 课时,一学期共 16 课时,分为讲古塔、访古塔、3D 建塔和设计塔 4 个篇章,第 1 课时分享课程纲要,最后 1 课时为成果展示与评价。

单元一: 讲古塔

单元要求:侧重讲解基础知识,以使学生了解古塔建筑基本知识,提高审美能力,培养其对传统文物的保护意识。

课时 1:分享课程纲要

内容:课程纲要。

实施建议:讲解课程纲要。

课时 2:认识古塔

内容:姿态纷呈的中国古塔;古今诗词题咏中的古塔。

实施建议:观赏中国各类古塔照片,听古塔传奇故事。

课时 3:走进古塔世界

内容:古塔的起源;印度古塔(窣堵坡)在中国的传播;中国古代的高台建筑;中国古塔的形成轨迹。

实施建议:观赏视频,深入了解某一个塔的发展及其艺术特色;小组合作讨论古塔功能的转变。

课时 4:姿态纷呈的古塔

内容:古塔的形式种类;古塔的结构特征。

实施建议:识图认塔、比较分析法强化对塔的类型的判断。

单元二：访古塔

单元要求：注重学生社会实践能力的培养，充分发挥学习主动性，在活动中、实践中体会、感受古塔之美与价值，培养他们对古塔的兴趣，从而自觉地去保护古塔，进而保护传统文化。

课时5：西湖著名古塔（一）

内容：文艺作品中的六和塔与雷峰塔。

实施要求：通过视频和图片了解六和塔与雷峰塔，引导学生体会杭州两大古塔的工艺价值，欣赏有关历史典故。

课时6：走进雷峰塔（实践）

内容：收集雷峰塔史迹和民间传说，发表见解。

实施建议：实地参观雷峰塔，欣赏雷峰新塔美景，拍摄相关匾额、楹联、出土文物。

课时7：西湖著名古塔（二）

内容：文艺作品中保俶塔和理公塔。

实施建议：通过图片和文字资料了解塔的结构；通过学生自主讲述、教师补充资料，学习相关文学作品。

课时8：走进白塔（实践）

内容：参观闸口公园，拍摄白塔细部图；收集闸口地区变迁史，发表见解。

实施建议：通过影像资料和实地考察展开学习，写心得体会。

课时9：西湖著名古塔（三）

内容：灵隐寺石塔和香积寺石塔；欣赏石塔中的佛教雕刻。

实施建议：让学生观赏图片和视频，补充文字资料，并让学生动手临摹。

课时10：杭州古塔调查报告（实践）

内容：你见过的杭州古塔有哪些？写出塔址、年代和状态；你觉得当今保护古塔有什么意义？提出你的建议。

实施建议：搜集、学习有关的调查报告。

单元三：3D古塔

单元要求：注重实际设计思维的培养，充分发挥参与性，在活动中、实践中体会、感受3D打印的神奇，培养学生对科学的热爱和对古塔的兴趣。

课时11：塔材料与结构认识

内容：了解制作塔所需要的材料，对塔的结构建立一定认识。

实施建议：通过数学、化学、物理等多学科知识的讲解，使学生对塔的认识有效深化。

课时12：我们一起来设计

内容：塔的简单设计。

实施建议：借助绘图工具以及多媒体网络，指导学生开展塔的设计活动。

单元四：设计塔

单元要求：侧重对学生进行实际动手能力的培养，提高实际操作能力，同时激发对塔的热爱，形成自觉传承塔文化的意愿。

课时 13：3D 打印世界

内容：了解 3D 的概念；了解 3D 打印的特点和方式；依据现有的打印文件，体验打印的乐趣。

实施建议：通过介绍 3D 打印，使学生对其有基本认识。

课时 14：我们一起来建塔

内容：观察和设计塔；在软件中学会组合图形，制作出塔的原型并做修改。

实施建议：设计塔模型，积极动手，参与建塔活动。

课时 15：塔的诞生

内容：建模并打印塔；对打印的塔做剪修和精修。

实施建议：将塔模型打印成品，并予以观赏与学习。

课时 16：成果展示与评价

内容：学习如何制作简报。

实施建议：观察和学习网上的一些精美简报。

评价活动

本课程强调课堂的有效参与、课程方法的掌握情况为核心要素，提倡对地方文化的研究学习，提倡公益的社会实践活动。基于社会活动的局限性，可以开展地方文化知识竞赛、地方文化书籍阅读与分享、老照片赏析、制作史迹参观 PPT 评比等活动，学习评价主要注重平时课堂表现和学习心得撰写，具体课程评价参考如下：

1. 上课出勤情况、课堂纪律情况，占总成绩的 20％，总分 100，由教师进行评定。

2. 课堂表现情况，即能否在课堂上同教师、学习内容有效互动，占总成绩的 20％。为调动学生学习主动性，着重对学生课堂参与度进行考察。形式有："课堂一个问"——重视课堂中的发现质疑能力；"课后一段话"——表达对本课知识的认识生成，也就是在课程知识体系下的听说读写的能力提升。根据上课回答问题的情况进行评定，基础分为 50，平时每次回答问题且要点详细、清楚者加 5 分，最高分为 100 分，期末计算该项成绩。

3. 学习心得情况，即对每课教师布置的课后思考题或者是对本课的学习体会等，占总成绩的 30%。期末以谈谈"古塔寻宝"为题,撰写小论文或者制作 PPT 展示,将优秀的作品习作及时与师生分享、点评,积极引导学生参与到课程教学的学习思考当中。该评价内容,按照心得体会文字稿内容来评定,分为优秀、良好、中等、及格,对应分数 90、80、70、60四个档次计入总分。

4. 学习拓展情况,即是否开展与课程内容相关的社会实践活动或者研究性学习活动,占总成绩的 30%。课程社会实践活动强调学生的参与度、表现力等,与我校陶艺活动、手工剪纸活动等校园文化活动相结合,号召学员积极开展以"行走杭州博物馆"为主题的社会实践活动。研究性学习活动,即是否有开展关于历史文物、地方文化的研究性学习活动。该项基础分为 50,平时每参与一次社会实践活动或者研究性学习活动加 10 分,最高分为 100 分,期末计算该项成绩。

最终成绩:按照"考勤 20%＋课堂表现 20%＋学习心得 30%＋学习拓展 30%"公式进行计算。60 分以上获得 1 个学分,80 分以上为优秀等级。

10 徐州泥玩具

江苏省徐州市西朱中学　闵凡思

前记

适用年级：七或八年级

总课时：16

课程简介

作为徐州人，你一定知道汉代三绝，但你知道徐州的泥玩具吗？徐州泥玩具被列入第四批江苏省级非物质文化遗产代表作名录，是一种独特的民间泥塑工艺。徐州泥玩具历史悠久，最早起源可追溯至汉代。其制作与汉墓中的歌舞伎俑群的艺术造型一脉相承，在题材选择、造型特征、制作工艺、色彩特质、纹饰图案等方面也独具特色。独特的工艺，丰富的题材，多样的变化，体现了徐州人民的智慧和深厚的汉文化底蕴。该课程能让你认识泥塑、体验泥玩、亲近本地非物质文化遗产代表性传承人并欣赏其杰作。一起走入充满古朴、浑厚、简约、大气的大汉艺术风格的泥玩世界，探秘于艺术天地。

背景分析

泥玩具是我国传统的民间艺术形式，也是民间雕塑艺术的重要分支。我国出产泥玩具的地方很多，风格差异也很大。徐州因地处黄淮流域，境内土壤由黄河冲积物沉淀而成，土质细腻，黏度高，捏塑造型不龟裂且坚实，成为泥塑制作的上乘材料。徐州泥玩具制作与汉墓中的歌舞伎俑群的艺术造型是一脉相承的，这种艺术形式几千年来一直在民间广为流传，可以看出徐州地区泥塑艺术的精湛与悠久历史。

2020年,学校成功申报立项了沉浸式体验初中美术学科示范中心,徐州泥玩具作为我国传统工艺的优秀代表,融入学校特色课程体系"沉浸式体验"课程群。围绕着"培养向真、向善、向美的阳光少年"的育人目标,基于有利于学生审美素养的形成、有利于非遗保护项目等传统手工艺的传承和创新,进行了课程的开发和实施。作为课程群体系中的重点项目,对学校课程建设发挥良好的引领、示范作用。

闵凡思作为徐州市非物质文化遗产代表性传承人、省乡土人才,他所认识的许多泥塑艺人是课程实施最方便最丰富的教师资源。学校与徐州兵马俑博物馆、徐州博物馆、楚王陵汉墓等开展了长期馆校合作,馆内汉陶作品是丰富的学习资源,这些场馆是课程实施最理想的实践基地和学习之所。馆内资源吸引了众多学生的兴趣,很希望能够对泥玩具这一传统民间技艺有更深入的了解。

综合上述原因,学校成立徐州泥玩具艺术实践工作坊,在综合实践活动课程中增加了泥玩具内容,邀请泥塑大师集中授课。作为汉文化与学校教育有机结合的代表,徐州泥玩具艺术实践工作坊在市、省举办的中小学生艺术展演活动中获得特等奖,在全国艺术展演中获得一等奖,获得广泛赞誉,为课程实施提供了持久动力。

课程目标

1. 通过欣赏本地非物质文化遗产代表性传承人的泥玩具作品,认识泥玩具的艺术价值,产生对泥玩具的浓厚兴趣;

2. 说出常用的泥玩具制作工具,规范、安全地操作这些工具,尝试学习基本的创作技法;

3. 了解泥玩具基本的制作流程,在教师的指导下,完成至少一件泥玩具作品的制作,表现自己的创意与技巧;

4. 在作品展示与鉴赏的过程中,能运用所学的知识,欣赏别人的作品,了解徐州泥玩具与汉陶艺术的传承关系,并体会"工艺"的深刻含义。

学习安排

本课程按四个单元展开。

单元一:走进徐州泥玩具

课时1:分享课程纲要

课时2:了解泥玩具

实施建议：观看非物质文化遗产代表性传承人泥玩具参加艺术展演活动的视频，初步了解泥玩具。教师提前准备徐州泥玩具视频，或者请非遗传承人进行介绍。

课时3：徐州泥玩具的前世今生

实施建议：开展馆校合作研学活动。通过徐州博物馆、徐州汉兵马俑博物馆研学，了解汉陶艺术以及徐州泥玩具的基因传承关系（或通过多媒体、视频资料）。要求教师做好场馆研学准备或多媒体资源。

课时4：认识徐州泥玩具传承人

实施建议：与专家面对面。多媒体介绍从古到今的徐州泥玩具大师，了解徐州泥玩具传承人的传承工作及代表作品。教师要准备多媒体课件以及徐州泥玩具的实物展示。

单元二：创作徐州泥玩具

课时5：徐州泥玩具选料及制料

实施建议：了解徐州泥玩具的原料古黄河泥，根据泥玩具制作类别调配泥料。教师需要准备好不同种类的泥料及调配用具。

课时6：徐州泥玩具的特点及技法

实施建议：教师展示徐州泥玩具工具，介绍各种工具的不同用法，使学生了解不同工具适合制作的泥玩具作品；学生体验不同种类的泥玩具制作方法，为以后的实践作准备。教师需要准备好泥玩具的各种工具以及多媒体课件，注意提醒学生设计时要有创新思维，设计的作品要有个性、有创意；教师辅导学生，提醒学生泥塑制作时注意安全；适时指导学生修改。

课时7—9：泥塑类徐州泥玩具

实施建议：认识泥塑类泥玩具的各种题材内容及制作方法（"打泥"——"搓坯"——"模制"——"晾晒"——"画花"五个步骤）。教师需要提前准备各种题材内容的泥玩具半成品。学生经历认识、尝试进行泥玩具制作的过程。

泥娃娃在造型上的突出特点为面部比例较大，造型简约而朴拙，主要以写意为主，不刻意于形象的逼真而重在意态的传神，憨态可掬。这与徐州人粗犷、豪放的性格相得益彰，具有鲜明的苏北地方特色。在泥玩具课程学习中，要注重"审美判断"这一学科核心素养的落实。

课时10—12：压印类徐州泥玩具

实施建议：学习压印类泥玩具——泥模制作的流程。教师提前准备多媒体资源及视频。指导学生体验泥模模种雕刻制作的流程，通过家校共育的方式，为学生提供泥模学习、体验制作流程的环境，潜移默化地进行"美术表现"核心素养的养成。

泥模玩具分"模仁""泥模"两部分。模仁是泥模制作的母体，也叫老模子。一个老模子可以翻制出许多泥模,泥模造型相当于金属浇铸工艺的外范,呈半圆中空"碗状"形态。泥模的造型和质量完全取决于模仁制作水平的高低,对于艺人的塑造技艺要求较高。

因沛县泥模玩具主要取材于戏曲人物和神话人物,因此模仁的塑造侧重于人物的形体结构、动态、五官、衣褶、佩饰的刻画,精雕细刻,以写实为主,略带夸张。

单元三：展示徐州泥玩具

课时13：场景沉浸式体验展示

实施建议：徐州泥玩具创意布展,以汉陶文化为展示背景,由学生分工进行设计、制作展示装置。对作品进行场景式布置,并根据作品特点制作作品说明铭牌。教师提醒学生设计时要有文化内涵、创新精神,设计的作品展示要有个性、有创意;教师辅导学生,提醒作品展示注意安全;适时提出泥玩具展示摆放建议,指导学生进行展示调整。展示布置也是艺术课程的内容和素养,使"创意实践"的能力通过展示实现落地。

组织全校师生及家长观摩艺术成果展,跟孩子一起分享学习成果。教师要注意安排好展览事宜。

课时14：美美与共·与爱同行——泥玩具作品展示

实施建议：开展跳蚤市场作品义卖爱心捐赠活动。学生通过组织徐州泥玩具作品爱心大义卖活动,自觉地形成服务社会、奉献爱心的意识;义卖所得按照比例进行爱心传递,帮助需要的同学,用关爱他人的实际行动去感染带动周围的人群;初步感受市场交易氛围,体验真实社会生活。

通过网络媒体、传统纸媒、电视台等进行宣传,让课程成果的教育、社会价值得到推广,实现我校"培养向真、向善、向美的阳光少年"的育人目标。

单元四：传承徐州汉文化

课时15：汉陶研学

实施建议：开展徐州博物馆、汉兵马俑博物馆汉陶艺术研学活动。学生参与艺术场馆专家汉俑主题讲座,加深对徐州泥玩具到汉陶艺术、汉文化的文化基因传承的关系的理解;通过汉兵马俑模拟考古现场挖掘,增加文化体验的代入感,了解考古知识和汉文化发现、挖掘、保护的过程,培养美术学科核心素养——"文化理解",增强文化自信。

学习内容包括丰衣足食及多子多福等精神层面的诉求。悠久的历史及丰富的文化底蕴,使得民间艺术更倾向于表达人的精神诉求,民间艺人通过制作泥娃娃、财神、观音、关公等具有代表性的祈福形象,反映出普通民众在追求丰衣足食的同时对多子多福、平安、正义的向往,以及对猛兽的敬畏,对禽畜兴旺的憧憬。徐州地处华北平原的东南部,域内除中部和东部存在少数丘岗外,大部分地区为平原。基于普通民众对猛兽的敬畏以及对禽畜兴旺的憧憬,民间艺人创造出泥虎、泥狮、泥猴、泥牛、泥公鸡、泥狗、泥蛙等泥玩具形象。

课时 16：总结与评价,加深文化理解

实施建议：学生总结本学期课程所学知识,分享学习徐州泥玩具的感想和收获。教师注意整理课程活动的过程记录(照片、视频、作品),准备好多媒体资料,与学生一起回顾整个学期的学习活动。梳理总结所学徐州泥玩具的知识,结合创作的泥玩具作品,通过自评、互评,评比出最优秀的作品。教师组织评比,准备好奖品。

评价活动

1. 评价原则：基于激励、鼓舞原则进行多元化评价,让学生变成评价的主人,而不仅仅是教师评价的对象;让评价变得"温暖"起来,尽可能避免评价可能对学生带来的伤害;加强学生的自我评价,让学生在体验中学习,生成解决现实问题的能力。

2. 评价内容：相关泥玩具知识;过程性表现;泥玩具创作作品。

3. 各部分评价要点：

(1) 相关知识评价要点：至少能说出徐州泥玩具传承人及其作品;能概要地描述徐州泥玩具的发展历史;能用泥玩具的相关知识解释自己的泥玩具作品。此项分值占总分的 20%。

(2) 过程表现评价要点：见下表。满分 40 分,折算成 20 分计入总分,占总分的 20%。

学习过程自我评价表

请你结合自己的表现,在下列各项中填上最符合自己表现的等级,表现等级共分五档,"5"代表最好的一档,"1"代表最差的一档。

序号	表 现 标 准	等级
1	我对家乡的徐州泥玩具有浓厚的兴趣	
2	我很好地完成了泥玩具历史的介绍(历史发展、传承人情况)	
3	我能积极参与徐州泥玩具课程学习的讨论	
4	我经常在课外与其他人讨论徐州泥玩具的相关内容	
5	我能比较熟练地使用泥玩具两种制作技艺(压印类、泥塑类)	
6	我比较规范地经历了徐州泥玩具创作的整个过程	
7	我对自己的泥玩具作品比较满意	
8	我为自己对家乡徐州泥玩具的传承做出努力而感到自豪	

（3）结果性评价要点：有表现主题,作品构思体现主题且新颖;泥塑类泥玩具色彩均匀,配色符合民间色彩风格;压印类泥玩具,线条流畅、疏密有序;设计巧妙,比例协调。此项占总分的 60%,可分为三等:60 分;50 分;40 分。

4. 课程评价者:相关知识与徐州泥玩具作品由教师评;过程表现由学生自评。

5. 评价活动一览表

评价要素	二级指标	三级指标	教师评价			小组评价			自我评价		
			A	B	C	A	B	C	A	B	C
情感态度价值观	学习情感	课前学习用具准备齐全,按要求搜集泥玩具的资料									
		能够提出问题,发表自己看法									
	学习态度	积极参与活动,认真思考并回答问题,按时完成作品									
		愿意与同学合作制作泥玩具,善于帮助他人									
知识与技能	知识	结合雕塑知识,了解泥玩具制作的基本方法									
		认识民间色彩,在泥玩具彩绘中大胆、综合地运用									
	技能	运用工具进行泥玩具造型表现活动,作品完整、美观									
探究与创新	探究能力	勤于思考,敢于提出泥玩具相关的问题									
		积极研究问题,获得认识并发表探究结果									
	创新能力	针对泥玩具作品能表达自己的新见解,与众不同									
		作品形式有与众不同的美感									
教师评语											

成绩来源:91—100 分为甲等;81—90 分为乙等;80 分及以下为丙等,本课程最后成绩以甲、乙、丙三个等级公示并记录。

徐州泥玩具课程综合评分表

过程性评价		结果性评价泥玩具作品(60%,师评)		
相关知识(20%,师评)	过程表现(20%,自评)	构思新颖	造型色彩	设计比例

备注

1. 课程开展中涉及工具操作和校外活动,需要注意课前的指导、联系对接和学生出行的安全。

2. 泥玩具展示单元:沉浸式体验与泥玩具作品义卖捐赠活动可以交错进行,建议放在家长会召开时举行,课程展示时提前做好传统媒体和现代媒体等多种形式的综合性报道,扩大课程教学的影响力。

11 走进地标

河南省郑州市第六十九中学　阎永华、李政伟、范卉、张莲花、张毅楠

前记

适用年级：八年级（选修）
总课时：16

课程简介

"走进地标"是一门融合了美术、历史、地理等方面的综合性校本课程。课程分为"感受建筑、考察建筑、鉴赏建筑、画画建筑、做做建筑、设计创想"六个板块；设计了"上网查找建筑资料、实地考察建筑、记录考察日记、分组展示考察心得、小组深入分析建筑的美、合作共同制作建筑艺术品"等具体的学习实践环节；从"学习态度、学习过程评价、作业档案袋、小组成果展示"四个方面进行综合评价。

本课程通过针对有地方特点的建筑类型的学习，引导学生了解地域美，进而掌握深入研究的步骤与方法；尝试进行建筑造型设计。在研究的过程中，努力做到有实有据、图文结合，并培养和锻炼写作、交际、动手能力，最终促进学生全面发展。

背景分析

1. 目的和意义

城市的地标建筑是城市的文化、灵魂，表达城市的一种精神。而学校对建筑知识的教学，对本地地标建筑涉及得很少，或很浅显。让郑州市的小公民认识、了解、探索本地地标建筑的艺术价值，有助于他们深入了解郑州、热爱郑州、为郑州的发展做贡献。

该课程以地方建筑特色为基础、以现代信息技术为手段,以美术表现为蓝图,以建筑历史为底蕴、以旅游地理为引线、以生成性资源为研究内容,对地方建筑资源和教材内容进行了重组与整合。

课程旨在提升学生考察、写作、绘画、制作、设计等方面的综合应用能力,同时培养学生爱生活、爱学习、爱郑州、保护文物、爱护环境的思想感情。

2. 学情分析

我校处于城乡结合部,在校学生一千一百名左右,其中外来务工子女占学校总人数的三分之二。通过调研发现,我校学生对郑州的 20 个地标建筑了解不多。

八年级学生,有一定的生活经验、学习兴趣和能力。他们经过小学和初中一年的美术课程学习,已经具备了一定的美术素养,积累了美术创作技法,会使用身边常见的素材进行创作,能将所学的各种知识综合运用。

3. 资源分析

教师资源:本课程开发团队成员都为学校业务骨干,拥有多样的专业技能,经验丰富,热爱学生,乐于钻研,富有创新精神。

学生资源:学生会使用电脑、相机、手机,能够上网获取知识,有一定的摄影经验,会在朋友圈展示自己的社会实践体验。

社会资源:省会郑州有典型的地标建筑和地标建筑群,有助于课程的实施。市图书馆、购书中心可以为学生提供资料查找的地方,学校上网方便,便于资料的整理与网络展示活动的开展。

课程目标

1. 通过"建筑艺术"的学习,了解家乡郑州建筑的历史,初步了解家乡建筑的造型、建造年代、功用、装饰图案、材质、文化故事、建筑的由来、设计理念等知识,并学习写生、画出建筑作品,制作建筑模型、设计创作旅游产品。

2. 在参观、考察建筑的过程中收集有关建筑的资料,在写生、制作、创作有关建筑作品的过程中学习了解建筑的造型特点,在小组合作、讨论交流、采访等活动中学习有关建筑的知识和创作方法。

3. 在各项活动中激发热爱郑州、热爱生活的情感,感受到团结协作进行探究学习的价值、体会成功创作的乐趣,提高动手动脑的能力。

学习安排

整体思路：认识地标——记录地标——创作地标

单元一：美丽地标初识

课时 1：分享课程纲要；最美建筑我知道

实施建议：学生初识课程，感受郑州地标建筑的美，上网了解地标知识。

课时 2：我用镜头看世界

实施建议：接触摄影，在校园内练习摄影。

课时 3：美丽郑州我来了

实施建议：组织学生进行建筑考察前的准备工作，分小组等。

课时 4：实地考察

实施建议：组织学生到选定的四个建筑进行参观、考察，完成任务。

单元二：美丽地标共鸣

课时 8：我眼中的郑州

实施建议：学生分小组整理自己的资料，撰写发言稿；制作幻灯片。分小组在班级进行交流展示。

课时 9：画笔下的郑州建筑

实施建议：学生用三种绘画技法表现建筑，创作作品。

课时 10：我手中的郑州建筑——剪纸

实施建议：学生用剪纸技法创作建筑艺术作品。

课时 11—12：我手中的建筑——立体模型

实施建议：学生用立体模型技法创作建筑艺术作品。

单元三：地标美再创造

课时 13—14：我是设计师

实施建议：学生为自己的小组和建筑设计旅游标志并制作成电子稿。

课时 15：我是一日导游

实施建议：学生为参观的四个地标建筑设计一日游路线和旅行产品。

课时 16：我是郑州好市民

实施建议：学生探讨如何保护建筑、如何进行环保宣传，制作手抄报。

评价活动

本课程的评价方式由学习态度评价(10％)＋学习过程评价(50％)＋作业档案袋(20％)＋小组成果展示(20％)等四部分构成。

1. 学习态度评价(10分)：出勤率(5分)＋学习工具准备情况(5分)

2. 学习过程评价(参考每节课的自评表评价)(50分)：第一单元(15分)＋第二单元(20分)＋第三单元(15分)

3. 作业档案袋评价(20分)

4. 小组成果展示评价(20分)：根据作品展示情况给分,小组成绩为每个成员的本项成绩。

等级认定：学期期末总成绩,以学习态度评价(10分)＋学习过程评价(50分)＋作业档案袋(20分)＋小组成果展示(20分)四部分总分为依据,进行等级评定。

A级(100分—85分),B级(84分—75分),C级(74分—60分),D级(60分以下)。

12 荞麦情怀

甘肃省定西市通渭县第三中学　姚磊、李霞、郑荣华、雷宝平、马娟娟

前记

适用年级：高一至高三
总课时：16

课程简介

"荞麦情怀"课程依托通渭县丰富的传统文化资源，以"乡土文化"为切入点，设置如下模块：学习荞麦文化知识、荞麦文化口述历史访谈培训、制定口述史计划、开展口述史访谈、总结访谈活动。课程实施以课前自主学习与课中研讨相结合，学生在教师指导下，通过网络学习、课堂释疑、实际访谈、社会实践等方式，掌握"非物质文化遗产"保护知识，提升口述史访谈、保护家乡"非遗"的能力，提高公民意识和社会责任感。

背景分析

1. 目的和意义

我国上下五千年的历史文化积淀，有着极为丰富的非物质文化遗产。它是中华民族世代相传的文化财富、人民群众创造的精神资源，是发展先进文化的民族根基。然而当前许多"非遗"面临着衰退，甚至消失的危机。甘肃通渭当地的一些靠口头和行为传承的民间技艺也不断消亡，民间文化的传承后继乏人，老艺人掌握的传统技艺，得不到传承。对当地优秀的民间传统技艺进行保护和继承，这是时代赋予的重任。而以口述史记录的方式，保护当地非物质文化遗产——"荞麦文化"，是本课程的价值所在。

2. 学情分析

青少年是"非遗"传承得以延续的中坚力量,他们对"非遗"的认识,直接决定着成年后的行为。只有青少年普遍认同和接受对"非物质文化遗产"的传承,内化为价值观,并且自觉、有效地付诸行动,才能实现"非物质文化遗产"保护的可持续发展。青少年参与"非物质文化遗产"保护的专门教育,能够提升民族认同和社会责任感。

3. 课程实施条件

(1)当地有相应的"非物质文化遗产"资源,有保护需求;(2)多学科教师的合作,特别是历史和政治教师;(3)学校的支持,包括各种资源以及活动经费的支持。

课程目标

1. 了解家乡的"非物质文化遗产"资源及特色文化,掌握非遗保护的相关知识和常识,学习社会访谈的基本知识;

2. 学习查找文献、制定方案、开展访谈、撰写报告等方法,学会与他人交流、协商、对话和沟通的技巧,提高自主学习能力和访谈能力;

3. 积极参与小组活动,运用咨询、访谈、观察、协商、概括等方法,获取或处理相关信息;

4. 关注地方"非物质文化遗产"资源的保护和发展,提升"非遗"保护意识和法制观念,增强爱护家乡和保护家乡本土文化的情感。

学习安排

单元一:学习口述史访谈、荞麦文化知识

课时 1:教师宣传

实施要求:分享课程纲要;学习口述历史访谈技巧及"荞麦文化"的基本知识,渗透青少年"保护非物质文化遗产"的必要性和可能性。

课时 2:组建社团

实施建议:通过指导教师介绍与宣传,吸引感兴趣的学生,再从中选出符合本课程学习要求的学生。

单元二:荞麦文化口述史访谈培训、制定口述史计划

课时 3:教师培训

实施建议:指导教师召集学生,进行口述史课程介绍、口述史入门阅读、入门讲解和讨

论、口述史访谈方法培训。学习小组进行分组,建立联系群,比如 QQ 群或者微信群,实现信息即时分享。分配口述史访谈任务。

课时 4:背景研究

实施建议:教师进行访谈方法技巧的讲解,教师同题访谈:选定一位受访者,摸底访谈,选择主题,背景研究;学生练习背景研究,在教师指导下形成口述史计划。

课时 5:访谈准备

实施建议:网络调查,收集资料,阅读已购买书籍;访谈设备准备(如手机、录音笔等)。

单元三:开展口述史访谈——"追忆通渭人家的荞麦情怀"活动

课时 6:试访谈

实施建议:确定好受访者,与受访者联系,协商确认访谈时间和地点。

课时 7:试访谈经验总结

实施建议:试列访谈过程中遇到的问题,对访谈提纲加以改进,对试访谈过程中的经验进行总结。

课时 8:首次正式访谈

实施建议:联系受访者,各组组长带领本组成员进行首次访谈。

课时 9:第一次访谈及数据整理

实施建议:撰写文本,小组成员合作。

课时 10:准备二访

实施建议:访谈设备准备;在一访基础上再次收集资料,在网上查阅更新一访中需完善的内容。

课时 11:第二次访谈及数据整理

实施建议:根据一访的文本,提出新的问题,找出解决方法。

课时 12:二访分析

实施建议:各组成员进行讨论,完善确定历史叙事文本。

单元四:总结访谈活动

课时 13—16:总结与展示

实施建议:教师指导学生修改文本,提出建议;确定历史叙事文本初稿。师生合作,确定最终历史叙事文本。辅导教师撰写口述史研究项目——"追忆通渭人家的荞麦情怀"期末报告。学生在参与整个采访过程的基础上撰写荞麦人生的感受心得,形成参赛作品;教师总结过程中的体会感受及口述史访谈的经验,形成论文、微课等。

评价活动

个人成果测评表
项目元素表

III. 项目元素		
项目目标/预期成果 任何一条项目目标/成果必须可测量,并且能被所列出的工作产品合理测量	为实现项目目标所做的活动	活动产物/工作产品 用于测量是否达到项目目标
受众1:项目小组成员 成果1:项目小组成员获得了对荞麦文化的深入理解,初步理解了口述史研究的意义,提升历史素养和分析能力,提高访谈、沟通、摄影摄像、做抄本、团队合作、讨论反思等综合能力,从老一辈的经历中获得对共同人性的理解。 成果2:项目小组成员展示了历史素养和分析、理解、解决问题能力的提升,从荞麦文化艰难发展的过程中得知过去国家级贫困县通渭,人民生活的艰辛,地方经济文化发展的曲折,正确感知荞麦背后蕴藏的文化价值。 成果3:项目小组成员访谈、拍照、做抄本、反思、与人沟通等综合能力的提升。 受众2:受访者 成果4:本群体加深了对荞麦历史文化的理解和认同,和对生存故乡的情感维系,形成融洽的代际和社区关系,并共同为荞麦文化的发展延续出力。	背景研究: ● 学生通过图书馆和网络查找关于苦荞茶的有关资料,结合"甘肃省志""定西地区志""通渭县志"等资料做背景研究,撰写出背景研究报告。 ● 专业老师做一次"口述史研究方法"的专题讲座。	1. 项目小组人员名单 2. 背景研究报告 3. 雷宝平老师专题讲座资料
	培训: ● 对学生进行口述历史知识培训,包括访谈技巧培训 ● 进行模拟访谈,访谈之后反思讨论	1. 培训教材,培训会上的照片 2. 模拟访谈视频,和反思讨论报告
	实地访谈: ● 访谈乐百味公司负责人及与苦荞茶相关的制作人、种植人和亲历者 ● 分析苦荞茶文化研究与当地经济、文化、养生以及社会变迁的关联	访谈后形成的照片、音频资料,以及整理后形成的访谈抄本等原始资料
	反思总结: ● 访谈结束后,收集整理学生反思,组织学生开展访谈总结讨论会 ● 整个项目组形成分析报告,以口述史料为例,结合背景研究,论述荞麦在艰苦年代对通渭人生存的意义以及荞麦文化与通渭地方历史发展之间的关联。各小组需要为这个报告提供自己所获史料的一个分析结果	1. 学生反思整理 2. 小组分析结果,形成1份整体报告
	展示交流: ● 制作视频衍生产品,进行校园布展 ● 项目小组与受访者的交流会,邀请家长和学校师生广泛参与 ● 视频产品在网上展示	1. 视频和其网上展示 2. 展览文档,照片和反馈 3. 交流会设计文档,实录视频,照片和反馈

小组成果测评表
（目标群体：研究小组学生）

成果1：学生展示了对历史、文化、人生三者关系的理解（满分3分）					
测评项 ＼ 质量等级	差（1分）	中（2分）	好（3分）	用于测量的工作产品	得分
学生展示了对个人、地方叙事与国家大叙事之间的连接的理解	学生对国家或地方政经背景的叙述匮乏	学生试图将政治经济制度的影响在国家、地区和个人层面联系起来，但对全局的把握不够，或是对地方情况的描写不够	学生将从背景研究和访谈中收集到的三者的信息联结起来，形成全局明晰又富有细节的叙述：政治经济制度的影响在国家、地区和个人层面都是怎样的	小组学生的访谈和后记	
成果1总分/等级					

成果2：学生展示了历史思维习惯的形成（满分6分）					
测评项 ＼ 质量等级	差（1—2分）	中（3—4分）	好（5—6分）	用于测量的工作产品	得分
1. 学生展示了对个人的主体性和对历史的反作用的理解	学生未能捕捉到人生转折点和有突出意义的事件，人物似乎在被动地应对周围环境和变化，事件叙写流于泛泛	学生行文中记录了个人的选择和结果对自身命运的影响，但未对个人选择的各考虑因素和其中的性格因素进行分析，也未分析结果对周边人群的影响。故转折点和事件的叙写缺乏深度	学生叙写了在人生转折点和有突出意义的事件中，个人是如何发挥主体性进行思考和选择的，也分析了这些选择对其后面的人生和周边历史进程产生的影响，从而赋予了人生转折点和事件以深度	小组学生的访谈和后记	
2. 学生通过理解过去的情境对当时人们的心理造成的影响，形成了历史同情心，并能够对人物行为作情境化的理解和分析	学生对人物行为叙写简略泛泛，未试图作情境化的理解和分析	学生试图对人物行为作情境化的理解和分析，但因为未能挖掘足够的细节来理解过去的情境对当时人们的心理造成的影响，所以人物行为背后的动机显得不够自然真切	学生通过理解过去的情境对当时人们的心理造成的影响，形成了历史同情心，并能够对人物行为作情境化的理解和分析——其动机显得自然真切，貌似异常/反常的行为有了合理的解释，人物个性也由此变得立体而丰满	小组学生的访谈和后记	
成果2总分/等级					

成果3：学生展示了从社区他人/长辈的人生故事中得到启发(满分3分)					
测评项＼质量等级	差(1分)	中(2分)	好(3分)	用于测量的工作产品	得分
学生从不富有、无权势、无名望的人们的生活中增进了对共同人性和世界的理解，从而体会到普通人的价值和人性光辉	学生的叙写空洞，未能体现出对人生故事的共情	学生通过体味长辈的人生之不易和对家庭的贡献（共情），形成了对普通个体生命价值的模糊理解；但未看到主人公选择中体现的人性力量和价值	学生在行文中或后记中通过对具体例子或情境的分析，展示了对普通个体的生命价值和人性光辉的理解	小组学生的访谈和后记	
成果3总分/等级					

成果4：学生展示了信息素养的提升(满分9分)					
测评项＼质量等级	差(1—3分)	中(4—6分)	好(7—9分)	用于测量的工作产品	得分
1. 学生能够在文献研究中利用互联网进行有效的信息检索，得到核心参考文献	学生找到的3篇参考文献普遍可信度和相关度较弱，或者是学生未找够3篇文献	学生找到的3篇文献有的可信度存疑，或者从里面提取的信息相关度较弱	学生找到的3篇文献具有较高的可信度，从里面提取的信息相关度很高	学生的核心文献评价	
2. 学生能够写出流畅、完整、逻辑清晰的历史叙事文本，展示对受访者个人经历和历史—人生—文化的分析结果	个人经历叙述部分时间线不清晰或逻辑混乱，或有重要缺失	个人经历叙述部分：小标题分段的时间或主题逻辑清楚、完整、详略得当，每段内逻辑清晰，行文流畅；分析部分深度不足，行文空洞，缺乏逻辑性	个人经历叙述部分：小标题分段的时间或主题逻辑清楚、完整、详略得当，每段内逻辑清晰，行文流畅；分析部分：背景关联和主体性分析均逻辑清晰，行文流畅	小组学生的访谈和后记	
3. 学生在历史叙事文本中展示了规范的文献引用和著录	有1—2条著录文献，且标注文中的引用内容；或大于3条著录文献，且标注文中的引用内容，但著录不规范	不少于3条著录文献，著录规范，且标注文中的引用内容；但有文中用到的重要的背景资料漏掉了著录	不少于3条著录文献，著录规范，且标注文中的引用内容；且文中凡是来自背景资料的都标注了引用	小组学生的访谈和后记	
成果4总分/等级					

个人总评分(满分21分,差4—7,中8—14,好15—21)

第二部分

创意设计与工艺制作

导读

创意设计与工艺制作类校本课程,通常以陶瓷、纸张、泥土、绳子等生活中常见的事物或当地特色工艺资源为学习材料,学生可以在此类课程中学习一项具体的工艺制作过程,充分发挥创意设计物件作品。

此类课程的设计旨在支持学生在学习过程中发展想象力、创造力、设计能力、动手操作能力,学生可以在认识手工艺品、了解手工艺制作过程的基础上,创造出自己的学习实物成果,充分体验动手与创作的乐趣,开启创意实践的未来窗口。

此类课程中的一部分课时设计,用于学生的动手制作体验,与其他主题类别的校本课程相比,其更适合年龄较小、对实践操作表现出更大兴趣的学生。因此,从学段维度来看,在历届获奖作品中,创意设计与工艺制作类的校本课程设计方案大部分分布在小学中高年级,初中、高中学段的分布相应较少,但也有所涉及。

针对较低学段的学生,教师多选择易学、易懂、易做的手工艺课程内容进行设计;而针对较高学段的学生,教师则选择难度程度更高的手工艺项目,并在课程中加入探究、调查性质的内容,以适当增加课程学习的挑战性。

此外,从此类课程的历年变化趋势来看,一方面,中国传统手工艺设计与制作始终是教师青睐的主题内容,如衍纸、陶艺、牌楼等。

另一方面,近年来部分教师也吸收了一些国外先进的课程理念,在原本以艺术或技术领域为主的课程内容中纳入科学、工程、数学等领域的元素,将此类课程设计得更具跨学科性与综合性。

综合历年获奖作品的课程纲要来看,尽管具体内容的设计有所区别,但从总体来说,创意设计与工艺制作类校本课程从课程目标到学习主题与活动的安排,再到评价任务设计,大体上都遵循同一种设计思路。

首先,学生需要通过各种形式的活动了解一项手工艺制作的基本流程、所需工具、具体技法等内容,同时学习如何欣赏该手工艺制品。

其次,在作好前期准备工作的基础上,教师设置课时留给学生设计与制作,学生则将先前所学的手工艺知识与技能应用到实际动手操作过程中,充分体验作品创作的全过程。

最后,学生再通过作品展示与评价环节加深对手工艺的认识与理解,同时也获得校本课程学习的成就感与欣赏他人、评价他人的能力。

01 衍纸创意

上海市徐汇区汇师小学　陈博宇

前记

适用年级：三至五年级

总课时：30

课程简介

所谓"衍纸"是运用纸条通过折、卷、捏等动作进行塑形，衍纸创意课程的目的在于启迪学生的创新意识、打破单一的思维模式，以丰富的纸艺术创作实践为路径，强调主体个体的、多元多向的、扩散联想的思维方式，并结合探索性的技艺操作，鼓励学生敏锐地发现问题，灵活地解决问题，在无限创意中制作出各种形象逼真的衍纸作品。在课程学习中，学生兴趣盎然，创意腾飞，每位学生都能获得成功的体验和合作的快乐！

背景分析

开设衍纸创意课程是为了在基础教育阶段探索一种区别于依靠授受来实现教学目标的新课堂形态。在日常的基础课程实施中，教师尽管也时常要求学生作品有创意，但学生作品的趋同性还是较强，往往是为了取得好的作品效果，教师有什么样的范画，学生就完成什么样的作品，缺少自己独立思考的空间。由此，希望能通过开设衍纸课，让学生能够自主探索艺术创新之路。本课程结合了学校的"京剧"特色，低年级从掌握衍纸基本技艺开始，从完成小型的衍鱼，到最终创作出各具个性的衍纸创意作品。

课程目标

总目标：

1. 通过观看视频，了解衍纸的基本概念和创作衍纸的基本要素。

2. 在设计中学会感知事物间的差异和共同点，掌握"会看、敢试、多思考、善变化"的训练方法，养成善于观察的习惯。

3. 将生活经验与课程学习相结合，综合运用基本要素进行创意制作，在实践活动中探索方法和途径，积累成果。

4. 逐步增进对衍纸创意的兴趣，增强自信心，提升审美和创造力，在作品的探索中，形成积极、乐观、向上的生活态度。

分年段目标：

低年段：（二、三年级）

1. 了解衍纸的基本概念，掌握各种基本卷法，并利用各种基本卷法表现出千姿百态和有趣的动、植物形象。

2. 在学习平面造型的基础上，初步掌握纸立体造型的一些方法，丰富美术语言。

3. 丰富想象力，发展工艺美术兴趣。

高年段：（四、五年级）

1. 在低年段完成动植物衍纸作品的基础上，结合京剧特色，利用黏结和折、卷、切等方法学会制作京剧脸谱浮雕作品和立体的纸偶作品。

2. 通过欣赏和观察衍纸作品，探索完成纸艺作品"十字"训练法的创作规律。

3. 热爱衍纸创意，增强自信心，提升审美和创造力。

学习安排

二年级学习活动安排

单元一：春天来了(6课时)

目标：(1)通过观看视频，了解衍纸的基础卷法。(2)动手操作，练习衍纸基本卷法，学会做简单的造型。(3)喜欢春天，感受到纸艺的独特表现方式。

内容：花朵卷；花瓶里的花；蝴蝶1；蝴蝶2；蜻蜓；漂亮的花园。

组织形式：(1)课件介绍、模仿、动手操作。(2)相互评价，相互学习。(3)合作完成大作品。

单元二：许多鱼儿(3 课时)

目标：(1)通过观看视频,继续了解衍纸的基础卷法。(2)在做基础卷的过程中,练习不同的捏法。(3)感受到纸艺的独特艺术魅力。

内容：小金鱼 1;小金鱼 2;金鱼缸里鱼儿多。

组织形式：(1)课件介绍、模仿、动手操作。(2)小组交流,教师点评,创意制作。(3)相互评价,相互学习。(4)合作完成大作品。

单元三：圣诞快乐(5 课时)

目标：(1)通过观看教师制作的课件,知道每个成型的作品都是由基础卷构成的。(2)在学习平面造型的基础上,初步学习纸立体造型的制作方法。(3)感受节日的快乐,发挥自己的想象力。

内容：圣诞树;雪花;圣诞花环;圣诞老人;圣诞贺卡。

组织形式：(1)课件介绍。(2)运用学过的基础卷拼搭。(3)小组交流,教师点评,创意制作。(4)相互评价,相互学习。(5)独立完成作品。

单元四：海底世界(4 课时)

目标：(1)通过观看视频,知道富于变化的基础卷可以做出千姿百态的作品。(2)用各种基本卷法,做出有趣的动、植物形象。(3)发挥自己的想象力。

内容：螃蟹;章鱼;海底世界 1;海底世界 2。

组织形式：(1)课件介绍。(2)运用学过的基础卷拼搭。(3)相互评价,相互学习。(4)合作完成大作品。

单元五：热爱大自然(8 课时)

目标：(1)通过观看视频、课件,进一步了解衍纸艺术的独特魅力。(2)结合各种基础卷的方法,尝试制作有趣的造型。(3)喜欢衍纸创意。

内容：百日草;小绵羊 1;小绵羊 2;啄木鸟 1;啄木鸟 2;南瓜车;蔬菜车 1;蔬菜车 2。

组织形式：(1)课件介绍。(2)结合各种基础卷的方法,尝试制作有趣的造型。(3)小组交流,教师点评,创意制作。(4)相互评价,相互学习。(5)独立完成作品。

单元六：感恩的心(4 课时)

目标：(1)通过观看课件,进一步了解衍纸艺术的独特魅力。(2)能将生活经验与课程学习相结合,综合运用基本要素进行创意制作。(3)能乐于就衍纸创意这一话题与同伴交流。

内容：小脚印；小相框；爱心；心愿卡。

组织形式：(1)课件介绍。(2)结合各种基础卷的方法，制作有趣的造型。(3)小组交流，教师点评。(4)相互评价，相互学习。(5)独立完成作品。

三年级学习活动安排

单元一：初识衍(4 课时)

目标：认识和了解衍的基本概念，通过制作衍鱼，增强自信心，体验衍纸的乐趣。

内容：衍的认识；衍鱼1；衍鱼2；衍鱼3。

组织形式：(1)媒体介绍。(2)动手尝试操作。(3)小组交流。(4)创意制作。(5)师生互评。

单元二：基础卷的变化(4 课时)

目标：运用衍纸技艺中"基础卷"的创作元素，制作创意、有变化的衍纸作品，享受多变有趣的艺术创作过程。

内容：水滴形的变化运用；月牙形的变化运用；眼型卷的变化；叶型卷的变化。

组织形式：(1)范例欣赏。(2)创意制作。(3)交流评价。

单元三：衍鱼变形(5 课时)

目标：结合"鱼"的形态特征，运用衍纸的基础卷技艺，对于衍鱼进行创意变形，体验变化的乐趣。

内容：鱼的变形1；鱼的变形2；鱼的变形3；鱼的变形4；吉祥鱼。

组织形式：(1)学生作品分析。(2)创意制作。(3)作品评价。(4)小组交流。

单元四：衍雀变形(5 课时)

目标：认识和了解鸟雀的身形结构，运用衍的技艺制作鸟雀，并能创意制作出有变化的各种不同形态的衍纸鸟雀作品。

内容：衍雀；雀的变形1；雀的变形2；雀的变形3；雀的变形4。

组织形式：(1)小组交流。(2)创意制作。(3)学生作品分析。(4)师生互评。

单元五：加强基础卷(2 课时)

目标：在制作衍纸鸟雀的过程中，加强基础卷(水滴和月牙型)技艺的变化运用。

内容：水滴形的"雀"；月牙形的"雀"。

组织形式：(1)课件介绍。(2)创意制作。

单元六：衍鸟(4课时)

目标：结合"鸟"的动态特征,运用衍纸的基础卷技艺,对于衍鸟进行创意制作,注重观察鸟类不同的飞行姿态。

内容：衍鸟;鸟的飞行1;鸟的飞行2;鸟的飞行3。

组织形式：(1)范例欣赏。(2)创意制作。(3)交流评价。

单元七：衍花(6课时)

目标：运用衍纸的基础卷技艺,对于衍花进行创意制作,结合之前所学的知识,小组成员合作完成集体作业,体验合作学习的乐趣。

内容：衍花;水滴形的"花"1;水滴形的"花"2;月牙形的"花"1;月牙形的"花"2;鸟语花香。

组织形式：(1)小组交流。(2)创意制作。(3)图片赏析。(4)作品欣赏。(5)完成集体作业。

四五年级学习活动安排

单元一：概念(3课时)

目标：通过参观和欣赏,了解"京剧"艺术的部分基本知识,对于京剧中的人物角色和基本的色彩搭配有直观的印象,能对国粹艺术产生学习兴趣。

内容：国粹京剧;京剧角色认识;京剧脸谱配色。

组织形式：(1)参观上海京剧院。(2)交流小结。(3)欣赏京剧片段。(4)小组讨论媒体欣赏。(5)交流信息。(6)配色练习。

单元二：仿制脸谱(5课时)

目标：通过模仿制作京剧角色中有代表性的人物脸部造型,掌握色彩和人物角色间的密切关系。

内容：红色脸(关羽);黑色脸(张飞);蓝色脸(窦尔墩);绿色脸(朱温);黄色脸(姬僚)。

组织形式：(1)学生范例欣赏。(2)教师演示。(3)学生练习制作。(4)师生互评。

单元三：京剧角色脸谱(5课时)

目标：运用纸浮雕的造型方法尝试制作京剧脸谱中"生、旦、净、末、丑"这几种不同的角色,提高赏析水平。

内容：生—浮雕脸谱;旦—浮雕脸谱;净—浮雕脸谱;末—浮雕脸谱;丑—浮雕脸谱。

组织形式：(1)交流评析。(2)尝试制作。

单元四：脸谱变形(3 课时)

目标：灵活运用已学会的制作京剧脸谱的方法,在传统的脸谱制作中融入大胆的创意,进行变形设计,从中体验变化的乐趣。

内容：纸浮雕脸谱变形 1;纸浮雕脸谱变形 2;纸浮雕脸谱变形 3。

组织形式：(1)交流方法。(2)欣赏范例。(3)尝试变形。(4)制作作品。(5)小结。

单元五：概念(2 课时)

目标：了解京剧人物服饰和配饰的部分知识。

内容：京剧人物配色;京剧人物服饰。

组织形式：(1)配色游戏。(2)绘画练习。(3)赏析图片。(4)尝试制作。

单元六：技法练习(6 课时)

目标：运用"剪切""弯折""黏结"等技法练习制作简单立体的京剧纸偶,克服学习过程中的困难,掌握基本技法的运用。

内容：剪切练习 1;剪切练习 2;弯折练习 1;弯折练习 2;黏结练习 1;黏结练习 2。

组织形式：(1)尝试制作。(2)小组交流。(3)师生评价。

单元七：京剧角色纸偶(5 课时)

目标：运用已掌握的技法,结合京剧角色尝试制作立体的京剧纸偶,享受学习过程的乐趣。

内容：生—立体纸偶;旦—立体纸偶;净—立体纸偶;末—立体纸偶;丑—立体纸偶。

组织形式：(1)交流评析。(2)尝试制作。

单元八：布展(1 课时)

目标：运用完成的纸偶作品布置教室或纸艺工作室,增强自信心。

内容：立体纸偶布置。

组织形式：(1)布展。(2)参观。(3)小结。

评价活动

1. 评价表。通过学生自评、同伴互评和教师评价相结合的形式开展,详见附 1：中高年级评价表。

2. 学生即时体验记录卡。学生可根据自己兴趣选择"三言两语谈一谈""活动照片秀一秀""创作体会写一写",以学习记录护照本的方式即时检验与评价自己的学习效果。

3. 集章。学生参与每阶段的学习活动,根据不同要求,获得相应的奖章,集齐规定奖章可获得纸艺术馆的参观机会一次或加盖相应的阶段学习纪念戳一枚。

附1 学习评价表

评价项目	评价量规	学生自评	教师评价
我喜欢	能感受到衍纸艺术的魅力,初步认识其艺术特色,有进一步学习的兴趣与愿望。	☺☺☺☺☺	☺☺☺☺☺
我努力	会观察教师出示的卷纸作品,找出方法,并尝试做一做,遇到困难愿意想办法解决,最后能将作品完成。	☺☺☺☺☺	☺☺☺☺☺
我创新	有想法,爱实践,有自主探究的求知欲,能将老师教的方法灵活运用,最后能将作品完成。	☺☺☺☺☺	☺☺☺☺☺
我的作品			

02　小手绘大桥

上海市徐汇区徐浦小学　王燕

前记

　　适用年级：三年级
　　总课时：16

课程简介

　　"小手绘大桥"课程不仅注重学生对桥知识的再次学习，而且注重学生在制作与技术学习中的体验与探究，训练学生动手做的能力，提高手的灵巧性，通过练手达到练脑，即我们所说的心灵手巧，丰富学生的思想内涵、陶冶情操、启迪智慧、培养美感，促进学生的全面发展。注重学生创新精神和实践能力的培养，在实际操作中鼓励学生大胆的设想和个性化的创作，不仅仅停留在"模仿"中。"贴画艺术"主要是以"贴"为手段，运用多种材料创造鲜活的艺术形象，其涉及的领域包括"造型·表现""设计·应用""欣赏·评述""综合·探索"等方面。

背景分析

　　1. "桥"已成为一种中国文化

　　中国自古就是"桥乡"，古时，无论是建桥技术，还是桥梁数量都处于世界领先地位。现今，中国的桥型桥式更是千姿百态、异彩纷呈，梁式桥、拱桥、悬索桥、斜拉桥的设计和施工水平都迈入了国际先进行列，并逐步形成了自己的特色。因此，我国的"桥"已成为一种民族文化，它标志着中国文明的阶段性发展成果。

2. 当今教学的需求

《中华人民共和国义务教育法》规定,教育教学工作,应当"注重培养学生独立思考能力、创新能力和实践能力,促进学生全面发展",这是一场更新教育理念,带动学习方式、教育模式的革命,它是以发展学生创造力为突破口,以提高学生全面素质为目的,面向全体学生的全面发展的教育,因此势在必行。

3. 工艺类课程学习的需要

工艺制作是小学美术学科的重要组成部分,占教学内容 45% 的比重,它对培养学生的动手操作能力、平面与立体造型能力、创造能力具有极其重要的作用。同时,工艺类课程的教学也为培养学生的设计意识提供了平台。在提倡素质教育的今天,我们可以通过小学美术学科中工艺类课程的教学,从小培养学生的设计意识,以顺应现代社会对国民素质的新要求。

4. 学生发展的需要

学生需要有一个团结合作的学习活动环境,需要有师生之间、生生之间的民主平等、相互尊重、相互鼓励,更需要有一个项目作为载体去引领。因此开发"小手绘大桥"的拓展课程,有利于教师以一个促进者、启发者的身份,去激活学生的创造欲望,从而使学生有一个自由想象的空间,自由发挥想象智慧的多维时空,这样才有助于学生自主探究,合作交往,主动发展。

课程目标

1. 通过书籍、网络来搜集整理桥的资料,了解桥的结构与特点,以及中国桥文化内涵。

2. 通过剪剪、画画、贴贴等形式,发挥自己的创造能力和想象能力,利用各种材料贴制不同种类的桥。

3. 通过创造性的绘制,培养空间想象能力、抽象能力,提高审美意识;了解中国桥文化,陶冶情操,培养爱国情感。

学习安排

分享课程纲要。

主题一:碎纸贴画——彩虹桥(2 课时)
实施要求:了解彩虹形成的原因以及彩虹的七种颜色,利用彩色碎纸贴制彩虹桥。

主题二：蛋壳贴画——石拱桥(2课时)

实施要求：认识石拱桥的特点与构造,利用蛋壳作为"石头"贴出桥作品。

主题三：布艺贴画——高架桥(2课时)

实施要求：认识高架桥,了解其奇特与用途,用碎布贴画制桥。

主题四：吸管贴画——人行天桥(2课时)

实施要求：欣赏各种人行天桥,用吸管贴出天桥的图案。

主题五：绒线贴画——斜拉桥(2课时)

实施要求：了解斜拉桥的特点与构造,用绒线作为钢索,绘制斜拉桥。

主题六：牙签贴画——竹藤桥(2课时)

实施要求：欣赏竹桥文化,了解竹桥特点,用牙签贴出一座竹桥。

主题七：树叶贴画——悬索桥(2课时)

实施要求：了解悬索桥的不同之处,能用树叶的茎做悬,用叶做桥面,设计一座悬索桥。

主题八：小手创意贴(2课时)

实施要求：用自己找到的材料贴出一座桥,并进行加工美化。

评价活动

在评价过程中,要求做到"三个结合",即定量与定性相结合,形成性评价与终结性评价相结合,自评与他评相结合。

学生自评：自评具有自我诊断以实现自我调节的作用,由学生根据自己平时的记录,自行评出各项指标的达成度,并写出定性的描述性评语。自评是评价的基础,它有利于被评学生自己发现问题,从而改进自己的学习。

同伴互评：互评具有客观诊断和对自评认定的作用,互评范围一般在小组内进行。根据评价标准,学生对组内每个成员进行客观性评价、全面性评价、全程性评价。在评价中要求学生以鼓励为主,肯定成绩,提出改进意见。

教师评价：教师评价具有校正自评与互评的作用,在自评和互评的基础上,教师根据平时所了解的各种记录情况,对学生进行总结性评价。

03 校园泥吧

上海市奉贤区青村小学　奚玉兰、陈海娟、顾奕、潘意如、邬春花、陆锋、陈畅、胡婷、杜爱芬

前记

适用年级：三至五年级

总课时：32

课程简介

奉贤区青村小学从 2015 年起立足地区资源，积极探索"校园泥吧"校本课程的研究与实践。它是涉及人文、艺术、科学、技术、工程、数学等领域的综合课程，采用"年级普及与社团提高"模式，以"玩泥巴"为教学载体，培养学生的综合能力与核心素养。

背景分析

苏霍姆林斯基说："儿童的智力在他的手指尖上。"心理学家皮亚杰也有同样的观点："智慧的花是开放在手指尖上的。"可见，动手能力对学生来说具有十分重要的意义。可现如今钢筋水泥铸就的城市，形形色色的电子产品，让原本生活于农村但在大规模城市化建设推进过程中进城的孩子，远离了当初最为亲近的泥土，更让这些还带有乡土气息的孩子们，失去了亲近自然、拥抱自然的机会，也缺少了来自大自然的创意灵感，失去了指尖造美的动手机会与展现自我美好内心世界的渠道。

学校开发"校园泥吧"课程，基于三个方面的思考。其一是基于本土资源的利用。学校地处农村，泥巴是最常见的东西，成本低且取之不尽，用之不完。玩泥巴又是儿童天性，尤其是男生。"玩泥巴"有别于陶艺，对制作技艺与质量要求都不高，突出一个"玩"字，很

土很不经意,信手拈来,但能玩出创意。其二是基于学校的校情和师资。学校具有融劳技教学与泥塑教学一体的"校园泥吧"创意工坊,为学生玩泥巴提供了很好的场所。美术教研组长潘老师擅长陶艺,他在美术课上教学生捏泥塑,孩子们兴趣盎然,作品栩栩如生。在美术室和美术准备室的橱窗、办公桌、窗台上都摆满了学生的陶泥作品。潘老师工作认真,勤于而且善于积累学生的作品,有这样一位敬业、专业、乐业的老师,为课程开设提供了条件。其三是基于培养学生核心素养的需要。学生核心素养的培育是全方位的,但需要有良好的载体。"玩泥巴"课程,让孩子们再玩一次泥巴,让他们回归自然,在享受童年乐趣的同时,培养他们的综合能力与核心素养。

课程目标

1. 初步了解泥土的成分与特性,了解捏泥塑的基本方法与技巧,以及陶艺知识。
2. 通过泥塑作品的设计与制作,提高设计能力、动手能力、创新能力和审美能力。
3. 通过"玩泥巴"活动,获得动手、动脑的实践体验,发展科技素养及合作探究精神。

学习安排

整体思路:土壤探究——设计改良——泥塑制作——主题创想——作品设计与成果展示——小课题研究

单元一:泥土的认识与采集(4课时)

目标:(1)了解土壤类别,研究家乡土壤的成分。(2)在老师协助下有目的地采集家乡土壤。(3)认识采泥工具,并根据实际选择使用或进行改良设计。(4)认识存放泥土的器具,能根据存放要求对器具进行改良设计。(5)增强土壤环保意识。

内容:了解泥土;家乡泥土的采集;家乡泥土的特性。

教学方式:讲授、实验、实地考察、比较、讨论、搜集信息、探究。

单元二:泥土的选择与加工(5课时)

目标:(1)了解不同地区、同一地区不同深度泥土的特性。(2)学习使用电子天平计量物体的质量和土壤含水量。(3)了解青泥的加工步骤,能解决加工青泥过程中的问题。(4)认识加工青泥的工具,并根据实际进行选择使用或设计改良。(5)感受科学实验的严谨、团队合作探究的乐趣。

内容:家乡泥土的选择;家乡青泥的提炼。

教学方式：讲授、演示、动手实践、讨论、探究。

单元三：泥塑的制作工具与方法(8 课时)

目标：(1)认识捏泥塑的辅助工具并学会选择使用。(2)初步了解泥塑的艺术形式和基本特点。(3)基本了解泥塑的制作过程,掌握两三种泥塑的成型方法。(4)提高审美意识,锻炼动手操作能力、想象能力和创造性思维能力。5.激发艺术兴趣,陶冶性情。

内容：常用泥塑工具;泥塑一般方法。

教学方式：讲授、演示、动手体验、展示。

单元四：泥塑的创意与烧制(7 课时)

目标：(1)学习简单的材料学,初步认识各种材料具有的特性和能够承受的力量。(2)简单了解"窑变"现象,初步学习辅助材料的配比进行实验。知道在泥土中掺入一些物质,泥土烧制后会产生颜色的变化。(3)简单学习称重的数据采集方法。4.通过对板凳凳脚的粗细、大小、结构、比例等探究,进行稳固性设计并进行制作。记录完整的各个烧制环节的时间。(5)通过科学性、技术性思维训练,培养科技理工素养,提升学生科技创意制作和科学实验的兴趣。

内容：复合泥加工;创意泥塑;泥塑烧制。

教学方式：研讨、实验、演示、动手实践、比较、小课题研究、展示。

单元五：泥塑的主题与创想(8 课时)

目标：(1)通过观察、搜集资料的方法描述看到的景与物。(2)根据个人的生活经验、所思所想、创意灵感等进行某一主题园的设计,并能表达交流。(3)运用掌握的捏泥方法技巧,小组分工协作,制作并组合某一主题园。(4)培养学生创新能力、语言表达能力和团队合作意识。(5)将泥塑融入家乡的地域文化、学校特色,感受泥塑作品的趣味和活力,进一步激发对家乡、学校的热爱之情。

内容：古镇风貌;家乡特产;校园一角;快乐校园。

教学方式：参观、设计、讨论、动手实践、探究、展示。

课程实施注意事项：

(1) 本课程是基于材料"泥巴"而创设的一门课程。在课程实施的每一过程中,教师应根据泥巴的各种特点、特性等进行创造性的活动设计与研究。

(2) 本课程是一个综合实践活动,并非每一个活动都是 STEM 活动,但在每一个项目中都蕴含了丰富的 STEM 小项目,教师基于本课程的框架设计,根据板块要求,应有的放矢地进行基于 STEM 理念的综合实践方案设计,并基于现实问题运用工程实践去解决问题。

(3)教师指导点拨与学生实践体验相结合。活动中,教师的作用贯穿整个活动过程,主要任务是给予指导和帮助。如:学生实践前的讲解与示范,实践中的启发与点拨,实践后的拓展与延伸。活动中应给学生创设自主学习的时空,最大限度地发挥学生的主观能动性。

(4)科学性、技术性与趣味性相结合。在活动过程中,要针对学生年龄及心理特点,以形象、具体、生动、活泼的形式开展活动,努力设计富有趣味的教与学方式,让学生学有所得、学有所乐,在愉快的氛围中增长知识与才干,提高综合实践能力。

评价活动

1. 评价理念

课程采用"自我参照"的评价标准,引导学生对自己在实践体验活动中的各种表现进行"自我反思性评价",强调师生之间、同伴之间对彼此的表现进行评价和鉴定。

2. 评价指标

(1)兴趣与态度:学生对玩泥巴活动的投入兴趣以及泥塑过程中克服困难的精神,能否认真完成所承担的任务,对协作项目是否参与分析,提出合理的建议与设想等等。

(2)方法与能力:在玩泥巴活动开展过程中,学生的观察思考、动手操作、语言表达等基本能力是否得到发展和提高。在泥塑活动中,有没有掌握一些基本的技术和一些基本方法等。

(3)习惯与品质:在玩泥巴活动中,学生是否培养了科学探究所必备的良好习惯、科技理工素养及科学探究精神;是否具有团队合作精神及虚心听取他人意见或建议的态度;是否具有乐于助人、自觉主动的品质;是否关注土壤生态环保等。

(4)成果与创意:学生在参与一个阶段活动后,是否有较为满意的创意作品呈现,是否有作品进入学校优秀作品陈列馆进行成果展示。

3. 评价方式

(1)角色评价:可采用自评、同伴评、家长评、教师评等多种形式,具体结合不同的教学内容设计评价指标。

(2)成果评价:可采用课堂即时评价、阶段性作品静态展示与动态展演等。

(3)综合评价:可与学生的实践活动、少先队争章活动结合起来开展评价。

04 熠尘陶艺

山东省临沂光耀实验学校　季玉秋

前记

适用年级：三至六年级

总课时：18

课程简介

"熠尘"意为"我让泥土焕发光彩，陶艺伴我阳光成长"。每学年小学生自愿报名参与，课程内容按单元以陶艺基本技法的提升为编排顺序，以沂蒙物品陶艺制作、沂蒙文化学习为主要载体，引导学生初步了解陶瓷知识、历史，学习并运用简易的手捏、盘条、拉坯、上釉、烧制等工艺，制作简单的陶瓷器物。活动中，结合当地文化，以陶瓷器物搜集与欣赏、相关诗文诵读、同伴及作品评价、自创阳光格言、编制感恩卡等为辅，提高学生的兴趣及活动效果。

背景分析

我校将"培养阳光自信的学生"定为校本课程开设的基本价值取向，学校制订了阳光校本课程开发方案，确定了健康生活、艺术审美、趣味益智、学科拓展四大体系的 40 多门课程，每周固定两节上课时间，学生打破年级、自主选课参与学习。熠尘陶艺以满足学生的个性发展需求及培养学生良好的心理品质、思想品德、行为习惯为目标，帮学生确立了"启慧敦品"的学习目的，从而满足学生的个性成长需求，实现立德树人的教育目标。现已实施三年多，每学年有 30 多名三到六年级的学生参与学习活动。

我校所在的罗庄区有着悠久的陶瓷制作历史,现代的陶瓷生产、销售非常兴盛,地方性的陶瓷教学资源十分丰富;学校为本课程配备了150多平方米的展室、活动室,装配了两台高温电窑及大宗拉坯机、烘干机、练泥机、泥工工具、展示橱、操作桌等设施;在平时活动中,师生搜集的陶瓷器物、自制的"倒流壶"等模具、教具达三四百件之多。这些都为课程的开设提供了充足的保障。

任课教师从事小学教育二十六年,在校本课程实施中,基本上把握了校本课程实施理念,向陶艺专业人员学习制陶技艺,努力做到以陶艺活动为载体,以立德树人为课程实施最终目标。近几年来,多次得到教育部、华东师大、省市区教育专家的现场指导。在2014年市、省教研室组织的优质校本课程评选中均获一等奖;本课程于2015年10月被罗庄区教体局评为精品校本课程。

课程实施以来,学生积极参与,不仅提高了陶艺制作水平,拓展了陶艺文化视野,更重要的是在活动过程中学生的心理品质、道德品质得到了培养,促进了学校阳光育人理念的落实。

课程目标

1. 了解陶瓷常识,感受家乡及祖国在陶瓷方面的灿烂文明,增强民族自豪感和爱国之情。

2. 学习简单的陶瓷制作技艺,动手动脑,敢于猜想、尝试、创新,培养专注、深入思考等品质。

3. 观察、欣赏、品评他人陶瓷作品,提高审美情趣,乐于合作。

4. 搜集陶瓷器物及相关文化,拓展陶瓷文化知识视野,体验实践的快乐与意义。

学习安排

单元一:陶艺通识(2课时)

第1课时:分享课程纲要;我和熠尘陶艺班

内容:了解、分享熠尘陶艺课程纲要,明确学习目的,共同修订班级常规;了解自我,初步制订个人学期"熠尘陶艺学习规划"。

实施要求:(1)互动交流,熟悉熠尘陶艺班,认识主要设施,理解班名、班徽的寓意,明确"启慧敦品"学习目的的含义;分享课程纲要,了解并初步修订"片纸不揉团"、自我考勤等班级常规。(2)经过商讨、汇报,了解自己的心理品质、行为习惯等多方面的优点,找出自己需要改变、提高的地方。根据老师提供的"熠尘陶艺学习学期规划表"初步制订个人学期规划,根据老师提供的"我能做到____"书签卡,明确自己最想提高的地方。

第2课时：手捏带绒毛的小狗

内容：欣赏"满空杯""倒流壶"等模型；用白细陶泥，手工捏制小巧的带绒毛的小狗陶器造型。

实施要求：(1)欣赏"满空杯""倒流壶"等模型，自己猜想其原理；教师通过演示实验，帮学生初步认识其"满则空""底部注水"的制作奥秘。了解中国陶瓷文化的精深，树立科技意识，进一步激发自己的课程学习欲望。(2)观察带绒毛小狗的塑料玩具造型，初步体验揉泥、捏制的感觉，设想用陶泥表现绒毛的方法。设想表现方法为重点，重在帮助学生认识到敢于设想、验证的意义。

单元二：陶器成型基本技法(4课时)

第3课时：捏制沂蒙农产品

内容：观察、仿照沂蒙农产品，手工捏制实心或空心农产品形状的器物。

实施要求：(1)学习手工捏制实心或空心辣椒、花生、南瓜等形状陶器的方法，体验陶泥的特点，了解取泥、和泥、洗手的技巧以及实心陶物器型要小、大型陶器要空心并留孔的科学道理，体会制作时"胸要有成竹""用具不脏乱"班级常规的意义。同时感受家乡农产品的丰富。(2)要鼓励学生课前多观察农产品外形，操作前多设想制作方法。

第4课时：**模具法制作笔筒**

内容：运用内置模具，手工制作笔筒。

实施要求：(1)为自己感激的人制作一个礼物，如笔筒，鼓励自己敢于向他人表达感恩之心。(2)设想、尝试模具制作陶器的方法：掌握内置模具取放时机及隔纸用法、使陶坯表面光滑的方法。了解利用外置模具可以简捷地进行花纹压制等的技巧。(3)感受"片纸不揉团——小动作帮我养成好习惯"班级常规的意义，体会"失败告诉我经验"的道理。

第5课时：泥板法、盘条法制作笔筒

内容：手工制作简易笔筒，学习泥板法、泥条法、泥段法等成型技法。

实施要求：(1)结合模具法，学习泥板、泥条、泥段等成型方法，自主选择下列一种方法制作笔筒。方法一：二人合制煎饼或石磨等沂蒙物品形状的笔筒，尝试泥板成型法，巩固模具成型法的运用，体验合作的快乐。方法二：初次体验盘条、泥段制作法，提高泥坯制作、黏合时的耐心度；初步鼓励自主创作。(2)全班交流方法，了解其他做法，体验交流是一种高效的学习方法。

第6课时：合做有沂蒙味的笔筒

内容：巩固前几节课学习的模具、泥板等成型方法，二人合做能体现沂蒙风格的笔筒。

实施要求：(1)在生活中多观察沂蒙器物。(2)课上二人合做，自主创意，做体现沂蒙风格的笔筒，如仿竹简、仿煎饼、仿字母等，感受"想象出智慧""合作出精品"的快乐。

（3）从"我的收获""我最欣赏的同伴"等方面进行阶段学习小结,调整"熠尘陶艺学习规划"。

单元三：陶坯修饰与烧制（3 课时）

第 7 课时：陶坯修饰

内容：通过交流、手工制作,了解陶坯修饰的多种方法。手工捏制简洁的抽象陶瓷造型。

实施要求：（1）交流陶器成型的几种基本方法。（2）围绕"如何让陶坯更美丽"这一话题,从装饰、雕刻、打磨、运用抽象造型等方面设想方法,并尝试湿坯、半干坯、干坯修饰方法的不同。（3）将损坏的陶坯进行修复,体验"失败告诉我成功"的含义。

第 8 课时：上釉

内容：欣赏上釉对陶瓷器的美化效果,了解多种上釉技艺,尝试简易的上釉方法。

实施要求：（1）比较素瓷器与上釉瓷器光滑程度的不同,设想让陶瓷器物表面光滑、多彩的方法。通过视频观看、了解浸釉、荡釉、刷釉、喷釉及丝网印刷、贴花等多姿多彩的上釉工艺。（2）初步尝试用毛笔在干坯上绘制简单的图案,体验"锦上添花"的乐趣及"心急做不了好瓷器"的道理。

第 9 课时：陶瓷文化欣赏与烧制

内容：中国陶瓷文化视频、图片欣赏;选择班中陶瓷器物、模具等,编导"坛坛罐罐一家人"的故事;通过实物比较陶与瓷软硬程度,初步了解陶与瓷烧制温度的不同。尝试浅显的装窑技艺;了解初步的陶瓷评价知识。

实施要求：（1）通过视频、图片等,了解、欣赏中国陶瓷诗词、造型等文化,感受中国陶瓷文化的辉煌及对人类的贡献。（2）展示自己搜集到的陶瓷器物或图片,观察班中已有的陶瓷器物,认识到"垃圾堆里也有美品",知道感谢捐助陶物的家长、老师和同学是一种美德。（3）小组自选器物,将其组成"一家人",想象、编写一个故事,并试着表演。体验善于合作、敢于想象的乐趣。（4）比较陶与瓷的不同,猜想其形成条件。初步了解陶可化为泥、而瓷已发生化学反应产生质变以及烧制瓷器要遵循一定温度曲线的科学道理。（5）在老师的指导下,共同装窑,了解运用棚板、氧化铝粉可节约、防粘连等道理。激发学生积极学习其他各科知识、敢于质疑的兴趣。（6）初步尝试对陶瓷器物进行评价,从美观、实用、意义等方面交流、总结评价陶瓷器物的方法。

单元四：陶瓷器物制作（4 课时）

第 10 课时：拉坯体验

内容：分组学习、体验拉坯成型的工艺。做简易的直筒形器物,在直筒形基础上,对形状进行求异。

实施要求：分组初步尝试拉坯,运用拉坯法制作直筒形、直筒变异形的陶器,具体形状不予限制,感受拉坯时确定转心、双手既分工又配合的方法及陶器开口先小后阔的道理及制作过程中细心、稳定的重要性,体验"慢工出巧匠"的含义与乐趣。

第11课时：陶坯汉字制作

内容：自选方法在泥坯上做字。

实施要求：老师提供诸如"阳光""自信""正能量"等词语的字贴或图片,学生分组自选词语,观察字体,设想方法,教师点拨,通过雕刻、粘贴、不同泥料混搭等方法进行制作,观察、了解全班体现出来的多种多样的陶字制作方法,体会团结合作的成就感、和谐感。

第12课时：制作沂蒙用具陶瓷模型

内容：用陶泥自主制作当地民间用具。

实施要求：通过图片或实物观察沂蒙油灯、棋盘、家具、房屋等形状,并自主选择、独立制作。了解沂蒙民间艺术文化的深厚与广博。

第13课时：制作风铃或会游泳的天鹅

内容：自主选择制作风铃或会游泳的天鹅。

实施要求：(1)自主选择制作,再进行交流。初步了解陶艺人物、动物造型表现的简易方法。(2)了解风铃的构造及发音原理,独立制作比较规范的风铃：厚薄均匀、弧形一致、铃锤轻盈,体验善于分析的乐趣。手工捏制能浮在水面的陶瓷天鹅,初步了解重心居中器物稳定的原理,树立敢于尝试的科学意识。

单元五：陶艺创作(3课时)

第14课时：让泥巴"说话"

内容：制作、试摔炸孔数量不同、方向不同、响声不同的泥炮。

实施要求：(1)鼓励学生猜想泥炮发声的原理,设计泥炮制作方法,尝试、实验让泥炮更响、炸孔数量不同、方向不同的方法。体验敢于想象、敢于实验的乐趣。(2)猜想、验证过程中,形成以"原理""制、摔法""发现"等为主干的思维导图,初步感受运用导图可厘清思路的优点。

第15课时：成语造型表现

内容：独立运用陶艺造型表现成语。

实施要求：课上同学交流成语,独立选择一条成语,如"五大三粗""藕断丝连""蛇鼠一窝""不甘人后"等,并用陶瓷造型以谜语的形式表现出来,体会展开想象、大胆创造的乐趣。

第16课时：我来"规划"钓鱼岛

内容：搜集钓鱼岛或赤尾屿等岛屿地理概况、政治历史等多方面的信息,进行"规划"

设计,用陶艺制作其上水石模型。

实施要求:(1)课前分组搜集钓鱼岛或赤尾屿等岛屿的地理、历史信息,课上交流、整理。(2)小组合作,根据相关数据,结合图片等,对其进行简单的"规划"设计,制作出上水石模型。(3)感受祖国强大的自豪感,体会善于采集并运用信息、善于合作学习的乐趣。

单元六:综合实践与评价(2 课时)

第 17 课时:实践考察

内容:实地考察当地陶瓷文物及现代陶瓷生产。

实施要求:(1)争取学校支持,利用周六上午组织学生参观罗庄利君紫砂花盆半机械生产及银凤陶瓷现代化生产过程,感受手工制作与机械生产的不同,体会手工制作的独特性及现代化生产的一致性、高效性。(2)鼓励学生在家长带领下,运用课余时间自行到临沂博物馆古陶坊、罗庄陶瓷市场、莒南大店古窑址附近手工作坊等地参观沂蒙陶瓷文化,体会沂蒙陶瓷文化的博大。

第 18 课时:我的陶艺收获

内容:根据"陶艺学习规划"及班级活动目标,对陶艺学习进行综合评价。

实施要求:(1)以"我的收获"为主题,制作陶艺学习手抄报:欣赏同伴作品,介绍学习经验,鼓励同伴共同进步,体会群体中成长的快乐。(2)根据"陶艺学习规划"及班级活动目标,进行分项评价及综合评价。

评价活动

1. 评价内容

包含学业评价、学习过程、学习态度三部分。

2. 评价主体

(1)自我评价

① 考勤。班内张贴一张"自我考勤记录表",平时自行记录出勤情况。期末根据出勤情况及记录真实性、自觉性,自我进行星级评价。

② 欣赏。平时根据"我最欣赏的同伴""我心目中的好作品"等随机课程内容,进行自我星级评价。

③ 收获。平时根据"我能做到"及"我的陶艺格言"书签卡制作、"我的陶艺手抄报"编辑、"我的感恩卡"制作等随机课程内容,进行自我星级评价。

④ "规划"制订与调整。学期初制订自己的"熠尘陶艺学习规划",学习过程中能及时调整、修改,做到实用。

⑤ "规划"落实。根据"规划"检查完成情况,进行星级评价。

（2）同伴及班级评价

① 作品质量

② 专注耐心

③ 敢于创新

④ 不怕失败、善于纠错

⑤ 团结合作（卫生打扫及用具整理、帮助同伴,等等）

附：熠尘陶艺班学生学习过程评价表

作品质量																		
卫生清理																		
用品收拾																		
团结协作																		
考勤纪律																		
姓名																		
组别	一			二			三			四			五			六		

3. 评价方式

以星级评价为主要形式,以鼓励进步为最终目的。每项目标完成情况按 3、2、1 颗星进行评价,再进行累积;分年级,评选班中校本课程之星。

05 　纸绳巧编织

山东省博兴县湖滨镇见桥完小、山东省博兴县湖滨佳海工艺品厂
张艳霞、郝晓霞、刘子锋、王素珍

前记

适用年级：五或六年级
总课时：18

课程简介

纸绳编织的历史悠久，在我们这里无论男女老幼，几乎人人都能露一手。我们经过反复讨论逐渐形成共识：根据学校手工制作活动已有的基础，为促进学生多元化发展，关注学生个体差异和不同的学习需求，因地制宜，有目的、有计划地组织学生开展各种形式的纸绳编织活动，力争通过本课程的学习，让孩子了解中国手工编织的历史文化，掌握纸绳编织及纸绳粘贴画的技巧，培养学生的创新能力和动手能力，为学生个性的充分发展创造空间。

背景分析

纸绳编织既是一门手艺，又是一门艺术，儿童通过运用一些材料，把自己在日常生活中看到的一些事物形态以手工编织的方式制作出来，可以促进大脑发育，启发观察力、想象力、创造力和审美能力。它是一门综合艺术，既有自然科学知识的灌输，又有社会科学知识的陶冶，既有形象思维的训练，又有抽象思维的培养。它把教育与游戏、动手结合起来，寓教于乐，手脑并用，动静交替，儿童可以在玩中学，玩中做，使整个教学活动变得生动

有趣、丰富多彩。湖滨镇纸绳编织历史悠久,上至年长老人,下至幼小儿童,都会用纸绳来进行编织、制作。这种简易的制作,所需材料极少,只需要纸绳、剪刀、胶水等简易工具即可,既放松了身心,又支持了环保,还美化了生活环境。

课程目标

1. 初步掌握手工纸绳编织的特点和基本技巧,勤于动手,发展创新意识和实践能力。
2. 了解中国手工编织的历史和文化,感受手工编织的乐趣和审美价值。

学习安排

分享课程纲要。(1 课时)

单元一:纸绳粘贴画(4 课时)

单元目标:(1)掌握用不同的方法搓纸绳、团纸团,并创作简单的粘贴画,了解纸绳粘贴画制作的基本步骤和方法。(2)锻炼动手能力、造型能力,提升综合素养。(3)开拓艺术视野,丰富艺术表现手法,培养细致耐心的学习习惯及合作意识。

第 1 课时:美丽的纸绳

第 2 课时:纸绳编织(一)——蝴蝶

第 3 课时:纸绳编织(二)——葡萄

第 4 课时:纸绳编织(三)——花朵

单元二:模具物品的编织(6 课时)

单元目标:(1)知道编织所用的材料,观察编织物的形式特点,学会用彩色纸条按照经纬编织法制作工艺品。(2)欣赏编织物的图片和同龄人的作品,通过多媒体演示、示范和讨论,观察、比较不同的编织物,尝试学会用穿插编织和交错编织的方法,就地取材,充分利用各种材料,编织出美观实用的物品。(3)编织的过程中,充分发挥想象力和创造力,体验活动带来的乐趣。

第 5 课时:花瓶的编织

第 6 课时:方形物品的编织

第 7 课时:圆形物品的编织

第 8 课时:提包的编织(一)

第 9 课时:提包的编织(二)

第 10 课时：椭圆物品的编织

单元三：趣味编织(6 课时)

单元目标：(1)了解纸绳穿编的规律，运用常见的穿编方法，设计制作简单的生活、装饰用品。(2)在学习中体会穿编工艺制作的实用及装饰功能，感受纸艺穿编的乐趣，培养看图动手操作能力及设计、工艺制作意识。(3)了解不同的动物特征，能选择合适的纸绳进行盘贴，力求粘贴平整紧密，凸显立体性。初步掌握纸绳编织青蛙、金鱼等小动物的基本方法、技能。(4)培养对纸绳编织的兴趣，激发热爱生活的情感，感受劳动的乐趣。(6)在编织劳动中注意安全使用剪刀。

第 11 课时：虾的编织

第 12 课时：蝗虫的编织

第 13 课时：可爱的青蛙

第 14 课时：螳螂的编织(一)

第 15 课时：螳螂的编织(二)

第 16 课时：纸绳编织多彩的鱼

第 17 课时：作品展示与分享

评价活动

本课程采用教师评价、学生自评、学生互评、家长评价相结合的方式。同时注重过程性与终结性评价，采用成长记录的方式，随时收集能够反映过程和结果的材料，以便及时对学生进行评定。

06 花与叶——植物标本制作

河南省郑州市金水区文化路第一小学　花丽霞

前记

适用年级：六年级
总课时：16

课程简介

本课程以"了解自然、标本制作"为理念，以树叶、干花为素材进行标本的制作。在课程学习中将植物标本制作、绘画、创意设计相结合，引导学生制作记录自然之美的个性书签、创意卡片，让学生在植物标本的制作过程中，体验科学探索、艺术加工的乐趣。让学生有个性地表达自己的情感、激发探索意识，提高观察和审美能力。

背景分析

1. 目的和意义

把大自然的瞬间之美变成永恒，把美的瞬间和美的记忆以植物标本画的形式永远保留下来，作为六年级的毕业留念，是本课程的主要目的。

在主题活动中，引导学生形成严谨科学的探究意识，热爱自然、珍惜生命的情感，发现美、感悟美的能力。

2. 学情分析

"花与叶——植物标本制作"课程是一门实践体验为主的课程，集植物标本制作和绘画创意设计于一体，深受学生喜爱。六年级的学生，具备丰富的自然知识和实践探索能力,已经在这所学校经历了近 6 个春夏秋冬的季节变换,积淀了很多美好的记忆,而且他们具备一定的绘画基础和审美能力,能设计表达自己情感的创意卡片。

3. 资源分析

(1) 喜欢大自然是孩子们的天性,身边的一花一叶都是资源,能把身边的美保留下来制成毕业留念卡片,深受学生欢迎。

(2) 学校乐享课程中心的成员跟踪课程实施全过程,定期为课程"把脉问诊",为课程的持续发展提供强大支撑。

(3) 我校地处高校密集区,周边又有较丰富的文化与教育基础设施。家长也非常重视对孩子的多元智力开发,有着丰富的家长资源可利用,为课程实施提供了良好校外教育资源。

课程目标

1. 了解植物标本的制作过程,掌握植物标本制作技能。
2. 动手制作植物标本书签、植物标本画、创意卡片等作品。
3. 体会植物标本制作的科学价值和审美价值。

学习安排

整体思路:按照学期季节顺序,分别开展秋·冬主题活动、春·夏主题活动

课时 1:分享"课程纲要"

目标:(1)分享本学期的课程纲要,明确以季节划分的主题:春天的故事、夏天的精彩、秋日的绚丽、冬日的回忆,本学期主要进行秋日的绚丽和冬日的回忆两个板块的学习。(2)了解课程宗旨,制定课程章程,激发课程兴趣。

实施建议:讲解纪律要求,介绍课程纲要中的内容及所需要准备的工具材料。欣赏植物标本的美。

单元一:秋日的绚丽

单元目标:感受秋天的美,学会制作植物标本,留住这份美丽。

实施建议:(1)树叶标本的制作有一定的难度,每一道程序都需要严格按照要求走,做好的树叶标本要做好收集工作。(2)制作叶脉标本难度较大,需要老师从每一个环节细心指导。

课时 2:制作腊叶标本

课时 2 要求：(1)知道什么是植物标本，什么是植物标本画，知道如何制作腊叶标本。(2)寻找漂亮的落叶，并按照自己的理解初步尝试用压制法制作植物标本。

课时 3：参观郑州市自然博物馆

课时 3 要求：(1)参观郑州市自然博物馆，了解标本尤其是植物标本制作的严谨科学流程，以及规范的呈现形式，培养科学严谨的态度。(2)用更科学的流程制作第二批植物腊叶标本，并尝试制作叶脉标本。

课时 4：制作叶脉标本

课时 4 要求：(1)知道什么是叶脉标本。(2)掌握叶脉标本的制作方法。(3)在老师的指导下成功制作叶脉标本。

单元二：冬日的回忆

单元目标：进行植物标本的加工创作，把瞬间的美变成永恒。

实施建议：(1)发现学校的美，把对母校的留恋绘制到学校的个性名片中，以书签的形式来展现。(2)以植物标本为基础，加入绘画元素，设计并制作稍复杂的植物标本画。(3)小组成员针对任务，制定完成任务的方案，并进行分工合作活动。(4)在教师指导下完善作品，与其他小组交流分享。

课时 5：制作我的个性书签

课时 6：制作学校个性书签

课时 7：创作植物标本画

单元三：春天的故事

单元目标：寻找身边的美。

实施建议：(1)以大量的图片及实物赏析，欣赏大自然的美，了解身边的植物。(2)通过各种渠道增加对植物的认识和了解，引起对大自然的观察和无限的热爱。(3)尝试运用已经掌握的技能独立制作植物标本。利用已掌握的技能进行创作，提高创新、动手能力。(4)各小组根据合作分工进行制作。

课时 10：植物知识大比拼

课时 11：寻找春天的美

课时 12：制作花朵和树叶标本

单元四：夏天的精彩

单元目标：通过标本制作留下对母校的记忆。

实施建议：(1)小组成员针对任务，制定完成任务的方案，并进行分工合作活动。

(2)运用综合技法制作标本画作品。（3)小组学生能够根据自己制作的植物标本进行创作，摆造型，形成一组完整的、有情景的标本画。（4)通过师生小组讨论，学生能够针对本组作品的不足提出具体修改意见。（5)学生在制作过程中，增强集体意识，锻炼合作与协调能力。（6)在教师指导下完善作品，与其他小组交流分享。

课时 13：我的毕业留念卡片

课时 14：母校，我爱您

课时 15：创作植物标本画

课时 16：学习小结

目标：总结交流学习成果。

实施建议：(1)总结基本标本和标本画的制作方法。(2)综合评价学习表现。(3)进行作品展览，评选出优秀作品，进行表彰。

评价活动

主要以过程性评价为主，终结性评价为辅。采取自评、小组成员互评和教师评价三种形式：

1. 通过课堂观察评价学生学习态度。

2. 通过小组成员间的互评来评价团队合作意识。

3. 通过有形的作品来评价学习效果。

4. 通过对小组成果及卫生情况的检查评价小组合作情况。

具体的评价量化规则：以百分制计算，其中学习态度与合作意识 25 分，个人作品和作业效果 45 分，小组合作学习的成果及卫生清理 30 分。

07 创意废绳

江苏省常州市勤业中学　黄彩娟

前记

适用年级：七或八年级

总课时：16

课程简介

"花样跳绳"是我校一大特色,在平时的训练中,出现了大量废弃的绳子,结合这一现状,开展了"创意废绳"的环保教育活动,引导学生学会关注生活,能从独特的角度发现材料的"美",创造出具有装饰性和实用性的作品。通过接"订单"的形式,培养学生与"客户"沟通与协调的能力,发展社会适应能力。

背景分析

随手扔掉废旧材料是学生身边常见的现象,看似小事,实则涉及保护环境和资源回收利用等大问题。"创意废绳"以"低碳　创意"为思想核心,利用废物进行创作,引导学生学会关注生活,寻找并发现生活中的"美",学会从材料的独特审美角度进行创作,在积极的情感体验中提高创造力。学生在形式多样的作品创作过程中,感受废旧物品变"美"的过程,通过"废弃物品"与"独一无二的艺术品"的对比,体验自己"变废为宝,美化环境"的能力,体会"艺术源于生活,服务于生活"的设计理念。

攀比、挥霍现象也存在于学生的日常生活中,很少有人能真正体会到父母赚钱的艰辛,因此培养学生节俭的品质势在必行。"接订单"是该校本课程的内容之一,学生根据

"客户"的需求及其实际情况,为其量身打造出艺术作品,赚取合理利润,培养与"客户"沟通与协调的能力,初步形成"经济意识",同时也体会赚钱的不易。

课程目标

1. 根据废绳材料的特性,尝试创造出具有美感的、实用的艺术品;

2. 通过制作作品,学会关注生活,勤于动脑思考,大胆动手操作,勇于表述作品的创意;

3. 在"订单式"创作过程中,体会基于"客户"需求的废绳创意物化价值,增强沟通与协调能力。

学习安排

学习资源:①材料:废弃的长棉纱绳、短棉纱绳、珠节绳。②工具:胶枪。

单元一:创意废绳
课时 1:分享课程纲要,欣赏作品并初步尝试制作
课时 2—4:设计器型、制作成品

单元二:奇妙的创意
课时 5:奇妙的创意
课时 6—9:设计并完成作品

单元三:接受"订单"
课时 10:需求沟通,量身打造艺术品
课时 11—14:完成作品
课时 15—16:作品展示与分享

评价活动

本课程采用学生互评、师生互评相结合的评价方式。
评价要点:
1. 分小组完成每次的作业。

2. 将废旧材料的独特审美角度与无可替代的视觉效果运用到创作中去。

3. 针对最后的效果，谈谈自己的看法（优点、缺点、改进的方案）。

评价要求：

1. 对作品的评价要求

（1）废旧材料的选择和运用是否能恰如其分地展现其最美的一面。

（2）最后的成品是否具有一定的装饰性和实用性。

2. 对学生的评价要求

（1）评价者能否正确地运用专业术语评价别人的作品。

（2）能否清晰表达自己创作的作品蕴含的创意。

（3）在小组合作的作品中，个人作出的贡献（创意、动手实践等方面）。

评分表

第（ ）单元 第（ ）件作品 总分：总评1＋总评2＝（ ）			
作品评价(50分)			
作品的最终效果 （15分）	作品的制作工艺 （15分）	实用价值 （20分）	总评1
（ ）分	（ ）分	（ ）分	（ ）分
学生评价(50分)			
用正确的语言表述自己所做的贡献（创意、动手实践等方面） （30分）	用正确、流畅的术语评价自己、他人的作品(10分)	上课的态度(10分)	总评2
（ ）分	（ ）分	（ ）分	（ ）分
备注：			

08 牌楼

江苏省锡山高级中学　吕士媛

前记

适用年级：高一（选修）

总课时：32

课程简介

"牌楼"是一门体现基础性、系统性、实践性的建筑模型入门课程，既可以面向对建筑模型感兴趣的零基础的高一或高二学生，又可以面向今后大学专业倾向土木工程、建筑设计、工业设计等专业的学生。牌楼结构形式主要有：两柱单开间一楼、两柱单开间三楼、四柱三开间三楼、四柱三开间五楼、四柱三开间七楼、四柱三开间九楼、六柱五开间五楼、六柱五开间十一楼等。本课程采用小组合作研究的方式进行学习。32课时中每个小组选择其中一种结构形式作为研究对象，如研究牌楼结构形式——四柱三开间七楼模块的小组，课程结束时需要上交一份牌楼结构形式研究报告以及四柱三开间七楼模型成品。在本课程中，学生使用8*8*100的木条以及安特固胶水，运用手锯、锉刀、台虎钳、美工刀、直角尺等手动工具，依据每小组研究与设计的牌楼结构，通过对木条的加工和组装，最终物化成牌楼结构模型。整个学习过程中，学生不仅能学会如何从网络和书籍中找寻所需资源，而且还能零基础学会绘制简单的几何立体草图，同时能运用常见木工手工工具加工榫卯结构。

背景分析

1. 目的和意义

该课程基于《普通高中通用技术课程标准》(2017 年版),属于通用技术课程"传统工艺及其实践"选修模块,是在对"传统工艺及其实践"中"木造型工艺"深度挖掘基础上研发的。同时该课程体现江苏省锡山高级中学的育人目标要求——练习增加生产之技能,也符合学校目前倡导的研创式大任务课程开发要求,在研究的基础上,将研究成果进行物化呈现。

2. 学情分析

大部分高一的学生在小学和初中没有经历过一次完整的研究、设计制作的过程,在动手能力方面,大部分学生是欠缺的。有些学生甚至不能识别常见工具。高一的孩子已经具备一定的信息技术能力,能够通过网络或者相关书籍找寻自己所需资源,并将资源进一步整理、整合,从中深度挖掘所需数据,在教师指导下,运用找寻的资源设计牌楼结构形式。这些在之前的学习过程中,他们都是欠缺的,所以在高一阶段非常有必要锻炼这方面的能力,以便于进入高校之后能顺利适应大学的研究生活。

3. 资源分析

(1) 教师资源:该课程对教师素质要求比较高,不仅需要建筑设计和建筑模型制作经验,同时在木加工工艺环节,也要掌握透彻。锡山高中在教师资源方面较为充分,吕士媛老师不仅是通用技术学科的骨干教师,而且在建筑模型方面有专门研究。

(2) 学生资源:高一学生会使用电脑查询相关信息,具备 WORD 或者 WPS 软件的操作经验,同时能在图书馆中搜寻到自己想找的书籍,在此基础上,通过老师的课堂指导,能够顺利达成本课程的目标。

(3) 学校资源:校图书馆有大量相关书籍,上课专用教室配备了 10 台电脑,学校全方位覆盖无线网络,便于学生及时上网查询相关信息,有助于学生开展前期研究。学校不仅配置了相关手工工具,还配置了一定数量的数字加工工具,便于学生在课堂上动手操作,有助于物化成果的呈现。

课程目标

1. 通过学习与操作,能够识别常见手工木加工工具,掌握正确使用方法。

2. 通过小组合作,能够利用 2 点透视原理或网格法或正等轴测等方法,绘制选定牌楼结构形式框架图。

3. 在设计制作过程中,了解常见简易榫的加工流程和制作工艺,体会手工木加工的工匠精神。

学习安排

整体思路:研究牌楼结构——设计牌楼结构——制作牌楼结构

单元一:研究牌楼结构

课时1:分享课程纲要

学习目标:(1)了解本课程的背景、目标、课程内容与安排。(2)说出本课程的主要学习目标。(3)用思维导图的方式简单绘制课程主要内容。

教学内容:(1)"牌楼"课程纲要。(2)布置每个小组研究的牌楼结构形式。

评价建议:(1)提问学生,通过本课程的学习,能掌握哪些知识?(2)课前10分钟,让每位同学运用思维导图的方式绘制本课程的主要学习内容。

课时2—5:研究牌楼结构形式

学习目标:(1)通过网络、相关书籍查找相关牌楼历史背景与结构形式。(2)运用WORD或WPS软件编辑相关文字、视频和图片,每组最终形成800字左右的研究报告。

教学内容:(1)教师提供书籍目录,学生提前购买或者图书馆借阅。(2)提供相关关键词让学生自行网络搜索相关资源。

评价建议:(1)通过学生提交的电子版研究报告,分析学生学习目标是否达成。(2)一份完整的研究报告应含三方面的内容,以四柱三开间七楼为例。

课时6:交流研究过程

学习目标:在5分钟内,通过PPT介绍本组的研究成果,反思不足并课后改进。

教学内容:每组选派一名代表,交流本组在4课时内的研究过程。每组5分钟。

评价建议:通过每组展示,教师评价与其他组评价相结合方式来综合评价每组的研究过程。

单元二:设计牌楼结构

课时7:2点透视画法

学习目标:(1)通过观看视频和教师现场指导,理解2点透视绘图技法。(2)在课堂20分钟内模仿绘制视频介绍的内容。

教学内容:(1)播放2点透视绘制技法视频。(2)总结2点透视绘制技法要点。(3)学生模仿绘制视频内容。

评价建议：教师通过学生提交的模仿绘制作品，评价本节课的学习目标是否达成。如果95%以上的学生均能在20分钟内绘制准确，教学目标达成。

课时8—9：绘制牌楼结构

学习目标：在2课时内，依据每组研究成果，运用2点透视原理，小组合作绘制所研究的牌楼结构。

教学内容：教师指导各组将牌楼结构研究成果进行简化，指导学生运用2点透视画法绘制牌楼结构。

评价建议：教师依据学生绘制的牌楼结构分析学习目标是否达成。

课时10：尺寸的标注

学习目标：1.掌握水平方向和垂直方向尺寸标注事项。2.在课堂内能准确修改错误的尺寸标注。

教学内容：以学生绘制的牌楼结构为例，分析其错误的尺寸标注，讲解尺寸标注的正确方法。

评价建议：（1）再次批阅学生修改后的设计图，分析学生对本节课的知识掌握程度。（2）对于个别掌握不到位的小组，可以进行个别指导。

单元三：制作牌楼结构

课时11—16：木加工工艺

学习目标：（1）熟练掌握手锯、什锦锉刀、直角尺、美工刀、凿子、台虎钳、木工夹等工具的使用技法和注意事项。（2）掌握边缘直角榫接、搭接的加工工艺。（3）掌握十字交叉榫接的加工工艺。（4）掌握3方向、5方向直角榫接的加工工艺。

教学内容：教师现场演示或提前录制好教学视频，在课堂内逐一讲解和演示常见手工木工工具的使用技巧以及边缘直角榫接、搭接、3方向及5方向直角榫接技法。

评价建议：课堂内预留时间让每位学生亲自实践，教师现场指导，现场观察学生动手实践情况，分析学生学习目标的达成情况。

课时17—31：制作牌楼结构

学习目标：（1）感悟流程规划的重要性，能在动手制作前合理分工，并能规划出较理想的制作流程。（2）进一步熟悉边缘直角榫、十字交叉榫、3方向直角榫、5方向直角榫的加工工艺与流程。（3）掌握戗柱的切割技法与粘法。（4）掌握牌楼楼顶的加工工艺。（5）在制作过程中，体悟精益求精的匠心精神，体会团队合作的重要，感悟有舍才有得的制作理念。

教学内容：（1）教师下发材料与设计报告。并在动手实践前讲解流程方面的知识要点，让学生学会设计合理的制作流程。（2）在整个制作过程中，由于不同的小组制作设计的牌楼不同,教师针对性地进行个别指导,以便最终作品的呈现。

评价建议:依据学生填写的设计报告和制作的过程,教师分析学生学习目标的达成情况。

课时 32:评价牌楼结构

学习目标:(1)每组在 5 分钟之内,用 PPT 和实物结合的方式,交流制作的过程与成果,并能至少说出 2 条以上作品的优势与不足。(2)能从他人的交流中,反思自己制作的优势与不足,并能在课后加以改进。

教学内容:教师组织各组进行成果的交流与展示,提供多媒体设备,同时能在各组交流完之后,及时点评到位,以便于各组进行反思、改进与总结。

评价建议:教师在课堂上实时观察并分析各组的交流情况,依据教学目标对各组制作的牌楼进行评价。

评价活动

本课程的评价方式由学习态度评价(10％)＋研究报告(15％)＋设计报告(35％)＋物化成果(40％)四部分构成。

1. 学习态度评价(10 分)

出勤率(5 分)＋工具整理(5 分)

项目	5 分	3 分	2 分	1 分	0 分
出勤率	全勤 32 节	出勤 31—27 节	出勤 26—22 节	出勤 21—17 节	出勤 16 节以下

项目	5 分	3 分	2 分	1 分	0 分
工具整理	每节课均能把工具归还到位	有 1—5 次没能做到把工具归还到位	有 6—10 次没能做到把工具归还到位	有 10—15 次没能做到把工具归还到位	有 16 次以上没能做到把工具归还到位

2. 研究报告评价(15 分)

具 体 项 目	总分值
有具体题目,比如:两柱三开间三楼牌楼结构研究	1 分
什么是牌楼?	2 分
牌楼的来源有哪些?	2 分

续　表

具　体　项　目	总分值
牌楼的功能是什么？	2分
牌楼的结构形式有哪些？	2分
每组研究的牌楼结构,如研究四柱三开间三楼,目前哪些地方有这样的牌楼,最经典的是哪一座？有详细的牌楼结构图片、名称,目前现存地点至少找2处	4分
每组研究的牌楼结构,在现实生活中的具体的尺寸如长宽高分别是多少,若缩小比例做模型,你计划设计的尺寸数值又是多少？	2分

3. 设计报告评价(35分)

具　体　项　目	总分值
能利用2点透视原理,绘制出简化后的牌楼结构立体图	5分
能准确地对设计图进行尺寸标注	5分
能及时记录设计报告中的第二项(使用哪些工具与材料)	2分
能合理规划制作流程以及合理地进行人员分工	3分
能及时记录制作过程中的问题以及解决方法	5分
制作完成后能找出设计的优势和不足之处	2分
能对不足之处,加以改进	3分
制作完成之后,每组同学能写出至少500字的感悟和心得	10分

4. 物化成果评价(40分)

具　体　项　目	分值
能根据每组的设计图,牌楼结构形式模型仅完成90%—100%	35—40分
能根据每组的设计图,牌楼结构形式模型仅完成80%—90%	30—35分
能根据每组的设计图,牌楼结构形式模型仅完成70%—80%	25—30分
能根据每组的设计图,牌楼结构形式模型仅完成60%—70%	20—25分
能根据每组的设计图,牌楼结构形式模型仅完成60%以下	15—20分

等级认定:

学期期末总成绩为等级认定,以学习态度评价(10分)+研究报告(15分)+设计报告(35分)+物化成果(40分)四部分总分为依据,进行等级的评定。

A级(100分—85分),B级(84分—75分),C级(74分—60分),D级(60分以下)。

备注

1. 该课程,考虑到后期多人进行同时操作,为了便于教师指导和安全管理,建议人数控制在 30 左右。该课程一般适用于选修班和社团班来学习。不建议行政班,如果有足够大的操作间,可以同时容纳 50 人左右的,那么也是可以的。

2. 教室里的课桌建议选用长方形,如桌子大小为 1500 mm * 900 mm,教室能容纳 6—8 张这样的课桌即可。要求教室通风良好,便于在操作时将产生的粉尘排走。教室内或者其他地方有摆放半成品的空间。

3. 需要配备常见的木加工工具,比如手锯(SATA 迷你型手锯 93404)、木工台钳或 G字夹、SATA10 件套什锦锉、美工刀(田岛 LC‑520)、直角钢尺(得力 DL4034)等。

4. 该课程需至少 10 台可上网的电脑(确保每组一台),也可使用学校机房,用于前期研究牌楼结构形式,学生上网查询相关资源以及编辑整理相关研究报告。

6. 教室中的硬件设备在使用过程中会有损耗,所以需要学校支持。

09 陶艺

山东省青岛第二中学　张新江、王燕、屠晓蓓

前记

适用年级：高一或高二
总课时：16—18

课程简介

陶艺是一门激发学生无限创造潜能与想象力的课程，课程内容遵循从简单到复杂、从局部到整体的编写思路，将学科逻辑和心理逻辑相结合，既有基础技能的掌握，又有拓展性内容设计，操作性强，在培养学生空间智能品质、创造智能、协作与处理人际关系方面具有积极影响。

背景分析

1. 目的与意义

陶艺课程为高中课程开发与建设提供了一个全新的探索领域，作为艺术领域美术课程改革中设计工艺模块的一个特殊的教育载体，从练泥开始就在培养和锻炼学生的想象、动手和创造能力。学生动手过程中经历着真实的艺术创造体验，包括个人主观意识鲜明的创意思考与设计制作，和集体进行反思和评价。完成的任何一件作品（可能是不完美的）都是"亲手制作"的而与众不同，如同一个艺术家那样在创作！

2. 已有基础与所需条件

青岛二中陶艺校本课程的开发与研究始于 1999 年，学校经过筹集资金完成陶艺中心

建设,内设多媒体陶艺教室、陶窑烧制室、精品展示室、储存室、陶艺办公室等专用空间。同时开展以美术教研组(全员参与)为开发主体的陶艺教学实践与研究,于2001年正式进行十五课题研究,之后被列入全国"十五"重点课题实验基地。2005年集中反映陶艺教学成果的校本研究成果正式出版。

近几年,我校陶艺课程向精品化提升,课程设置上主要突出学生动手操作实践能力的培养;学习方式以自主体验和合作学习为主;课时采用隔周两节连上的方式,突出技能掌握的过程体验特性;教学安排采用必修与选修相结合,给学生提供尽可能多的选择空间;美术教研组全员参与教学研究与实践,这种校本课程的开发方式,有效发挥了教研组整体优势,保证了课程的科学性、规范性、有效性。

课程目标

1. 通过体验与交流,熟悉陶艺制作的各种材料与工具,感受泥土、水等材料的特性。

2. 了解陶艺制作的基本技法,能够综合运用各种成型技巧进行创作,独立完成至少一件富有创意的作品。

3. 通过小组学习,合作完成至少两件大型装置作品,学会与人沟通和交流,评价与分享。

4. 通过临摹、想象、创造,初步掌握陶艺材料个性,提升空间造型表现和审美创造能力。

学习安排

1. 教学内容的开发与设计

围绕知识、活动、技能、体验、研究、拓展等元素,依据学生的兴趣与认知发展水平,按照从简单到复杂的逻辑,既考虑基础技能的掌握,又考虑教学安排与教学实施的可操作性,在设计上主要分三部分:

(1) 技能掌握部分。注重基础技能的学习,可以根据课时情况,采用合并内容的方式灵活教学。这一阶段教师必须进行恰当的教学演示,设置合理的教学情境。

(2) 自由创作部分。设置一定主题,采用小组合作、自主体验、师生合作等多种教学方式,完成具有挑战性的陶艺作品。

(3) 能力扩展部分。设置各种能够体现陶艺教育价值的平台,提供给学生拓展视野的方式,培养学生的独特智能。

2. 教学实施与注意事项

(1) 课时安排:每周2课时,最好采用两节课连上的方式,隔周上课,故教学安排为9课内容,即为18课时左右。

（2）教学内容：可根据教学实际对本教学内容进行增删和调整，不必完全按照章节顺序进行。

3. 教学进度与安排

第1课："陶艺制作与欣赏"：陶艺课程纲要分享，介绍陶艺发展，练习揉泥法，徒手捏制小动物，练习搓泥条、擀制泥板等基本技能。（拉坯可以不学）

第2—3课：用泥条成型法制作一个花瓶（笔筒），或用泥板围合一件方形器，或以小组为单位采用泥条成型法创作大型图腾柱作品，作品有规格要求。

第3—5课：学习泥版浮雕的创作，了解陶艺装饰基本手法，掌握阴阳刻的使用技巧，制作符合要求的泥板，进行泥板汉字浮雕的设计与制作。泥版浮雕与第八单元的主题文化墙的制作有直接关系，难度较大，教学上可以灵活安排，课时可适当延长。

第5或6课：综合使用各种成型方法创作"鱼"，或者是小组合作完成情景创作"有故事的人"。

第6—8课：小组合作设计制作"心中的建筑"。建筑是富有挑战性的学习专题，可以根据学习情况调整课时安排与教学进度。同时要观察小组的分工合作情况，随时关注学生持续的投入热情。

第7—8课：教学评价，师生共同选择优秀的陶艺作品，完成陶艺文化墙、主题墙等装置艺术的设计与制作，提升教学效果。

第8—10课：兴趣小组、艺术节、比赛等相关项目的参与、学习，可视情况组织师生共同参观陶艺作品展，或者在校内举办师生作品教学汇报展。

评价活动

1. 课程评价

（1）根据学生制作各类作品的评价量规来评定学生是否获得一定的审美能力。

（2）通过陶艺作品展和艺术节陶艺大赛中学生作品的展示，评定学生是否掌握陶艺制作的基本技法和综合运用的能力。

（3）观察每个学生在小组合作中的角色发挥、贡献价值、参与过程等，来评价学生是否具有合作与沟通能力。

（4）学生课堂出勤情况。

（5）通过陶艺装置教学区域的作品贡献率或者学生参与各级各类比赛获奖的认定，给予学生相应的学分认定。

2. 成绩与学分认定

（1）实行技能达标认定与常规教学认定两种途径，共2个学分。随堂作业、课堂表现、参与情况、作品完成、出勤记录可作为该学生模块课程的修习学分获得该课程模块规定的1个必修学分;通过一学期或一学年的学习,学生可自行申请达标,经授课教师同意,报学生技能达标委员会(由陶艺教师、音美教研组长、教务主任、主管校长组成),在当年的艺术节(学校为了普及艺术教育与成果,丰富校园文化与生活,每年在10月开展全校师生参与的艺术节活动)陶艺大赛中进行达标考核,如学生不合格,可在次年艺术节补考。通过考核学生可以获得额外选修学分1分,同时由学校颁发技能达标证书,并将结果记录在学生素质发展报告册和成长档案中。

(2)学生也可通过参加市级以上各级各类比较有影响力的比赛达标。前提是该比赛必须由技能达标委员会认证。也可由学生根据个体实际情况,个别预约任课教师组成临时考评委员会,进行达标测试。

(3)常规教学获得的学分属于普及性学分,即每名学生都可以通过参与体验学习陶艺技能完成学习任务;达标学分获得的学分属于素质发展学分,需要学生能够在掌握基本成型方法后继续进行有创意和熟练的动手操作表现。

(4)学科修习的学时数至少达到15课时,占学分成绩的10%;平日成绩由任课教师认定,占学分成绩40%,包括过程体验、学科情感、学习态度、作品完成、互动参与等;模块考核成绩由教师随堂组织,以鼓励激发学生求知欲为主,占学分成绩50%,可适当浮动。课程委员会认定属于学生额外申请技能达标项目,由学校自行认定。

(5)免修或重修制度:对学校发展有重大贡献或影响的,经个人申请,学校认定可以免修;成绩不达标者可申请重修、改修或放弃,但重修不得超过2次。

10 生活中的创意与设计

浙江省台州中学　廖根仁

前记

适用年级：高一或高二
总课时：18

课程简介

本课程以生活中的设计创意为主线，分"精巧木结构的设计、阳台栽培器具的设计、可折叠结构的设计"三个专题，其特点可用三个关键词来概括：传承、生活与创新。中国几千年以来的传统技艺基本都凝聚于木结构的设计之中，选择木结构作为第一个设计专题，意在让学习者了解与传承中国传统设计文化；阳台种植是当下我国大部分城市居民生活的需要，设计个性化的阳台栽培器具能解决满足个体差异化的需求，同时提高学习者的设计创新与知识综合应用能力；将产品设计成可折叠结构，于使用者来说可减少空间体积的占用，对于家庭居室比较紧凑的城市居民具有现实意义，此专题侧重多方案的设计，以满足不同使用情境的需要，同时能拓展学习者的设计创新思维。

背景分析

设计是一种知识运用高度综合的创造性活动，高中生已经基本具备完成简单设计所需的科学知识。本课程的开发是建立在高中现有的必修课程基础之上，是必修课程的补充与拓展，使学生有机会在校本选修课程中提升创新实践和知识综合运用能力，以期解决现在大部分高中生"基础有余，而创新能力不足，实践能力和知识综合运用能力较差"的问题,通过本课程的学习提高学生的探究能力、设计构思能力、实践与创新能力。

课程分别选取了笔者自主开发的省级精品课程"精巧木结构的探究与设计"和省立项微课程"阳台种植技术与设计"与"简单可折叠结构的设计"中的精华组成一门重设计实践的跨学科创新课程。木材具有易加工的特点,是高中生设计实践中常用的材料。学生在参与该专题的设计活动中探究中国传统家具的经典要素,意在诠释中国传统木结构技艺之博大精深的同时,也寄希望于学习者能以传承和发展的眼光来看待中国这些历史文化艺术瑰宝,将其精髓在现代木结构产品设计实践中发扬光大,该专题的探究可为后面两个专题的学习奠定知识基础。

随着我国城镇化建设的快速推进,越来越多的人利用阳台进行种植。如何将现代农业技术的精华结合家庭阳台种植实际,应用到阳台栽培器具的设计实践中,这是本课程探究的另一主题。该专题以形式多样的个性化创新设计与动手实践案例,让学习者不仅要能从中学到具体方法,还旨在激发设计灵感,培养学习者的环保理念、创新与实践能力,激发生活情趣等。

可折叠结构的设计能让生活中原本司空见惯的结构产品变得更加巧妙,通过折叠设计不仅能增加产品的功能,还能减少不用时的空间占用,该专题以具体的设计案例,要求对同一项目设计出多种可行方案,以开拓学习者的设计创新思维,提升创新技能。课程的三个主题看似关联性不大,然而却以设计为主线将其串联起来,紧密结合学生的生活实际,让学习者从不同层面体会设计的丰富内涵,让学习者在设计实践中能将科学知识与文化、社会和生活相结合。

本课程设计了配套的系列微视频等资源作为学生的辅助学习资源,以拓展学习者的视野。其中"精巧木结构的设计"专题资源已发布在浙江省选修课程网上,"阳台栽培器具的设计"和"简单可折叠结构的设计"专题的微视频资源已发布在浙江微课网和华师慕课中心网站上,这些资源均可免费学习使用。使用方法为:学生先尝试完成本课程的设计实践活动,然后再学习微课程,受到启发后,再对自己的设计进行改进或再次创作,以提升设计创新技能。

班级集体授课时,需要用到电脑和投影仪等设备,上课教室应有网络,以便在课堂教学中可以在线播放微视频等教学资源。在设计制作实践中,可利用高中的物理实验室和通用技术实验室中的设备,高中通用技术实验室基本能满足学生制作模型活动中所需的工具设备需要。

课程目标

1. 了解中国传统木结构建筑和家具以及现代木制家具的特点和制作方法。

2. 经历技术方案的物化过程,学会模型或产品的制作、装配、调试的方法。

3. 体验意念具体化和方案物化过程中的复杂性和创造性,发展动手实践能力。

学习安排

专题一：精巧木结构的设计

课时 1：中国传统木构架建筑

实施建议：(1)分享课程纲要。(2)课前要求学生了解身边的较为精巧的木结构建筑,通过拍照或网络搜索相关资料并记录结构细节,课前将资料发到教师邮箱或共享到班级网络平台,课堂上探讨交流。

课时 2：明清家具

实施建议：课前学生通过网络学习教师提供的故宫博物馆的珍藏的明清家具视频,通过网络查询相关古家具连接结构的资料,每小组选择一件明清家具,于课堂上探讨讲解其结构组成特点。

课时 3：现代木质家具

实施建议：学生课前以小组为单位收集自己家里的木制家具资料,于课堂上交流并探究其特点与制造工艺,教师于课堂上概括总结与补充。

课时 4：现代木结构节点连接方法

实施建议：以学生上一课提供的典型案例资料,结合教师的补充资料,探究了解木结构设计的重要环节——连接节点的设计。教师以 wood joint 软件演示现代木结构节点连接方法及其所使用的标准件。

课时 5—6：创意书架的设计

实施建议：学生以小组为单位选择三个不同阅读室设计场景中的一个进行设计,三个场景的设计难度不一,小组根据各自的水平选择。要求每一位学生均需设计出一种方案。每个小组推荐两个作品参加班级的设计评比与展示。该项设计活动模拟真实的设计情景,分甲乙丙三方。阅读室的主人称为甲方,设计者为乙方,教师为丙方。

专题二：阳台栽培器具的设计

课时 7：利用家庭废弃物制作设计与制作阳台栽培器具

实施建议：利用可乐瓶设计制作阳台有基质栽培器具或利用泡沫箱设计制作"小型深液流水培"装置。各小组选择其中一种废弃物进行设计,方案构思完成后,学习相应的配套微课,并于课后进行制作实践,每个小组做出一个作品。

课时 8：阳台个性化立体栽培装置的设计

实施建议：根据设计情境和创意要求设计个性化的立体栽培装置，突出个性与创意，小组构思探讨时间约为 20 分钟。构思完成后学习配套微课，完善构思并表达设计方案，每小组推荐两个方案参与班级交流。

课时 9：阳台流水培装置的设计与制作

实施建议：为所给出的阳台方案设计配套的管道流水培装置。设计完成后，观看配套微视频。并于课后进行模型制作，从制作实践中思考体会设计中应考虑的加工工艺因素。

课时 10：阳台自动滴灌装置的设计与制作

实施建议：本课设计阳台多层立体栽培槽的自动滴灌装置，学生先进行设计构思与组内交流，提出可行方案。然后学习微视频资源，再对自己的方案进行改进设计，要求每小组提出两种可行方案。

课时 11：土壤湿度的自动控制方法

实施建议：各小组根据阳台种植成片种植情境，设计构思控制土壤湿度的可行方案，小组经过 20 分钟左右的构思与探讨之后，观看微视频，再对自己的构思进行改进设计，要求每小组提出两种控制土壤湿度的可行方案，并于课后制作模型验证方案的可行性。

课时 12：阳台简易小型温室的设计与制作

实施建议：小组根据所提供的材料设计阳台简易小型温室，小组构思设计 20 分钟后，观看微视频，对自己的方案进行改进设计，每个小组推荐两个设计方案参与班级交流，并于课后制作模型验证方案的可行性。

专题三：简单可折叠结构的设计

课时 13：三角形在可折叠结构设计中的应用

实施建议：小组探讨交流如何解决所给出的可折叠雨伞架在使用时存在的不稳定的问题（约 10 分钟），然后学习微视频，再对所给出的双层可折叠支架进行改进设计，使其不用时能实现完全折叠，画出改进后的结构草图。

课时 14：四边形在可折叠结构设计中的应用

实施建议：设计满足要求的可折叠球架，各小组进行构思交流（约 15 分钟）后观看微视频，再对自己的构思进行改进设计，要求每个小组至少提出两种可行方案。

课时 15：可折叠结构设计中的限位与固定

实施建议：各小组先对所给平板车方案进行改进设计，并画出结构草图，要求改进后的推杆能向平板折叠，推拉使用时均能保持稳定，各小组构思与探究时间约为 30 分钟，然后观看微视频，看完后每个小组再提出一种和微视频中不同的解决方案。

课时 16：可折叠小板凳的设计

实施建议：要求利用木材设计可折叠小板凳方案，每组至少要提出两种以上不同方案,并画出方案草图,各小组开展竞赛,比一比哪一个小组提出的可行方案最多。30分钟后,观看微视频,各小组完善自己的设计方案。

课时17:可折叠电脑支架的设计

实施建议:设计适合多种使用情景的可折叠笔记本电脑支架,每个小组至少提出三种不同的方案,然后观看微视频,看完后再进一步完善各自的设计方案。最后每个小组推荐作品在班级交流。

课时18:墙上可折叠桌的设计

实施建议:根据设计情景,为厨房设计固定安装在墙上的可折叠桌,要求每个小组至少设计出三种不同方案,然后观看微视频,看完后再进一步完善各自的设计方案,最后每个小组推荐作品在班级交流。

评价活动

评价方法采用过程性评价和终结性评价相结合,自评与他评相结合等。最终成绩评定,过程性评价占70%,终结性评价占30%。其中"过程性评价"以学习评价表来记录,以A、B、C等级形式记录学生和小组在各项学习活动中的表现和成果。

一般先由学生对自己在小组活动中的学习表现和成果进行自评,再由他人对其进行他评,教师进行总评,确定学生的学习水平综合等级。具体操作方法如下:第一课学习结束后,给每组发一张评价表,其中所列的每项主题学习完后,根据评价标准打出等级。其中"自评栏"由学生自己按评价标准打出等级,"他评栏"由小组长对组内成员打出等级,小组长的"他评栏"由教师打出等级,"小组整体表现"栏由教师打出等级。学生的每项评价结束后由小组长将评价表交还给教师,到下一项评价时再下发。评价方法根据具体教学的动态情况来调整,评价表主要作为学生最终学习水平综合评价的依据。

备注

本课程配套的学习资源在全国微课及多媒体课件大赛中多次获奖。具体如下:

• "阳台栽培器具的设计"专题获华东师大慕课中心举办的全国微视频大赛三等奖(2015.4)。

• 课件"阳台栽培器具的设计"获教育部第14届多媒体课件大赛一等奖(2014.11)。

• "阳台种植技术与设计"微课程获首届长三角微课教学评比一等奖(2014.12)。

• "自动滴灌装置的设计与制作"获第15届全国多媒体课件大赛微课组一等奖(2015.12)。

- "个性化立体栽培装置的设计"获第 15 届全国多媒体课件大赛微课组一等奖(2015. 12)。
- 课件"简单可折叠结构的设计"获教育部第 15 届全国多媒体课件大赛二等奖(2015. 12)。
- "三角形在可折叠结构设计中的应用"获中国教育学会举办的第二届全国微课评比二等奖(2014.7)。
- "四边形在可折叠结构设计中的应用"获中国教育学会举办的第二届全国微课评比一等奖(2014.7)。
- "可折叠结构设计中的限位与固定"获第 15 届全国多媒体课件大赛微课组一等奖(2015.12)。

第三部分

艺术体验与户外拓展

 导读

　　艺术体验与户外拓展类校本课程着重鼓励学生探索自我、探索世界,学生可以在此类课程的学习过程中体验以剧目创作、舞台表演为代表的艺术形式,也可以走出课堂、投身自然,感知周围的点滴世界。

　　此类课程的设计旨在支持学生发展的感知能力、表达能力、创作能力、合作能力等。一方面,学生通过课程学习如何与他人合作并完成剧本表演或户外拓展。另一方面,更为重要的是,学生可以在这个过程中收获宝贵的体验,对自己、他人、世界形成全新的认知。

　　由于此类课程格外强调"体验"与"感知",故其更适用于小学生。尤其是以剧本表演与创作为主线贯穿学习过程的课程,多为表演欲望更强的小学生开设。从艺术体验与户外拓展类校本课程获奖作品在学段的分布情况上来看,设计教师主要以小学生为此类课程开设的主要对象,初中生与高中生也有所涉及。区别在于,为小学生开设的此类课程多强调肢体性的、趣味性的直接体验与感知,而为初中生、高中生开设的此类课程多强调文本性的、创作性的间接感悟与探索。

　　尽管此类课程与创意设计与工艺之制作类、乡土文化与地方特色类课程相比,并不遵循一种固有的设计思路,每门课程都有一定的独特性。但历年获奖的艺术体验与户外拓展类校本课程在一些方面具有共通性：

首先是在课程内容的切入点选取上贴近学生生活，如身体的构造、生活的地方等。这些课程内容的切入点是学生在日常生活中经常面对的或遇见的，但他们又没有一个完整的学习机会更加深入、全面地了解他们，而校本课程的设计可以帮助他们重新认识这些熟悉的事物与环境。

其次是在课程活动的安排上注重学生自身的表达、创作与探索。教师善于通过丰富多样的活动，如情境游戏、剧本改编或创编、剧目排演、新闻采编等，鼓励学生充分释放自我表达的欲望，在这些活动中勇敢表达自己的想法、尽可能地在同伴面前展示自己。

最后是在课程评价的设计上强调过程性评价。由于此类课程设计的最终目的不在于评价学生成果质量的优劣，而在于学生在学习过程中的表现，故过程性评价是此类课程设计中教师所关注和侧重的基本原则。

01 儿童剧

江苏省常州市新北区新桥实验小学　张帅

前记

适用年级：三年级
总课时：18

课程简介

　　儿童剧课程是我校诗意儿童文化课程的重要组成部分，是学生扮演角色的戏剧活动课程，符合儿童特有的情趣、心理状态和对事物的理解、思考方式，使得学生能够在丰富的艺术及人文情境中快乐地学习，可以在不断的创造与发现生活中学习表演，在表演与人类生活、情感、文化的联系中感受、理解和创造，获得成就感，得到自我满足。

背景分析

　　本课程旨在通过儿童剧课程不同学段的学习，在扮演角色与情感、生活的联系中，培养学生宽容理解、相互尊重、共同合作、乐于分享的意识，提高生活情趣，为塑造健全人格，实现艺术能力和人文素养的综合发展奠定基础。

　　学生通过综合性的艺术学习，提高语言表达能力、想象思维能力、理解与合作能力。开发儿童剧课程主要意义在于使儿童学习形式多样化，丰富学习过程体验；在学生丰富的校园生活中找到贴近儿童生活，有助于儿童成长和发展的儿童剧题材，在扮演角色与情感、生活的联系中理解他人，促进学生人与人之间的良性互动与交往。

　　我校以"建设诗意儿童文化"为目标，在诗意儿童文化建设中开展了儿童文化系列活动,以儿童为本的理念已深入人心。儿童剧是诗意儿童文化的重要组成部分。学校邀请高校教授开展了多次有关"儿童剧课程建设"的主题沙龙,骨干教师搜集和学习了一系列有关"儿童剧"的理论材料和实践经验,能为课程研究提供相对广泛的知识背景。

课程目标(本设计处于第二学段)

1. 用普通话流利地表现台词,能体会、理解台词的内容,并运用一定的技巧传达台词所要表达的思想感情,表现台词时大方得体,感情真挚,表情自然。

2. 理解儿童剧,学会用"某某剧……某某角色……"等话语评价所欣赏的剧目或人物形象,进一步积累欣赏经验,为揣摩角色奠定基础。

3. 通过教师指导,从课本素材、文学作品、班级生活片段入手,排演课本剧、短剧,通过排演感受表现的艺术性,并敢于在年级内表演。

4. 通过表演人物、情节,养成积极、乐观的人生态度和向往美好事物的情感。在表演中体验合作的快乐,内化乐观的态度和友爱精神,增强集体意识和合作能力。

5. 尝试将喜欢的课文、生活情境或音乐片段排演成课本剧或演唱等,至少排演课本剧2出、演唱或情景短剧2出。

学习安排

分享课程纲要。
课时1:游戏天地
课时2:观看儿童剧《夏洛的网》《卖火柴的小女孩》片段
课时3:朗读训练——童诗美文大家诵
课时4:绕口令练习——比比谁的快比比谁的准?
课时5:表情训练
课时6:认识剧本台词
课时7:剧本台词练习
课时8:你的剧本我来改
课时9:改编课本剧《狐假虎威》
课时10:课本剧交流
课时11:排演课本剧(一)
课时12:排演课本剧(二)

评价活动

儿童剧课程的教学评价对儿童剧教学起着重要的导向和质量监控作用，评价维度、方式方法、评价主体（教师、学生、家长）的多元化，关乎课程目标能否实现。儿童剧课程评价的目的不是选拔具有艺术天分的学生，而是促成一种适合适龄儿童的艺术教育。通过评价，学生不仅可以及时了解自己达到的能力和水平，而且了解自己在原有基础上提高了多少。儿童剧课程不是对学生进行鉴定、甄别、选拔，而是对学生在感知、体验、表演、创造、评价等方面的能力的发展进行整体评价，以发展的眼光评价学生是儿童剧评价的核心。

1. 日常评价（占 60%）

（1）教师评价：学生上课的精神状态、回答问题情况，教师要及时地给予具体、恰如其分的评价，并且要让学生知道哪个地方好，哪个地方需要改进。

（2）自我评价：学生朗诵、表演、创编后说说自己的感受，通过一次次参与过程，体会其中的思想感情，促使学生保持对儿童剧的兴趣，体会朗诵、表演、创编的乐趣。

（3）同伴互评：欣赏了表演或听取他人发言后，让学生畅所欲言，每个学生在互评中提高能力。

2. 综合评价（占 40%）

根据学习内容进行评价，分为优秀、良好、合格三个等级。

姓名	语言（朗诵）			表演				编创			等级	备注
	正确流利	语音语调	感情得当	表演投入	声情并茂	道具恰当	形象生动	主题鲜明	情节突出	合作分工		

评价方法：形成性评价（观察法、师生对话法）、终结性评价（成果展示、评价报告单、综

合活动测评法）

　　以上各种形式的评价,都应该既充分肯定学生的进步和成绩,又要找出学生在学习中的问题和不足及改进方法,以促进学生的发展。

02 表情的秘密

河南省郑州市郑东新区昆丽河小学　孟晓莉、谢蕾蕾

前记

适用年级：四至六年级

总课时：18

课程简介

面部表情能反映出一个人内心深处最细腻、最真实的情绪。和成人相比，儿童的表情能更直接、更纯粹地体现其快乐、悲伤、惊讶、恐惧、愤怒、轻蔑、厌恶等内在情绪。本课程采取模块形式，借助各种有趣的情景和实验引导学生观察和关注自己和他人的表情，体验喜、怒、哀、乐的情绪反应，感知与他人交往、与自己相处时的心理状态，寻找合适的情绪表达方法，与人为善，学会分辨，学会自处，进而养成良好的个性心理品质。

背景分析

小学生的天性是纯真、质朴、自然的，而这种纯真、质朴、自然的背后也伴随着喜怒哀乐等各种直观的情绪。一个轻飘的眼神、一个甜甜的微笑都让他们心生涟漪。他们每时每刻都在揣测：这个表情要告诉我什么，是不是我刚才的做法不对，是不是他们不喜欢我等等。这些丰富的内心反应往往影响着学生的学习心理。从一定意义上说，小学生的情绪反映直接影响着他们接受教育的质量。叩开小学生的心门，分享并安抚他们的各种情绪，引导他们学会正确、积极地领会他人的情绪并释放自己的情绪，有助于养成良好的性情和品格，培养他们的学习兴趣，增强他们的交往和自处能力。

我校作为一所充满朝气和活力的新办学校,同时拥有大量的外来务工子女和单亲家庭子女。这些学生由于缺少爱和关注,往往性格固执、孤僻、不自信,与人交流时表情难以捉摸,要么少言寡语、要么喋喋不休,不能完整地表达自己内心的想法和情绪,成绩差便是自然的事。如何改变这些学生的现状,培养他们的健全个性,帮助他们扫除个性中的盲点便十分重要。因此,从外在的形态出发,寻求与学校秉承的"博雅"办学理念相适应、旨在改善学生个性,以培养知识广博、品行雅正、有道德的文明少年为目标的课程便应运而生。

"表情的秘密"这门课程充满着朴素和人情味儿。它从人人皆知、人人忽视的细微之处——表情出发,从关注人内在心理活动的角度,通过各种活动试图打开每个学生的思维地图,理顺他们情绪中的不利因素,引导他们正视自己和他人的情绪,关注自己,关心他人,学会调整自己的情绪,学会自处和与人和睦相处。

课程目标

1. 通过参与情景游戏、交往小实验等活动,观察和感知各种表情,体验表情背后的深刻情绪。

2. 通过分析和讨论,归纳和总结客观了解自己和他人情绪的方法。

3. 用自己经历过的例子说明表情在与家长、老师、同学进行交往时的作用,能够感受情绪的变化,并乐意寻找合适的方式调整自身的情绪,学会与人友好相处。

学习安排

本课程建立在对我校学生实际需求的基础上,经过了专门的调查和研究,并吸收了儿童心理学等理论观点,着重从"现象启发——头脑风暴——体悟(操作)——反思——总结归纳"几个环节展开。

分享课程纲要。

模块一:人的面部世界

课时 1:有趣的表情

实施建议:观察并回忆生活中的各种表情,初步了解人的表情形态,激发学生的探究兴趣。

课时 2:人的面部地图

实施建议:观察人的面部结构图,了解人的面部结构,知晓人面部各部分的名称和功能。

模块二：表情与微妙情绪

课时 3：快乐

实施建议：认真观察人快乐时的面部表情,感知快乐情绪背后的面部特点,体会面部表情和快乐情绪的微妙联系,树立乐观的生活态度。

课时 4—5：吃惊与愤怒

实施建议：观察人吃惊、愤怒时的面部表情,感知吃惊、愤怒情绪背后的面部特点,体会面部表情和吃惊、愤怒情绪的微妙联系,帮助学生养成平和的心态。

课时 6—7：恐惧与悲伤

实施建议：观察人恐惧、悲伤时的面部表情,感知恐惧、悲伤情绪背后的面部特点,体会面部表情和恐惧、悲伤情绪的微妙联系,增强自信心和抗压能力。

课时 8—9：撒谎与轻蔑

实施建议：观察人撒谎、轻蔑时的面部表情,感知撒谎、轻蔑背后的面部特征,体会面部表情和撒谎、轻蔑心情的微妙联系,培养学生诚恳、守信、谦虚有礼的个性品质。

模块三："Lie to me"欣赏季

课时 10—12："Lie to me"第 1—3 季

实施建议：观看情景剧,体会各种表情背后的情绪表达,学会建立正确的情绪表达方式,学会控制自己的情绪。

课时 13：镜中的自己

实施建议：通过照镜子,发现自己的面部表情隐藏的各种情绪,学会正确认识自己,学会调节自己的情绪。

模块四：调整表情,做好自己

课时 14：表情大搜捕

实施建议：通过搜索、分类、整理网络、报纸、生活情境中的各种表情图片并进行比较,增强学生的观察、分析能力。

课时 15：手绘表情

实施建议：通过绘制表情图片来表达自己的即时情绪,体会表情给自己的情绪带来的影响,树立积极的情绪。

课时 16：往事回忆录

实施建议：通过诉说往事中的点点滴滴,引导学生正确看待自己的个性特点,学会调整自己处理问题的方式,学会和环境共处。

课时 17：变味的笑容

实施建议：通过案例,判断真诚与谎言,帮助学生提高自己的交往能力。

课时 18：情绪自救

实施建议：通过对学习内容的整理、总结,关注自己的情绪,学会合理地表达和控制情绪,会进行情绪自救。

评价活动

1. 评价指标

(1) 积极参与本课程的各种活动,认真完成对本课程的学习。

(2) 能认真、及时、高质量地完成本课程各种形式的作业。

(3) 能较为准确地感知和判断他人的情绪,并会调节自己的情绪。

(4) 参与课程的情绪状态良好,能与人友好相处。

2. 评价方式

本课程的评价注重主体性、多元性、过程性和发展性,因此评价方式力求多样化。在实施过程中,通过对教师、学生、课程三方面的综合评价,采用学生自评、同学互评、师评来了解学生的学习状态和效果。

(1) 自评：学生根据教师的评价要求对自己的课堂表现进行自我评价。

(2) 互评：同桌之间、同学之间或小组之间相互进行评价。

(3) 师评：教师对学生的课堂学习状态、作业情况、参与性等多方面进行综合评价。在评价时,强调对学生创新性、动手能力、积极性的正面评价,以激发兴趣、提升学习热情为主。

评价等级：优秀、良好、合格三个等级。

具体方法：每节课每位同学获得一张自评卡,活动结束前 5 分钟,学生用描述性的语言记录自己的感受。同桌之间互相评价对方本节课的表现,教师结合学生自评和互评,给出整体评价。

自评卡：

姓名：	班级：	主题：	日期：	备注：
我的感受： （自评）	1. 我的态度：			
	2. 我的积极性：			
	3. 我打算这样做：			

同学认为我： （互评）				
整体评定 （师评）	优秀	良好	合格	

03 儿童音乐剧

河南省郑州高新技术产业开发区八一小学　张晓琼

前记

适用年级：二至五年级
总课时：32

课程简介

一个剧本，装下中西儿童文化的源流；一句唱词，浓缩万千孩子世界的气象；一段舞蹈，折射人生之初起步发育的童趣；一声高歌，张扬生命之花开始绽放的鲜活。

儿童音乐剧正是这样一种综合性的舞台艺术形式，它将歌唱、对白、表演等艺术形式融为一体，唤醒儿童内心美感。本课程以童话故事、中华历史故事为主，通过学习欣赏、搜集素材、道具制作、排练表演等，从而影响学生的情感、趣味、气质、胸襟，激励学生的精神，温润孩子们的心灵。

背景分析

儿童音乐剧能满足学生身体和言语表达的需要，并自然而然的统整音乐、美术、文学、舞蹈等各种艺术经验，同时它是身体与思维的对话，动与静的结合，个体性和集体性的统一，这极大丰富了校园课程的内涵，满足学生全面发展的教育需要。

《国务院办公厅关于全面加强和改进学校美育工作的意见》明确要求"中小学校应以班级为基础，开展合唱、校园集体舞、儿童歌舞剧等群体性活动"。教育部《音乐课程标准》明确指出："音乐教学的综合包括音乐教学不同领域之间的综合；音乐与舞蹈、戏剧、影视、美术等姊妹艺术的综合；音乐与艺术之外的其他学科的综合。"

小学阶段学生个性活泼，表现力强，具有戏剧天性。但目前来看，传统音乐教学内容、教学模式单一、上课以教唱为主、老师占主导地位的现象也客观存在。儿童音乐剧走进小学课堂，不但可以丰富课程内涵，而且可以让学生更加自由畅快地在感悟和创造中学习。

一方面，教师队伍有保障，学校拥有两名儿童音乐剧指导教师，基本功扎实，对学生能力及特点了解，能够因材施教的进行教学活动；另一方面，学校有专门的活动教室及各种用具，为课程开展提供了物质基础。本课程内容大多是从儿童熟悉的童话故事、课本故事和生活事例等内容中取材，因为贴近他们的生活，内容浅显易懂，所以他们更能理解其中的教育意义。同时，网络平台为课程的实施，提供了大量的音乐、视频等网络资源。

课程目标

1. 通过系统科学地学习，初步掌握标准的音乐剧台词发音，提高语言组织能力和表达能力。

2. 通过音乐剧的系统排练，展现优美的体态、举止，从而增强表演意识和自信心。

3. 通过音乐剧排演，克服害羞、紧张等情绪，提高表演能力、小组合作能力，以及现场应变能力。

学习安排

第一课：走进"百小汇"
课时1：分享"课程纲要"

第二课：快乐的生日会
课时2—4：我的生日会；长寿面；羊村里的生日会

第三课：花木兰
课时5—7：戏曲里的花木兰；我是小小花木兰；谁来去当兵

第四课：小鸭的故事
课时8—10：迷路的小鸭；谁来帮助它；小花鸭回家了

第五课：海底总动员

课时 11—13：欣赏动画片《海底总动员》；尼蒙和水草；尼蒙爸爸和尼蒙

第六课：圣诞之旅

课时 14—16：我是圣诞老人；圣诞老人坐雪橇；送礼物的路上

第七课：大树和小鸟

课时 17—19：千奇百怪的树；鸟儿们的聚会；大树和鸟儿的快乐时光

第八课：滥竽充数

课时 20—23：欣赏《滥竽充数》成语故事；爱听音乐的齐宣王；不会吹竽的南郭先生；南郭先生现形

第九课：父与子

课时 24—27：有趣的漫画《父与子》；我来当爸爸；我来当儿子；和爸爸在一起

第十课：餐厅的故事

课时 28—31：猜猜我在吃什么；我是餐厅服务员；魔法厨师；餐厅里的故事

第十一课：出彩"百小汇"

课时 32：汇报展示

评价活动

儿童音乐剧成绩由过程性评价和终结性评价两部分组成。通过过程性评价，让孩子们看到自身的成长与变化；通过终结性评价，让社会、学校及家长对学生的实际学习水平进行了解。

1. 过程性评价(40 分)

评价方式：学习态度＋课堂表现

等级描述：

A. 优秀【整学期全勤，上课认真听讲，遵守纪律；课堂表现包括听赏、表演、演唱、活动、编创等方面表现非常突出者给予 36—40 分】

B. 良好【1—2 次迟到/早退，上课基本能做到认真听讲，遵守纪律；课堂表现包括听

赏、表演、演唱、活动、编创等方面表现相对突出者给予31—35分】

C. 及格【3—5次迟到/早退,上课不能做到认真听讲,纪律性一般;课堂表现包括听赏、表演、演唱、活动、编创等方面表现一般者给予26—30分】

D. 不及格【有一次旷课或5次以上迟到/早退,上课违反课堂秩序且屡教不改;课堂表现包括听赏、表演、演唱、活动、编创等方面表现不积极者给予25分以下】

2. 终结性评价(50分+10分)

评价方式:汇报展示+家长评价

汇报展示:

等级描述:教师对学生们的表演剧目进行评价

A. 优秀【作品表演的完整流畅,动作能够舒展大方规范,表演时表情到位,精神饱满,充满激情,节奏感、乐感、韵律感强者给予46—50分】

B. 良好【作品表演的完整流畅,动作能够舒展大方规范,节奏感、乐感、韵律感比较强者给予41—45分】

C. 及格【作品表演基本完整连流畅,动作质量较差,节奏感、乐感、韵律感不强者给予36—40分】

D. 不及格【作品表演不完整流畅,偶尔忘动作,动作质量差,节奏感、乐感、韵律感不强者给予35分以下】

家长评价:

等级描述:家长在活动展示当天进行参观评价

A. 优秀【家长表示非常满意给予10分】

B. 良好【家长表示基本满意给予8—9分】

C. 及格【家长基本认可给予6—7分】

D. 不及格【家长表示不满意者给予5分以下】

3. 结果处理

"百小汇"儿童音乐剧成绩以等级制呈现:90分及以上为优秀,71—89分为良好,60—70分为及格,60分以下为不及格。对成绩不满意的学生均可申请补考。

04 心晴剧场

河南省郑州市二七区艺术小学　林文捷、邓红霞、张婷、万慧杰

前记

适用年级：三或四年级
总课时：30

课程简介

校园心理剧课程辅导形式符合小学生活泼好动的特点，更容易被学生接受。帮助学生亲身体验一些生活中的矛盾冲突，亲身去经历这些问题，亲身去面对心理的挣扎和困扰，面对情绪的烦闷和起伏。课程强调从"做"中去感悟，把音乐、美术、多媒体等多种元素整合起来，通过角色的肢体语言、语气、声调等非语言信息，唤回角色在冲突事件发生时的真实情感。学生在各种情境演练中自发地思索、探究、思考和成长。课程还融合积极心理学指导下的辅导活动和游戏，在心理剧排演前对学生进行有针对性的团体心理辅导活动。

背景分析

1. 目的和意义

"心晴剧场"是为适应学生自我成长的需要而开设的，旨在给予学生积极的心理指导，帮助学生正确认识自我、完善自我、发展自我、优化心理素质，提高心理水平，促进全面发展。

课程基本理念是根据学生心理发展特点及心理需求，以心理剧排练和表演为渠道，紧

紧围绕对学生护心、育心健康为教育宗旨。培养学生良好的心理素质,促进身心全面和谐发展,为人生的幸福和事业成功提供有力的保证。

2. 学情分析

我校三、四年级学生虽已适应学校环境,心智逐渐成熟,独立意识强,但自控力差;有上进心,但抗挫折能力差,不愿接受太多的压力和说教。在学习艺术的过程中存在一些个性心理与家庭环境和学校环境的不适应问题。

3. 资源分析

(1) 学校是艺术学校,在表演与舞台方面经验足,有儿童心理成长辅导咨询教师,配备有心理成长教室,硬件条件一流。

(2) 学校有 3 名专职的心理健康教师,在多年的心理健康教育辅导中,积累了丰富的教学经验。学校聘请校外心理咨询教师,走进课堂给学生上课,对"心晴剧场"校本课程给予指导和建议。

(3) 学校心理咨询室配备有心理沙盘、心理绘本、心理书籍、放松音乐和相关心理剧影视视频,学校丰富的教学环境资源为"校本课程"的开发设计提供了保障。学校的经费支持和人员的配备也为校本课程的研发提供了必要条件。

课程目标

1. 通过创设心理剧情境,在角色扮演活动中提高认识自我的能力。

2. 通过团体心理游戏活动,增强调控自我、承受挫折、适应环境的自我管理能力。

3. 通过分享感受活动,增强团队意识,形成良好的行为习惯和积极阳光的个性心理品质。

学习安排

整体思路:快乐交往——情绪调节——自信学习——做最好的自己
分享课程纲要。

单元一:快乐交往(7 课时)
课时 1:我的新团队——"飞翔的海鸥"
课时 2:我会肯定——"飞翔的海鸥"
课时 3:我会倾听——"天使的声音"
课时 4:我会交朋友——"天使的声音"

课时 5：我会解释——"我相信"

课时 6：我能换个角度看问题——"我相信"

课时 7：悦纳他人——"我不是坏小孩"

单元二：情绪调适(9 课时)

课时 1：学会接纳——"我不是坏小孩"

课时 2：面对消极情绪——"回归的天使"

课时 3：调控情绪——"回归的天使"

课时 4—5：心的沟通——"妈妈，我的压力好大"

课时 6：情绪你我他——"友谊遇到冰点"

课时 7：情绪你我他——"友谊遇到冰点"

课时 8—9：赶走嫉妒——"天秤座女孩"

单元一、二实施建议：(1)全体学生参与主题心理游戏活动,分享感受。(2)学生六人一组,组成六个小组;组内分角色读心理剧本,体会人物情感。小组派代表在全班分享,教师适当给予补充和引导;小组代表从角色人物语言、表情,动作等方面说感受。(3)用表情、掌声以及发言补充等形式给予交流者以鼓励,教师也适时给予指导和肯定;分组分角色进行情境演练;组内互评,小组成员合作在全班展示主要情境;其他小组学生和老师给予肯定,并提出改进建议。

单元三：自信学习(6 课时)

课时 1：好习惯伴我左右——动物乐园

课时 2：我专注我得到——动物乐园

课时 3：有趣的记忆——动物乐园

课时 4：时间好朋友——动物乐园

课时 5：笑迎考试——动物乐园

课时 6："别让网络网住你"——动物乐园

单元四：做最好的自己(8 课时)

课时 1—2：我自信我进步——"谁知我心"

课时 3—4：悦纳自我——"重拾自信"

课时 5：肯定自我——"我是谁"

课时 6：突破自我——"我是谁"

课时 7—8：目标引领未来——"为我欢呼"

单元三、四实施建议:(1)全体学生参与主题心理游戏活动,分享感受。(2)学生六人一组,组成六个小组;组内分享心理剧故事,小组派代表在全班分享,学生体会人物情感,教师适当给予补充和引导;小组代表从角色人物语言、表情,动作等方面说感受。(3)用表情、掌声以及发言补充等形式给予交流者以鼓励,教师也适时给予指导和肯定;分组分角色进行情境演练;组内互评,小组成员合作在全班展示主要情境;其他小组学生和老师给予肯定、并提出改进建议。

评价活动

1. 过程性评价(占综合性评价的 60%)

(1)注重学生在活动过程中的体验和表现

在过程性评价中,教师将关注的视角指向学生心理剧演练过程。学生通过积极参与、合作交流,采用活动记录的方式评价自己在活动过程中的行为、情绪情感、参与程度、努力程度等方面的表现,教师给予指导性的评语。

过程记录一:成长档案袋(过程性评价的主要依据)

个人成长档案袋:以学生自我积累、自我整理、自我评价为主。如网上搜集的资料,个人心理成长记录表等活动成果的积累与自我评定。

我们把"个人成长档案袋"中学生的材料分为必选作品和自主作品两种。

必选作品:学生参与排演的心理剧照片。在数量上没有限制。

自主作品:学生在心理剧中的表演较为成功的角色照片(附角色说明)。

"档案袋"中最后放入学生学习此门课程的收获以及教师对学生一期学习结束的评语。

过程记录二:成长记录表(放入学生成长档案中)

"成长记录表"即用表格的形式,跟踪记录一个学生从开始学习到结束的过程,每学习一课填写一张,由学生、教师、家长、同学四方面分别予以评价。学生既可以看到学习内容的递进记录,又可以看到学习成果的成长记录。

附:"心晴剧场"校本课程学生成长记录表

主题活动基本情况

活动主题		活动时间	
指导教师		体验人物	
简单活动			

活动中我的表现(非常好:"★★★";比较好:"★★";还需继续努力:"★"。)

能针对问题提出自己的见解或想法( )	能及时察觉自我内心的变化( )
喜欢参加体验活动的环节,能够融入班级体验活动	能够将学到管理情绪的方法用于实际生活,在生活中学会观察、学会思考( )
能够从其他同学的发言中获得灵感,能迸发出更让自己和大家觉得舒服的方法( )	乐于合作,乐于听取同学的想法和意见,愿意和同学交流自己的收获( )
其他:	

活动中我解决问题的方法(请在后面画"★")

去图书馆或上网查资料( )	询问家人、老师( )
与同学一起讨论( )	做体验( )
询问有关专家( )	做调查( )
其他:	

我觉得自己在这些方面的进步最显著(请在后面画"★")

愿意反思自己了。( )	愿意和同学合作了。( )
敢于发表自己的意见了。( )	做事情更不会带有情绪了。( )
懂得倾听他人意见、尊重他人了。( )	学到了一些知识和方法。( )

(2)注重评价主体的多元化

鼓励并尊重学生极富个性的自我表达方式:如儿童心理宣泄画、悄悄话信件、情绪宣泄制作品、我的冷静角等,并在此基础上引导学生进行自我评价、相互评价。教师、学生、家长、校外指导教师都可以作为评价者,切实增强评价主体间的互动;尊重学生的特有生活经验和认识成果,采用多把尺子评价学生,提升自我认知能力,使尽可能多的学生获得成功的体验。

附:"心晴剧场"校本课程学生阶段性评价表

评价项目	评价要点	自评	互评	师评	综评
了解自我	正确看待自己、正面鼓励自己				
控制情绪	察觉自我内在情绪变化、认识情绪变化的原因 学会解读自己和他人情绪背后的正面信念				
理性看待学习与生活	会观察:从多角度观察自己的生活与学习、提出新问题善思考;从不同角度思考学习的意义、生活的意义				
人际交往	懂得与人合作、沟通、学会接纳他人、表达自我,也懂得如何确定自己的立场。				

【过程性评价标准】

依据学生个人成长档案,对学习过程进行评价。

一级:学生成长记录表按时完成,内容充实,记录准确;资料收集项目、内容丰富,能给人带来启示,产生效果良好。

二级:学生成长记录表能完成,内容较充实,记录无明显遗漏;资料收集创新发明主题明显,项目、内容较完善,产生效果良好。

2. 终结性评价(占综合性评价的40%)

本课程的最终评价以学生的学习成果展示为主。心理剧展演、优秀短剧拍摄刻录光盘、心理日记、成长档案、家长心语、教师寄语,从展示的项目数量、质量、效果给予量化评价。终结性评价为积分制,有效的演练积10分,团队表演展示积20分。

3. 综合性评价

本课程以过程性评价与终结性评价相结合的方式进行综合性评价,其中过程性评价占60%,终结性评价占40%。

05 奇妙的手

江苏省常州市武进区星韵学校　潘能

前记

适用年级：三或四年级

总课时：16

课程简介

手是人体最富创造活力的部位之一，也是三四年级的小学生特别亲近并随手可得的学习资源。本课程从儿童视角出发，引领学生从科学、生活、艺术、心灵四个维度系统地认识自己的双手；以探究为主要方式，开辟"破解手密码""比拼手本领""发现手魅力""润泽手生命"四大主题单元，开展富有童趣和挑战性的学习活动，尝试解开手的形态和功能等奥秘；特别是借助于丰富多样的自主创编"手艺"活动，丰富对奇妙的手的理解和关注，感受手的生命热度，拓展心灵手巧的生命价值体验。

背景分析

手辅佐和见证了小学生各个时期的成长与发展，但三四年级的学生对于手却是既熟悉又陌生。一方面，他们有了很好的经验基础，而且天天在用手，手是随手可得的学习资源；另一方面，他们对手却熟视无睹，知之不多不深。因此他们需要补上一课，以便更加深入全面地认识双手，拓展自己的生命价值体验。

本课程依托我校博雅教育理念，是我校培养目标的具象呈现。通过四个单元学习，揭秘奇妙的手，从而以活动为抓手，全面提升学生的综合素养，糅合传统的课堂教学和探究实践活动模式,整合丰富多彩且贴近学生生活的教学活动,在不断的探索尝试实施过程中逐步积累经验,最终形成一门系统、完善、优质的校本课程。

探究和学习奇妙的手,涉及科学、生活、艺术、心灵等多维视角,包含探究各种"手形""手法"和"手艺"等综合性内容,需要教师引导学生在玩中学,乐中学,巧中学,学会在各种手活动中理解手、善待手和善用手,追求心灵手巧。

课程目标

1. 运用观察、触摸、查资料等方法,归纳和总结"手"的外形、骨骼、指纹等生理特征。

2. 结合自己的生活经验,举例说明"手"的主要用途和功能。

3. 通过模仿、想象、创造,独立完成一项与"手"相关的表演或美术作品。

4. 通过收集资料等活动,了解不同职业、不同身份人的"手"的特点,与同学交流、分享自己对于"手"的理解与感受。

学习安排

整体思路:解密手密码——比拼手本领——发现手魅力——润泽手生命

分享课程纲要。

单元一:破解手密码

课时 1:解密手之档案 1

实施建议:通过观察、触摸、实验等,认识手的构成(如外形、手指、骨骼、指甲等)。

课时 2:解密手之档案 2

实施建议:学生通过小组合作,课前收集资料,从生理层面介绍手。

课时 3:追踪指纹秘密

实施建议:通过拓印指纹,认识指纹的不同类别;知道指纹具有唯一性,以及在生活中的妙用。

单元二:比拼手本领

课时 4:探寻双手本领

实施建议:学生讨论、探究手在生活中有哪些用处。以小组为单位绘制一份手的用途表格。

课时 5:体验穿针引线

实施建议：通过缝衣钉扣活动,学会穿针引线,锻炼手指的灵巧性,体验动手制作的乐趣。

课时 6：学用手势手语

实施建议：通过观察、学习、模仿 5 个手语,帮助学生了解手语的意义及作用。

单元三：发现手魅力

课时 7：欣赏手魅力

实施建议：学生讨论、探究由手创造的艺术美,并欣赏沙画、千手观音等视频。

课时 8：创作手印画

实施建议：学生通过用手的不同部位拓印,观察、联想,创作出有趣的作品。

课时 9：玩转手指舞

实施建议：通过观看手指舞片段,结合手指歌,小组合作,创编属于自己的课间手指操。

课时 10：表演手魔术

实施建议：通过观看手魔术,分小组研究、探秘、学习并掌握 2 种简单魔术的操作流程。

课时 11：创编手影戏 1

实施建议：了解手影艺术,能用手影表现 5 种动物的外形特征。

课时 12：创编手影戏 2

实施建议：小组合作,通过手影的不同形象,自编情景剧,培养学生的语言表达能力,创编故事的能力。在表演中,增进同学之间的友谊,获得乐趣。

单元四：润泽手生命

课时 13：讲述"手"故事

实施建议：了解不同职业的人的手,观察他们手的特点,发现手在不同的岗位上的创造力,体悟人们用双手创造美好生活的经历。

课时 14：感悟"手"的爱

实施建议：通过观察、触摸家庭中长辈的手,理解长辈的生活,体会他们的辛劳和对孩子的付出。

课时 15：畅想"手"的梦

实施建议：通过回忆自己以前手的本领,了解现在自己手的能力,设想自己未来的职业。

课时 16：分享"手"智慧

实施建议：通过之前的学习,用写作、绘画、表演等不同的形式,发挥自己的创造力,表达自己对手的理解和联想,分享学习的乐趣。

评价活动

1. 评价指标

(1) 了解有关"手"的知识,举例说明"手"的本领;

(2) 积极参与有关"手"的活动,并乐于分享交流;

(3) 在实践中探究"手"的魅力,开展自主创编活动,完成一项"手"的表演或美术作品。

2. 评价方式

本课程的评价注重主体性、多元性、过程性和发展性,因此,在追求全面化的前提下,评价方式力求多样化。在实施的过程中,运用评价量规,采用学生自评、同学互评、教师评价相结合的形式,评价和了解学生的学习状态和效果。

3. 第三模块学习评价表

姓名：		班级：	课程主题：	日期：		备注：
项目		评价量规		学生自评	学生互评	教师评价
1. 感受欣赏		欣赏"手"的材料;		🌸	🍃	☺
		说说"手"的魅力;		🌸	🍃	☺
		畅想"手"的魅力。		🌸	🍃	☺
2. 自主创编	手印画	用手的不同部位拓印,完成画作;		🌸	🍃	☺
		观察、联想,创作出有趣的作品;		🌸	🍃	☺
		创编出生动的故事来介绍画作。		🌸	🍃	☺
	手指操	创编1个课间手指操;		🌸	🍃	☺
		创编2个课间手指操;		🌸	🍃	☺
		创编3个(更多)课间手指操。		🌸	🍃	☺
	手魔术	掌握2种简单手指魔术;		🌸	🍃	☺
		创编1种新的手魔术;		🌸	🍃	☺
		教会大家1个新的手魔术。		🌸	🍃	☺
	手影戏	表现5种动物的外形特征;		🌸	🍃	☺
		通过手影的不同形象,自编1幕情景剧片段;		🌸	🍃	☺
		通过手影的不同形象,自编1出完整的情景剧。		🌸	🍃	☺

续 表

项目	评价量规	学生自评	学生互评	教师评价
3. 积极参与	积极参与,情绪良好;			
	学到 1 个新本领;			
	创编 1 个新点子。			

注:达到要求的同学,在自评中给小花涂上喜欢的颜色;在学生互评中给同伴送上美丽的树叶;教师评价中给予学生笑脸奖励。

　　评价时,强调学生对"手"活动的创新能力、动手能力、与同学友善相处的正面评价,以激发学生参与课程的积极性和热情。

06　艺术博览

上海市打虎山路第一小学　刘群英、方放、徐佳玮、蒋宗海

前记

适用年级：四年级

总课时：32

课程简介

没见过古今中外经典艺术，怎么称得上"博览"？课程"艺术博览"将带你走进四个奇妙的艺术空间，开启一段神奇的艺术之旅：游览"美术长廊"与中外艺术家亲密接触，驻足"美工作坊"体验传统手工艺，踏上"曲苑杂坛"品味舞台经典与民间智慧，徜徉"音乐小屋"尝试音乐小创作，做个"音乐小达人"！

背景分析

艺术是每一个儿童健康成长的重要方面，以往的艺术课程重学科知识，轻欣赏与实践，而后者又是艺术活动的关键。1998年，学校被评为上海市首批"素质教育实验学校"，开始了校本艺术课程的探索。2006年，学校围绕"丰富童年生活、激发学习兴趣、发展综合素质"的基本理念对校本课程进行改革，"艺术博览"正式命名并纳入"摇篮课程"体系，同时联系学生生活实际编撰全新"艺术博览·课程学习手册"，为学生提供灵活多样的可供选择的学习资源和学习途径，力求课程的活动性、趣味性与科学性。"艺术博览"的实施依照"学一学、做一做、玩一玩"的原则，强调学生对活动的参与程度以及对活动的兴趣，旨在使学生体验成长的快乐，拓宽艺术视野，在活动参与中获得素质的综合发展，为实现梦想

奠定基础。

课程目标

1. 通过欣赏、体验活动,初步认识各国尤其是中国造型艺术的名家名作。

2. 进行绘画、书法及工艺美术的小尝试,体验艺术创作的快乐。

3. 初步了解一些音乐剧的精彩片段、中国戏曲及传统说唱艺术代表作,感受不同艺术形式尤其是中国传统艺术的表现美,养成良好的艺术欣赏习惯。

4. 发现生活中各种声音的音乐美,培养艺术探索的好奇心。

学习安排

分享课程纲要。

单元一:美术长廊(8课时)

学习目标:通过欣赏油画、国画、雕塑及工艺美术作品,了解一些名家名作,并尝试着自己做一做。

教学内容:(1)走近中外艺术家。(2)西方艺术之窗:油画。(3)中国的国粹:水墨画。(4)立体艺术:雕塑。(5)生活中的艺术:工艺美术。(6)参观上海博物馆。

实施建议:(1)通过各种形式(如观看《海上画家丹青录》录像片等)认识各国绘画、雕塑等造型艺术大家。(2~5)欣赏各种、尤其是充满童趣和民俗韵味的造型艺术名作。(6)参观博物馆,或就近的美术馆,或者校园里的美术长廊。

单元二:美工作坊(8课时)

学习目标:通过动手实践,对水彩画、卡通画、儿童画、版画、泥艺、纸艺、京剧脸谱、书法、篆刻等美术创作有所体验,感受艺术就在身边。

教学内容:(1)体验水彩画。(2)快乐卡通画。(3)儿童画创想。(4)刻刻中国印。(5)玩泥与泥塑。(6)剪纸与纸塑。(7)春节门饰 DIY。(8)五彩脸谱秀。

实施建议:(1)运用水彩及毛笔的特性创作少儿水彩画。(2)用夸张的技法创作卡通画。(3)用蜡笔水彩等技法大胆想象创作儿童画。(4)用雕刻的方法学做各种图章。(5)用泥塑的方法学做唐三彩。(6)通过折折、剪剪等方法学做各种纸艺。(7)写春联(或给母校写校名)、画门神、做灯笼,参与学校的传统活动。(8)用自己喜欢的美术技法创作并展示京剧脸谱。

单元三：曲苑杂坛(8 课时)

学习目标：通过欣赏音乐剧、民族歌舞、相声、魔术、京剧、皮影戏、木偶戏等我国传统戏剧以及滑稽戏、沪剧等上海地方戏剧，了解一些名家名作，并模仿着玩一玩。

教学内容：(1)精彩音乐剧。(2)相声与快板。(3)魔术与杂技。(4)五花八门的中国戏。(5)沪上戏剧。(6)童真童趣的戏剧。(7)轻歌曼舞。

实施建议：(1)欣赏音乐剧(如《埃及王子》《狮子王》《音乐之声》等)精彩片段。(2)欣赏相声、快板、魔术、杂技等经典桥段。(3)欣赏我国各地戏曲名段(如京剧、豫剧、昆曲、越剧、江南评弹、川剧变脸等)。(4)欣赏上海地区特有的滑稽戏、沪剧等名段。(5)欣赏富有童趣的木偶剧、皮影戏等。(6)欣赏我国民族民间舞蹈(如汉族的龙舞、狮舞、秧歌，傣族的孔雀舞等)。

单元四：音乐小屋(8 课时)

学习目标：通过动手实践，对乐器制作、歌曲编写、和声创作等有所体验，感受音乐就在身边。

教学内容：(1)寻找生活中的音乐。(2)模声大合唱。(3)自制小乐器。(4)另类交响曲。(5)编编 OXX。(6)小小作曲家。(7)唱唱自己的歌。

实施建议：(1)回忆或外出寻找生活中的"音乐"并交流感受。(2)模拟回想到的或寻找到的身边的"音乐"，合作创演"大合唱"。(3)利用身边的简易材料制作小乐器。(4)利用自制的小乐器，分组创演类似于"破铜烂铁"打击乐的"交响曲"。(5)自创音乐节奏。(6)自编短小乐句。(7)试谱简曲或填词。

评价活动

"艺术博览"的评价遵循激励原则、自主评价原则和注重过程评价的原则，由学生和教师共同进行，采用"参与程度评价"与作品展示、文艺表演相结合的方式。教师评价主要基于"学生成长记录手册"，学生自评互评表设计于"艺术博览·课程学习手册"中，如"蛋壳脸谱作品评价表"：

作品名称：   作 者：

	自评	互评
谱式美观	☆☆☆☆☆	☆☆☆☆☆
线条流畅	☆☆☆☆☆	☆☆☆☆☆

	自评	互评
色彩饱和	☆☆☆☆☆	☆☆☆☆☆
结合主题	☆☆☆☆☆	☆☆☆☆☆
	☆☆☆☆☆	☆☆☆☆☆

　　在作品展示和文艺表演中表现突出的学生将获得相应的图章或证书,作为"摇篮杯"评比的重要依据。"摇篮杯"是校内最高荣誉,是对学生在校全面发展的综合性评价,每年儿童节举行隆重的颁奖仪式。

07 野营

上海市青浦区凤溪小学　朱江

前记

适用年级：四或五年级
总课时：32

课程简介

"野营"将成为一个真正意义上的户外课堂，带领学生从室内走向室外，从理论走向实践，提供学生获得亲身参与户外活动的积极体验和动手经历，学习积累相关的经验，提升野外生存的能力，建立危机意识，培养学生主动、勇敢、积极、科学的户外探索精神。

背景分析

1. 课改背景

根据《上海市中小学拓展型课程指导纲要》的要求，为了让学生能够拓展加深对自然、社会、自我的认识和体验，发展主体意识，科目开发教师立足于拓宽科目内自然知识，提高对大自然的理解深度，形成收集、处理和运用信息的能力，以及表达、交流和合作的能力。在学生学习兴趣和爱好基础上，通过科目内容的设计与实施，逐步引导学生形成良好的个性心理品质和健全的人格，形成公民意识、社会责任感和创新精神。

2. 社会背景

户外运动是人类感受、亲近、探索大自然，利用自然条件，实现自我身心锻炼的一种方式。在发达国家，户外探险有着成熟的完整的运行机制，从儿童到成人，从民间专业的技术团队与技术指导,到官方的营救机制,从物质、经济、技术、人员等全方面无不保障其能顺利开展,培养了一代又一代优秀的探险家、科学家等。而国内,科学探险精神的培养在民间尤其在青少年教育中基础薄弱,正处于起步阶段,急需大量的可在课堂教学中实施的课程及适合现阶段社会发展的活动科目。

3. 学校背景

基于《上海市中小学拓展型课程指导纲要》与《自主选择主动发展》拓展型课程育人价值一书的要求,并结合我校办学特色和拓展型课程总体目标"拓展型课程的开设使得每一位学生能在原有的起点上不断地拓展知识、培养能力和发展个性,促进学生全面发展,提高学生综合素质",利用教师个人专长资源,拓展学生自然科学与野外生存的知识面,激发学生对于大自然的兴趣,培养学生主动、勇敢、积极、乐观、科学的户外探索精神。

4. 学生背景

学生喜欢真正的户外运动,四五年级的学生正是对外面的世界充满好奇,尝试探索的年龄阶段,但由于缺乏科学探险精神,青少年在户外活动中没有具备或者缺乏相应的意识、技能和装备,伤害事故经常发生,尤其是本可避免的山难事故频发。课程的开展将有助于学生健康的成长,从小培养相应的意识与能力。同时,有趣的课程激发了学生很大的热情。

课程目标

1. 了解和掌握野营中相关装备(帐篷、应急包,急救包等)的使用方法。
2. 以小组团队的形式开展相关的活动,增强团队合作解决问题的意识、习惯与能力。
3. 增强积极主动、勇敢乐观、科学健康的户外探索精神。

学习安排

分享课程纲要。

项目一:安营扎寨(16课时)

项目内容:(1)组队与分工。(2)帐篷包各种部件及配件的认识。(3)撑杆的展开与折叠,支撑的原理,认识内帐、外帐、地席及其折叠技巧。(4)学习搭建帐篷:撑起内帐及收帐篷。(5)学习搭建帐篷:地钉的作用及披上外帐,小组合作自主实践操作,按训练固定角色、小组团队角色互换操作。(6)团队合作搭建团队协作:安营扎寨团队协作拔营,收拾营地。(7)学生自主整理建设营地,拔营。(8)团队搭建帐篷及收帐篷。(9)团队合作,完成收拾与整理帐篷。(10)认识与学习使用睡袋与防潮垫,思考如何维护帐篷各个部件。(11)班团队活动:视频照片剪辑与观赏。

项目实施建议:了解野营最基本的装备帐篷及其配件,熟练掌握搭建帐篷的各项技巧,知道如何选择营地及简单整理营地,并通过团队合作实现安营扎寨。自主团队活动中准备尝试用运动相机,DV等新的多媒体手段将整个活动流程进行实录,积累原始影音资料,通过剪辑观赏,给学生留下美好回忆。

项目二:应急处理(体验级别)(16课时)

项目内容:(1)户外会遇到的突发事件。(2)认识基础应急包的物品。(3)急救包认识和操作。(4)认识创可贴,使用创可贴处理小伤口。(5)认识与使用自冷冰袋及暖宝宝。(6)认识求生毯,进行简单的操作。(7)求生哨的使用,学会求救SOS。(8)户外手电的认识和使用安装,佩戴,使用头灯。(9)多功能工具的认识和操作。(10)认识求生线锯和操作。(11)认识与了解镁棒点火的流程。(12)认识简易的加热工具。(13)压缩饼干、能量棒、葡萄糖、求生水。(14)临时雨衣:建筑用平底垃圾袋(探究)。

实施建议:了解应急包里面相关物品的作用和使用方法,掌握哨子、手电筒、急救毯、指南针等的作用和使用方法,并且能根据实际情况配置简单的应急包。

说明:

(1)组织形式:以四五年级探究课为基础,每周每班1课时,按照计划的活动设计,开展相关主题活动,主要有:课堂教学、实践操作,户外活动、动手实践、小组反思,观影活动(影视欣赏)等相结合的形式;

(2)相关配套:以影片、PPT为载体,结合科学真实性较强的"探索频道"的相关纪录片,如《荒野求生》,配合教师的相关教学,学习户外野营最基本的技能与技巧,让学生去感受野营的乐趣,激发学生户外野营热情。

(3)实施环境:充分利用现有的教学资源,以教师自身具备的相关野外生存的技能现场演示,引导让学生实际操作学习相关的简单技巧。邀请卫生室的教师参与急救与包扎的教学。寻找社会组织提供各种创新公益项目。引入相关的最前沿的最潮流的各项活动。

(4)工具配置:专用的校本课程装备室,为校本课程的顺利开展提供教具存放、制作、配备、维护的场所。针对每一个科目,每一个项目,精心配备相应的装备,使每一个学生都能体验野营物品的实际操作。

评价活动

1. 学生学习评价要求

（1）学生个体评价，学习评价主要从知识与技能，团队与协作，规则与意识这几个方面去评价。学生对关键知识与技能的掌握情况。活动过程中有没有积极参与到团队活动中去，有没有与队员熟练的配合？对于活动过程中的各种明确的团队纪律的遵循度如何？通过一段时间的学习，有没有养成相关的意识等。

（2）小组团体评价：课堂活动过程评价，团队合作参与度评价，课内外活动效益评价。主要是针对以小组为单位的整体评价，考验小组各项任务指标（小组的知识与技能，团队与协作，规则与意识的完成度。

（3）综合评价：通过上述两项的评价，最后形成课程整体综合评价（期末综合评价）。

2. 评价方式

评价采用设计配套的表格，记录学生在活动中的全方位表现，积累学生活动的过程性资源，为学生建立科目学习档案袋做准备。

评价角度有：自我评价，组员评价，组长评价，教师评价。

（1）自我评价：主要是学生自己给自己评价，让学生学会自我反思，自我反省，主观评价自己。

（2）组员评价：主要是从同组成员的角度出发，表示组员与组员之间想法的认可度，能增强组员之间的主动交流。同时也是对组员对组长组织活动的评价。

（3）组长评价：主要是从小组长的观察角度出发，针对组员在本次活动中参与情况等的一个评价。同时能发挥组长在一个团队的引导作用和榜样作用。

（4）教师评价：教师给予学生一个在本节课中的综合评价，起到引导作用。客观评价学生本次活动。

（5）互动留言：表的下方是师生互动留言区，可以让学生留下对本节课的感想与对老师的希望，给他们一个表达内心想法的空间。

（6）综合评价：每次活动的评价，最后汇编成册，成为期末综合评价的依据，也是一份学习的记录。

（7）结业评价：科目学习结束，颁发结业证书，通过证书形式来肯定学生的学习经历，提高课堂学习成就感，延续培养学生主动、勇敢、积极、科学的户外探索精神。

08 走呀，让我们采风去

山东大学附属中学　高平

前记

适用年级：初一或初二
总课时：26

课程简介

　　"走呀，让我们采风去"是山大附中校本课程中唯一一个走出校园开展学习的课程。孩子们在校园里待了整整一周，走出校园，去接触社会，去触摸自己完全陌生的一个领域，不是很有挑战性吗？采风来自于《诗经》中的"国风"中的"风"字。"采风"的本意是收集民间各种文学素材，在我国古代，"采风"的含义主要是指采集民歌。我国的采风活动起源很早，历史悠久。"走呀，让我们采风去"是呼吸新鲜的风，"只读圣贤书"的学子可以走出校园，风声雨声读书声声声入耳，家事国事天下事事事关心，担起社会责任，写出妙手文章……

背景分析

　　采风课程很符合古人所讲的修身、齐家、治国、平天下，是一个人从自身修养到逐步走向外界的过程，离开亲眼所见和亲手操作，很多东西都是纸上谈兵。因而，如果校本课程仍然只是在知识增长和身体强健上下功夫，那我们平时的课堂和音体美的课堂是可以实现的。走出校园就是让孩子们把触角真正地伸入社会的一角，形成深度思考，形成自己认识社会、内化修养、担当道义的重大社会责任意识——让孩子们用自己的眼睛看世界，走到陌生人身边，用自己的语言和他们交流，倾听他们的欣悦疾苦，能够理解他人的内心，鉴别话语的真伪。几个人一起协作、思考、提升、推动、呼吁,挑起社会责任,写出妙手文章。

与以往我们的社会实践活动——植树、看机场、清明祭扫不同,那时回来也会写一点东西,但我们知道,那些语言都是早已经设定的,都是回溯经历式的,而不是"亲历",采访是"不可知"的,是需要透过现象看本质的"慧眼"的。

有一定的文学功底,有敏锐的观察世界的能力,有一定的审美意识,有一点摄影的常识,亲历身边发生的事情,让我们去记录、反思、呼吁……

课程目标

1. 通过亲眼观察,亲身经历,深度思考,形成自己的独特经历和认识。
2. 在采风过程中,丰富自己美好的内心世界,具有文化修养和品位。
3. 逐步养成快乐、宽容、合作、有个性、善思考的品质,学会反思。

学习安排

课时 1—2:分享课程纲要。新闻人——"身边的人"

课时 3—4:人咬狗才是新闻——你知道什么是新闻吗?

课时 5—6:仓廪实而知礼节:"吃"背后的文化

课时 7—8:当"吃"真的成为一种茫然,我们的饮食该何去何从?

课时 9—10:在吃上花多少钱,意味着什么?

课时 11—12:中餐还是西餐?

课时 13—14:惊爆人民抱怨:吃的好坏,意味着什么?

课时 15—16:成竹先在胸:如何写采访提纲

课时 17—18:个性访谈节目:我是提问的不是辩论的

课时 19—20:如何打开紧闭的嘴巴

课时 21—22:你有一双慧眼吗?——爱的形状

课时 23—24:主题、材料、角度、语言:新闻其实是良知

课时 25—26:作品交流与分享

评价活动

1. 学生评价

学生评价包括三个部分:确认性评价和随机性评价

（1）确认性评价：在教学过程和最终评估中，为保证教学目标得以实现，进而确定学生学习成果，要实施有明确数字的评价。

（2）随机性评价：以预先设定的教学目标为基准，对评价对象达到目标程度进行随机口头的评价。

最终，通过教师评价、小组评价、个人评价的形式产生最后的总评。

2. 教师评价

学生对老师的评价是实现教师评价的一个重要维度，通过问卷调查的形式，实现学生对教师的评价。

09 创意写作

华南师范大学　温文华、翁思绮、梁静文、洪培偲、李华康

前记

适用年级：初二
总课时：32

课程简介

本课程是以学生为本，立足生活，以新颖的方式构建真实性、人文性、功能性的创意写作课程。围绕"认识自我""发展自我""实现自我"的教育哲学和单元主题，本课程通过多样的课堂形式，培养学生创意联想、组合、代入等思维；通过撰写心理病例、编创歌词等创意方式锻炼学生描写、叙事、抒情等写作技巧，提高不同文体的写作能力；让学生在写作中发挥自己的创意天赋，树立正确的写作观，培养多角度思考问题，观察生活的意识。

背景分析

1. 课程目的

秉承以学生为本的观念，课程通过创意形式将写作与学生自我，与实际生活切实联系，在学生现有的写作基础上，培养其创意思维以及思考问题的能力；多方面提高学生开拓性思维能力，在写作中不断认识自我、发展自我、实现自我，提高写作表达的能力，关注学生思想、技能、人文素养多方面发展。

2. 课程意义

让学生在书写自我、表情达意中认识自我；通过创意思维训练与写作技能的提升发展

自我;在综合运用技能和创意思维写作、小组合作创作中实现自我。对创意写作教学进行进一步探索实践,为中学创意写作研究提供理论、实践素材。

3. 已有基础

初二的学生具备基本的文体知识(如诗歌、小说),有一定叙事、描写、抒情等相关写作基础,也掌握了一定的写作技能,如比喻、联想等手法。

香港部分小学开设了创意写作课并自成一套教材,取得一定成果。其创意写作教学的探索对改善内地作文教学有重要的启示。而在内地,部分高校如北京大学、复旦大学开设了创意写作专业,编写了相关教材,为中小学创意写作课程的开展提供一定理论与实践基础。

4. 所需条件

教师需要转变传统写作教学观念。在创意写作课上,教师是授渔者、观察者、学习者。师生共同打造开放、富有活力的学习环境。

课程目标

1. 通过不同形式、内容的创意写作,更新对写作的认识,激发对写作的兴趣和热情。

2. 回顾相关文体(诗歌、小说、传记等)知识、写作技巧、表现手法,发展创意联想、想象、代入、组合等思维及调动感官体验的能力。

3. 学习生活中常见体裁(广告词、歌词等)的语言特点、表达方式、创意技巧等,培养分析语言文本的能力和归纳、总结的习惯。

4. 学会从较客观的角度,书写自我,正视自我,重新认识自我;在互相点评中学会倾听,提升分析、判断的能力,树立分享观点、表达自我的意识。

学习安排

分享课程纲要。

单元一:书写自我,认识自我

课时 1—2:打破思维的镜框

教学内容:(1)体验看图写作,故事接龙,线索扩写;调动感官体验与书写,开拓思维;(2)体会团队创作的乐趣与技巧,培养思维的创新性,提高多角度多方面思考与阐释的能力。

课时 3—4:我的说明书,我为自己代言

教学内容:(1)重温人物刻画的方式、角度,加深对人物刻画的技巧理解与掌握;(2)通过"画图——文段描写——拟说明书"的流程,将自我(人物)介绍、刻画与说明形式创意结合,提升人物描写、说明的技能,加深对自我的认识。

课时5—6:传记自我

教学内容:(1)学习自传相关知识——包括概念含义、写作特点、内容特点和叙述方式,并以《鲁迅自传》举例说明;(2)运用表象创意法(追忆→理顺线索,组织材料→口头表达→书写→评价),激发创意;(3)以第三人称角度为自己作传,从相对客观的角度梳理自己的成长经历,体悟成长,更深刻地认识自我。

课时7—8:妙手回春,诊治自我——"病历"撰写

教学内容:(1)学习细致、生动地描写心理活动,学会灵活运用修辞,以不同形式(如对话形式)描写心理,提升心理描写的能力;(2)描绘心理活动"图",撰写"过错病历",剖析错误及内心活动,从新的角度达到对自我的深层省察与思考、认识。

课时9—10:未来在我心

教学内容:(1)阅读两篇想象题材的文章,进行讨论,提升阅读能力,学习相关写作手法、技巧。(2)以想象未来自我为主题进行口头表达与笔头习作,锻炼想象力。

单元二:发展自我,开发自我

课时11—12:诗意的感官运动

教学内容:(1)调动自身感官,由点到面、由时刻到时段,运用视、听、嗅、触、味觉感知事物,感受生活。捕捉生活中的"诗情",培养观察生活的意识;(2)将感官感受转化为文字表达,创作现代诗,进行筛选组合语言材料,提炼语言、润饰语言的训练。

课时13—14:"强强组合"我最棒

教学内容:(1)运用强力组合思维将不相关事物或元素进行串联并建立新奇有趣的联系,激发写作创意;(2)将强力组合思维应用于比喻修辞和故事创作中,实现写作内容的创新;(3)在故事创作中加强细节描写、情节组织能力的训练。

课时15—16:插上意念的翅膀

教学内容:(1)进行数字联想、"窗"的联想,体会、学习具象联想、抽象联想。尝试不同方式的创意联想,打开思路,激发创造力;(2)运用意念延展的方法,根据提供的情景材料创作故事,将联想的创意思维应用于写作表达,锻炼情节构思组织技能。

课时17—18:头脑风暴,激荡思想

教学内容:(1)运用头脑风暴法,激荡思想火花,对照片、话题、文段材料进行多角度思考、阐释,提炼不同观点;(2)进一步学习议论文写作,提升议论水平。

课时19—20:"微"而不"薄"——探秘微型小说

教学内容:(1)赏析微小说,体会并学习微小说文体特点、写作手法、创意思路;(2)体

会代入思维,将自己代入小说人物思考,体会人物于情节发展的推动或决定作用;(3)将代入思维应用到微小说的创作。

课时21—22:我唱由我写,妙笔书我情

教学内容:(1)品析歌词,了解并归纳歌词语言特点、艺术特征、创意表达;(2)理解歌词与诗歌的共通之处。回顾诗歌文体特点、语言特征;(3)仿写、创编歌词,拓宽习作思路,以创意的习作方式抒发自己独特的感悟。提升语言运用能力,将之前学习的创意联想、想象及修辞手法应用于歌词写作。

单元三:实现自我,收获自我

课时23—24:我是小小编剧

教学内容:(1)鉴赏微电影与动画短片(《生命之门》《地球的另一端》),感受创意情节与结尾;(2)学习剧本写作相关的简单知识;(3)短剧本创作:通过"创意结局——关键词提纲——短剧本"流程,训练逆向创意思维。

课时25—26:广而告之我能行

教学内容:(1)欣赏并分析广告词示例,了解、归纳广告词的特点与创作技巧、手法,体会其中的创意;(2)撰写商品广告词,并以商客角色扮演形式呈现,提升语言文字应用于实际的能力;(3)合作撰写公益广告词,设计相应的电视广告呈现形式,练习修辞手法、叙事技巧的综合应用。

课时27—28:我是小小探寻家——发现校园身边不道德现象

教学内容:(1)学习调查报告的要素、表达方式、语言特点;(2)依据主题从不同主体角度进行分析思考,分小组在校园内进行采访调查,完成一份调查报告的撰写。

课时29—30:我是"推送"小能手

教学内容:(1)对微信公众号及其文章推送示例进行欣赏分析,了解公众平台的建设方式,归纳文章推送的风格、形式、语言特点,体会其中的创意;(2)小组合作设计班级公众号的建设蓝图,分模块撰写文章推送。以创意形式呈现文章,进行相应文体的笔头练习。

课时31—32:采撷创意浪花,汇聚成果海川

教学内容:(1)回顾本课程的内容,形成创意写作课程学习的清晰完整的脉络;(2)多种形式(如播放班级歌曲专辑、展示文章推送、朗诵、表演等)展示成果,总结收获;(3)制作个人集子,体悟自我成长,总结学习历程,体会写作的成就感。

实施要求

1. 课时安排:每周一次,两节课连堂形式,每节课40分钟。

2. 人数建议：40—50 人为宜。

3. 课堂实施：①每一次课堂练笔都给予学生足够的时间,但不宜过长,逐渐提升学生的思考、写作速度。②每一次课堂练笔后设置点评环节,采取生生互评或教师点评的形式,给学生的习作成果一个反馈,予以学生修改完善的空间。

4. 习作保存：教师及时收集学生习作成果。学生课堂上若未能完成课堂习作,将在课后完成并上交由教师保存,在最后一课分发。

评价活动

期末总成绩包括两个部分：

个人的平时成绩(包括课堂表现、习作反馈)＋期末成果(个人集)展示。形式：教师评价与学生小组互评(因有部分习作为小组合作分工创作)结合。

总成绩分成 A＋、A、B＋、B、C 五个等级。

10　理财

上海市第四中学　周旭华

前记

适用年级：高一
总课时：18

课程简介

课程面向高一学生，旨在促进学生的理财意识、理财能力以及合理价值观。

本课程包括专门的理财拓展课以及数学课上对理财内容的拓展，是一门综合的、跨学科的课程，课程特点在于与数学相结合，突出操作，体现学生的主体价值，在具体操作中形成能力、态度、情感、价值观等。

背景分析

理财对于现代人的价值不言而喻，然而我国由于传统思想以及历史原因，理财教育一直没有得到应有的重视，由于理财意识的缺乏而造成的社会问题并不鲜见。

上海二期课改的精神要求我们关注每个学生的个性化、可持续发展，如何针对某个特定层次的学生，设计适合他们的理财课程，不但符合时代的需要和课改的精神，同时，也能真正促使我们的学生在未来的人生道路上更好的发展。所以，在中学开设符合学生特点的理财类课程其意义非常明显。

进入大学抑或是走上社会，对于许多学生的生活会有一个质的变化。在高中阶段及早向学生进行理财方面的教育，为他们即将面对的人生做好一点准备是极为必要的。

从本校情况看,学校一直有"崇德、启明"之传统,培养青少年的财富观念和理性价值观,是对"崇德"理念的一种传承;而启发青少年理财的观点和思维,进而思考、规划自己的人生,无疑符合"启明"的要求。将数学与理财相结合,符合本校特点和需要,有利于学生的发展,有利于学生更好地面对生活、面对学习,有利于树立理性价值观念,是对学校课程体系的一个有益补充。

课程目标

1. 理解"你不理财,财不理你"的含义,强化理财意识。

2. 初步了解一些理财知识和理财手段,熟悉日常简单的财务活动。

3. 愿意与别人分享关于"理财是持续的生活的态度,而不是一夜暴富的方式"的看法,逐步确立正确的理财观念。

学习安排

单元一:关于理财的 WWW(是什么? 为什么? 怎么做?)

单元目标:(1)认识理财,了解自己,知道理财的途径,进而初步树立合理的理财观念。(2)了解什么是理财,将理财视为一种生活态度和生活方式。(3)通过实际操作,切实体会货币的时间价值,明白理财的重要性和必要性。(4)了解理财活动的大致方式,知道金钱的作用,认识自身的真实需求,了解一些理财工具及其特点。

教学内容:理财重要性;理财是什么;为什么要理财;财务状况分析;理财目标设定;需求及广告策略分析;自身需求与主要理财产品。

课时 1:分享课程纲要;概述理财意义

课时 2:什么是理财;为什么要理财

课时 3:财务状况与金钱使用;资产逾负债

课时 4:理财目标设定

课时 5:主要理财产品

单元二:三驾马车(银行、保险、投资)

单元目标:(1)认识常用理财方式的优缺点以及操作原则。(2)通过案例分析,增加运用数学知识解决理财问题的意识和能力。

教学内容:银行理财、保险理财与投资理财及其意义和风险。

课时 6:银行理财与货币的时间价值

课时 7:银行理财产品;信用卡的正确认识与使用

课时 8：保险理财简介

课时 9：保险产品分析

课时 10：投资型保险案例讨论

课时 11：投资理财简介

课时 12：投资策略分析

单元三：家庭理财方案设计

单元目标：(1)了解理财方案的意义。(2)初步掌握家庭理财方案的制定思路。

教学内容：家庭财务状况分析；家庭理财目标设定；家庭理财组合配置。

课时 13：家庭理财方案设计

课时 14：家庭理财方案案例分析

单元四：职业选择和人生规划

单元目标：(1)思考和回答什么对于自己最重要？(2)了解生活策略与生命周期理论，思考如何做出有价值的准备。

教学内容：人生意义；职业价值；生活策略与生命周期

课时 15：个人差异与职业选择

课时 16：人生策略与生命周期理论

单元五：总结与交流

单元目标：(1)梳理理财知识。(2)深化理财与人生思考。

教学内容：理财方案的类型与特点

课时 17：理财方案交流

课时 18：总结与综合评价

评价活动

评价分两部分，一部分是对于绝大多数同学而言的，由于这部分同学对于理财内容的学习是在数学课上，通过渗透的方式进行的，所以，教师不对他们在理财方面单独评价。评价主要由学生自己做出，教师会在一学期学习后要求学生对自己在理财方面的进步进行书面评价(300 字左右)。

另一部分是针对选择理财拓展课的同学，打分采取 5 分制，然后折合成等级，由教师评价、集体评价与自我评价相结合。课程中将会给学生安排多项作业，并会在作业完成后的下一节课上,以小组为单位进行交流,并互评打分。在整个学习过程中,教师会要求学生以小组为单位完成一个理财计划,教师就理财计划给出一个评价分数,作为教师的评分。同时,也会专门安排一节课时间对于各组的理财计划进行交流和互相评价。最终教师的打分占4成,同学们的互评占6成,得出最终的评价分数。教师将根据评价分数以及学生的自我评价(即绝大多数学生已做的300字评价)对学生做出评价和建议。

附件

理财内容所涉及的数学知识并不是在某个时间段教学的,所以,在理财教育的过程中必须清楚的认识到学生相关的数学基础情况,下表就是对理财相关要点落实的细则安排,以及相应数学基础的学段分布分析:

青少年理财要点落实细则

上海市第四中学　周旭华 2011 年 6 月

理财章节	理财知识点	分知识点	相关数学内容	各年级分布	教学安排建议	备注
什么是理财	理财概念	不可能"一夜暴富"	乘方,百分比	六年级第二学期	当学习了乘方后,利用计算器让同学直观感受即使是一个不太大的盈利率也可以在乘方的作用下得到非常惊人的结果,所以高盈利承诺的投资项目并不可信	
		每个人都能成为百万富翁	乘方,百分比,等比数列求和	高二年级第一学期	其实这个例子就是一个年金的例子,但目的不在于解释年金这一概念,而在于让同学们看到每年不多的投入,通过持久的理财后可以得到很可观的效果,从而说明理财是一种生活方式,持之以恒的有计划的理财能够得到相当的收益	
为什么要理财	货币的时间价值	银行利息	乘方,百分比,分数指数幂,一元二次方程,指数函数	六年级第二学期,七年级第二学期,八年级第一学期,高一年级第一学期	六年级:学生初接触百分比概念,同时计算能力不足,主要是通过对利息的计算让他们感受到货币存在时间价值,简单地把钱放在手里不用是一个不明智的做法; 七年级:学习了分数指数幂,在练习题中可以适当引入银行利率的问题,从而加强同学们储蓄理财的概念; 八年级:学习了二元一次方程,	

理财章节	理财知识点	分知识点	相关数学内容	各年级分布	教学安排建议	备注
					可以通过其中求银行利率的题目巩固储蓄的意识； 高一年级：学习了指数函数，这样结合分段函数就可以动态地分析在固定利率条件下银行理财结果随时间变化的规律，为银行理财策略的选取作准备	
		终值和现值	乘方，百分比	六年级第二学期	通过"明年的100元相当于现在的多少元？"这个问题的探索理解时间价值	
		年金	乘方，百分比，等比数列求和	高二年级第一学期	通过等比数列求和，介绍固定年金的理财方法	提示一种理财的平稳思路
	应对风险	什么是风险	等可能事件，确定时间和随机事件，古典概率，数学期望	六年级第一学期，八年级第一学期，高三第一学期，高三年级第二学期（理）	各年级：通过等可能事件等概率论相关概念，使同学们获得风险的正确概念	强调风险为不确定性
		如何规避风险	独立事件积的概率，数学期望	高三年级第二学期（理）	通过乘法原理，让同学们理解组合降低风险的原理；同时结合保险理财的具体操作，利用数学期望确定投保额的选择	组合控制风险，保险控制风险
		风险与收益的关系	数学期望	高三年级第二学期（理）	让同学们通过对期望值的计算理解实际上单纯的储蓄也比投注彩票的盈利更高	确定收益的数学期望
	提高生活品质	72法则	乘方，百分比，等比数通项公式	六年级第二学期，高二年级第一学期	通过对于数列求和介绍72法则，并比较理财的情况下和单纯通过工资收入积累的区别，从而体现理财的作用	说明理财比单纯工作收入快
		应对通胀	乘方，百分比，等比数列求和	高二年级第一学期	将通货膨胀作为等比数列求和的例题，从而使同学们发现"钱到用时方觉少"	钱到用时方觉少
怎样理解	常见理财工具	银行理财	乘方，百分比，分数指数幂，一元二次方程，指数函数	六年级第二学期，七年级第二学期，八年级第一学期，高一年级第一学期	此处与时间价值中的主要区别是高年级的同学可以"银行升息时理财策略的选取"等为题进行研究，选择合理的方案	与时间价值中有相当多的重叠部分，但是这里更重视方案的选择，故更适合较高年级

理财章节	理财知识点	分知识点	相关数学内容	各年级分布	教学安排建议	备注
		债券理财	乘方，百分比，分数指数幂，一元二次方程，指数函数	六年级第二学期，七年级第二学期	对于实际的债券，判断适合投资的策略	买入位置合理性的判断（贴现）
		保险理财	数学期望	高三年级第二学期（理）	通过数学期望判断保费是否合理，选择适当的投保额	如何选择投保金额
		基金理财	数学期望	高三年级第二学期（理）	以"投资买新股"为例，通过数学期望说明基金理财的一个好处	数学期望在实际生活正如何实现
		证券理财				数学方法主要和之后的技术分析相同，故可在相应内容学习中提及
	常见技术分析	趋势分析法	平面直角坐标系，函数，一次函数，二次函数，函数交点，函数的单调性，直线的斜率	七年级第二学期，八年级，九年级第一学期，高一年级第一学期，高二下	七年级：描点以判断趋势；八年级：通过一次函数来解释数据拟合的趋势判断法；九年级：可以进一步讲解数据拟合的方法，同时通过图像的交点来讲解趋势的突变点；高中阶段的学生主要是通过对函数图像性质的研究来解释趋势判断的方法，同时可以引申曲线斜率来判断趋势，从而引发同学们深入研究数学的兴趣	其中七年级只是描点直观估计趋势
		统计分析法	数理统计	高三年级第一学期	主要以活动的形式展开	可配合其他章节进行布置物价涨幅的统计，工资涨幅统计，股票分红统计等
		*对策论				有兴趣同学个别指导
		*计算机模拟	算法	高二年级第一学期	在理财课上可以通过"大智慧"的行情分析软件的自编公式功能将数学思想通过计算机实现；当然也可以配合计算机教学促进同学们学习计算机语言编程	需要计算机老师配合
		*线性规划	线性规划	高三年级第二学期（文）		

11 校园心理剧

天津市滨海新区塘沽紫云中学　林娜

前记

适用年级：高一或高二

总课时：16

课程简介

如何结识朋友并维持友谊？怎样与父母沟通分歧？如何向父母表达爱？上课该如何听课？该怎样调控情绪？当心中萌发爱情该怎么办？怎样拥有一个强大的自我？这些问题，是高中生或多或少要面对的实际问题。它们有共同的解决方案吗？在本课程中，来自同一年级的不同班级里不同背景的学生组成的团队，通过提出问题，体验参与，角色扮演，群策群力，分享经验，来提出解决方案，并通过实践来获得反馈和思考，给个人成长带来益处。本课程每周一次，共16学时。

背景分析

校园心理剧具有目标性、开放性、主体性、活动性、参与性和趣味性，是合作交流的体验模式。它有利于洞察学生的心理状态，发展学生的各方面能力，优化学生的个性品质。在学生的学习困扰、考试压力特别是人际关系问题上具有很好的辅导效果。

我校组织了多次心理剧征集展示活动，涌现出了一些优秀的作品。参与的学生围绕高中生的学习、生活情境以及人际交往中的诸多问题，展示了自己的感受和思考。这种通过示范作用,以预防为主,兼顾调整的教育形式受到了学生的欢迎,学生能够仔细观察朋友和伙伴的行为,发现他们的行动规律,进行评判,决定自己的行动策略。同时,学生具有表演和讨论以及能够解决问题的能力。为了形成一个示范—自助—互助的模式,让更多的学生参与进来,我们尝试将其课程化。

通过摸索,我们围绕《中小学心理健康教育指导纲要》中对高中生心理健康教育强调的内容,选取了"朋友的结识与维持、亲子间矛盾处理与爱的表达、爱情萌芽、学习反思、情绪调整、认识自我"等学生关注和需要指导的话题,通过设置情景,进行体验与讨论,让来自不同班级不同背景的学生进行交流和分享,引导学生关注"表达""理解"和"改变"。

课程目标

1. 通过角色扮演、换位思考和讨论,发展自身的观察、共情、表达等沟通能力。
2. 通过对具体情景问题的思考和讨论,学习自身处理具体问题的策略。
3. 学会多角度看问题,练习理解和包容,增强对挫折情绪的调整能力和对自我的认识能力。

学习安排

分享课程纲要

第一部分:沟通无限(9课时)
课时1:相逢是缘

主要内容:通过拼图游戏等形成小组,"相识"活动以及反思活动本身。关注:友谊的产生与维持。

附:(课余时间)组长讨论培训

课时2:这就是校园心理剧

主要内容:通过"甜蜜分享"和"关于文理分科与父母的沟通"情境模拟,通过具体活动与学生讨论课程大纲。关注:分歧的沟通。

课时3:挫而不伤

主要内容:通过对"挫折情境"的表演分析与翻转,结合"理性情绪疗法"。关注:对挫折的认知和情绪的调节。

实践作业(课余时间):换零钱

课时4:作业反馈——实践练习的反馈(结合以前的家庭作业及感受)

课时5：倾听与学习1

主要内容：通过"不要急于动手"活动体会听讲对于学习的重要性，通过情境表演和身体雕塑等方式，体验不良的听课行为习惯带给别人的不同感受，诊断并提出对策性建议。关注：课堂上该如何听讲及发言。

课时6：倾听与学习2

主要内容：分享其他提高学习效率的方法，进行倾听训练。关注：如何提高倾听能力。

课时7：爱的表达1

主要内容：通过对父母用不同方式表达爱的模拟，表达自己对于不同方式的感受。关注：表达和感受爱的个体差异和主要表达种类。

课时8：爱的表达2

主要内容："爱的存款"活动。关注："肯定的言辞"的表达和积极承担亲子沟通的责任。

课时9：爱的表达3

主要内容：通过"大送礼"的活动，练习"爱的礼物"的表达方式。关注：了解尊重他人的需求与满足自我需求的关系，思考什么是爱。

第二部分：独立人格(3课时)

课时10：爱情的开始——爱自己1

主要内容：通过爱情表白片段的配音游戏和心理AB剧选择与分析体验，对中学生恋情进行讨论与分析，看到中学生恋情的存在、利弊。认识到谈恋爱需要能力。

课时11：爱情的开始——爱自己2

主要内容：对谈恋爱的能力的分析和征婚启事的编写。关注：爱的能力的关键——爱自己，并澄清自己的爱情价值观。

课时12：做最好的自己

通过自画像和积极赋义活动，进一步认识自我和积极看待自我，通过"共享好主意"活动分享并练习提高自信的方法。

第三部分：团队大PK(评价考核,4课时)

课时13：成长的故事

主要内容：通过团体工作法选定小组的"心理剧"主题并进行再认识。编写剧本。

课时14：成长的故事

主要内容：心理剧排练及表演，评价及讨论分享。

课时 15：成长的故事

主要内容：心理剧表演，评价及讨论分享。

课时 16：一路上有你

主要内容：团体成员分享参加团体的心得与感受。成员之间相互祝福，结束团体。

评价活动

1. 平时表现评价

在表演过程中，学生能分享出"我为什么这样做，我原来怎样想的，我的感觉如何"；在讨论环节，学生能够分享：在看表演的时候，看到了什么，有什么想法和感受（特别是共情和策略部分）；在行为训练环节，学生能够尝试新的方法。

2. 成绩评定

个人成绩＝小组平均成绩（互评和自评）＋考勤成绩＋平时表现成绩（教师评价）并转换成相应优秀、良好、及格三个等级。

学生分小组完成心理剧作品，以舞台剧的形式来呈现。由学生对自己和其他小组的表演进行评价和反馈，形成小组意见，最后由教师对评价和反馈进行汇总，给出小组成绩；在小组分数的基础上，根据学生考勤和平时表现给出个人分数，转化成优秀、良好、及格三个等级。

心理剧评分表

项目	剧本			表演			综合		加分项	总分
	主题鲜明积极	故事真实合理	内容完整清晰	表演自然流畅	台词生动清晰	团队配合默契	观众反应	时间控制	音乐道具等	
评分	10	15	15	25	10	10	10	5	5	
第一组										
第二组										
第三组										
第四组										
第五组										

心理剧反馈表

本组主题	主题：
	认识和理解：
	困惑和方法分享：

亮点评价	本　组	
	第　组	
	第　组	
	第　组	
	第　组	

成员签字：　　　　　　　　　　　　　　　　　　日期：

备注

　　该课程需要在有多媒体的活动教室进行。教师可根据时间，与学生讨论确定论题。建议该课程安排为 1 小时 1 节。

12 做智慧温暖的行者

浙江省湖州市吴兴高级中学

蒋玉宇、俞晓瑾、董勤、周云、徐晴、王刚、李品磊、刘晓佳、汪庭国

前记

适用年级：高二

总课时：19

课程简介

"做智慧温暖的行者"属于浙江省湖州市吴兴高级中学红十字系列课程的文学艺术篇。文学艺术作品中蕴含着丰富感人的人道、博爱等红十字精神。课程从纪实类作品、绘画音乐作品、古代文论、文学作品、影视作品、人物传记六个部分对作品中的红十字精神进行解读，引领学生边欣赏边感受边思考。

背景分析

本课程通过向学生介绍文学艺术领域里的著名作品，让学生在欣赏作品、领略知识的同时，感受其中蕴含的丰富而深厚的人道、博爱精神，认识到怀着悲悯之心关注艰难生活中的芸芸众生，是艺术作品打动人心的永恒核心，提升自身的人文修养，做一个智慧温暖的人。

从文学艺术的角度对学生进行红十字精神的濡染，从课程来说是比较新颖的构想，它避免了直接说教的枯燥和令人反感的强迫性，具有潜移默化、润泽于心的效果。而且，红十字进课堂也是我们一直在进行着的教学活动。推广红十字精神是吴兴高级中学的办学

特色,从硬件上讲有设施先进完善的红十字活动基地,可以开展多种形式的教学活动;从软件上讲,吴高的不少老师已经多次开设红十字校本课、讲座,编写红十字读本,他们兴趣广泛又各有所长,怀着在年轻的学子心中种下红十字精神的种子,以建设美好社会的愿景积极参与红十字活动,平日多有关注和积累。这次我们将老师们平日的上课材料、讲座加以整理,创编成课程,也是水到渠成的事情。

课程目标

通过浏览文学艺术领域里的著名作品,感受作品和人物身上蕴含的丰富深厚而感人的人道、博爱精神,提升自身的人文修养,做一个智慧温暖的人。

学习安排

课时 1—2:分享课程纲要。一个战地记者的战争实录

教学内容:赏析新华社记者唐师曾的《我从战场归来》

课时 3—4:音画人生

教学内容:漫谈音乐绘画中的人道主义精神

课时 5—6:推陈出新

教学内容:中国传统文化人道、博爱思想对新时期教育的意义

课时 7—8:永别了,武器

教学内容:武器面面观

课时 9—10:重拾散落的珍珠

教学内容:人的真善美

课时 11—12:珍爱生命,笑看"毒品"

教学内容:常规类型电影中生命价值观探讨

课时 13—14:觅渡,觅渡,渡何处

教学内容:书生革命家瞿秋白

课时 15—16:为国为民,知其不可而为之

教学内容:解读辛亥年的林觉民

课时 17—18:疯狂中的温情

教学内容:战争电影中的红会精神

课时 19:课程小结

评价活动

评价活动分三部分：

1. 平时的课堂讨论评价；

2. 平时的作业评价；

3. 期末每位学生上交一份学习体会。

教师结合前面三项，认定学生课程学习的综合等级。

第四部分

—————————

科创信息与绿色环保

🔶 导读

科创信息与绿色环保类校本课程主要吸纳 21 世纪新兴教育理念，如创客教育、STEM 教育和环境教育等。在这些理念的指导下，科创信息与绿色环保类课程设计为学生提供了解世界范围内普遍关注的科技发展、环境保护等重要议题的学习机会。

此类课程的设计旨在支持学生发展通信技术能力、媒介素养、环境保护意识和公民意识等与新时代发展趋势相符合的能力素养。学生可以在学习信息技术，体验科创项目，践行环保理念的过程中逐渐成长为有责任、有担当的未来公民，切实体会到人类命运共同体的时代意义。

由于科创项目与环保项目多涉及实验类和探究类的内容，项目的学习与完成对于学生来说具有挑战性，更适合具备一定学识与技能的学生。因此，在历届获奖作品中，科创项目与环保项目类的校本课程主要为小学高年级及以上的学生开设。从学段维度来看，大多作品分布于六年级至八年级，高中也有所涉及。

此外，从此类课程的历年变化来看，无论是以科创信息还是绿色环保为主题的课程设计均反映出整合性越来越强的趋势。就以科创信息为主题的课程而言，前几年的作品主要以某一学科为切入点，结合学科内容与学生的真实生活情境进行学科学习的延展设计，如"高中微型化学实验""舌尖上的化学"等。而近几年则愈发弱化学科学习特性,转向以问题解决为导向的综合性学习,这种课程设计可使学生在校本课程学习的过程中能够自发地调动各学科的知识与思维方式,从不同学科视角出发共同解决同一个核心问题,如"速度与激情""创客梦工厂"等。

就以绿色环保为主题的课程而言,早期的课程设计采用直接切入的方式,把环境保护主题分解成节约用水、垃圾分类、安全饮食等具体领域进行具体课程设计,如"低碳生活"。近年来,教师开始结合学生生活的环境,如学校、家乡等,围绕学校、家乡常出现或可能出现的环境问题展开设计,引导学生针对这些问题设计解决方案,实施力所能及的环保措施,从而历经从发现问题、提出问题到解决问题的完整学习历程。

由于科创信息与绿色环保类校本课程中的主题任务或核心问题指向各不相同,此类课程并没有固定的设计思路,学习活动的安排与评价任务的设计多由项目或问题驱动,呈现出丰富多样的形式,如微电影制作、调查报告撰写、模型搭建等,以保证学生在学有所获的同时也能体会到学习过程的趣味性与新鲜感。

01 龙湖沧桑

江苏省徐州市潘塘中心小学　赵琦、张学迎、张娟、孟静、杨洁

前记

适用年级：五或六年级

总课时：32

课程简介

节假日休闲，咱们新城区最好的去处是哪里？相信同学们都会不约而同地想到大龙湖风景区吧。大龙湖风景区有着怎样的前世今生，如今的大龙湖风景区又有哪些好玩的地方？这门课程就是要大家通过自主实践探究，去了解大龙湖风景区的变迁，感受家乡生态环境的巨大变化，思考这些变化背后的深层原因。在这门课程里，我们将通过调查访问、实地考察、查阅资料、实践创作等方式，加深对龙湖的认知，锻炼自己的实践创新能力。

背景分析

大龙湖风景区依托原大龙湖水库改扩建而成，以生态为主题，湖区周边建有 6 个不同的功能区，包括玉璧广场、玉璜广场、玉琥湿地、玉琮广场、玉圭体育健身区和玉璋广场，是具备休闲、健身、游憩与文化交流四项功能的城市中心滨水绿地。

徐州市潘塘中心小学位于龙湖南岸的惠民小区内，居民多因原大龙口水库周边村庄拆迁而至，生活在湖畔的学生及其家庭成员对大龙湖的巨大变化有着深刻感受。"绿水青山就是金山银山"，基于学生的认知基础开发的"龙湖沧桑"课程是我校"基于设计思维的

'慧创'课程基地建设"的成果之一,该课程以环境保护意识与生态文明发展为主题,以学生为主体,以跨学科合作学习为形式,旨在培养学生的自主探究、实践创新等核心素养。

课程通过"源起、前世、今生、未来"四个单元,探究龙湖的沧海桑田之变。"源起"以苦难为底色,溯其肇始,感知在漫长的历史长河中,龙湖作为古黄河泛滥冲刷出的水潭带给周边百姓的祸患;"前世"以苦涩为基调,追忆建国后祖辈为解决温饱,历尽艰辛,兴修水利,变害为利的岁月;"今生"以幸福为色彩,感受祖辈和父辈建成生态龙湖的伟大成就;"未来"以发展为愿景,畅想如何为生态家乡、生态祖国贡献力量。

课程目标

1. 通过网络查找、调阅档案、采访祖辈等方式,了解大龙湖的历史变迁。

2. 通过查阅资料、实地考察、问卷调查等方式,了解大龙湖风景区的地貌变化、生态变化和功能分区,感受大龙湖风景区的发展对周边人们生活品质的影响。

3. 开展项目化学习,通过设计大龙湖游览路线图,制作立体导览图,撰写景点导游词,展示龙湖胜景等项目,畅想龙湖未来。

4. 通过调查了解徐州云龙湖、金龙湖、九龙湖等水资源的发展情况,了解生态文明建设对提升徐州城市品位发挥的巨大作用。

学习安排

本课程的内容单元安排如下:源起——前世——今生——未来

课时安排如下,大部分课程 2 课时一起上,共 80 分钟。

单元一:源起——追溯龙湖传说

课时 1—3:分享课程纲要;明确学习任务

实施建议:以小组为单位使用自己携带的 PAD 或利用电脑教室中的电脑进行网上查找,搜集关于大龙湖的历史资料,包括大龙湖形成原因、名字由来及给当时的人们带来哪些生活方面的影响等。完成学习任务单。

课时 4:分小组进行展示交流

实施建议:了解大龙湖历史风貌,感知在漫长的历史长河中,大龙湖作为古黄河泛滥冲刷出的水潭带给周边百姓的祸患。讨论:为何在古时候,人们面对自然的力量无能为力?

单元二：前世——找寻龙湖记忆

课时 5—6：采访与记录

实施建议：以组间同质、组内异质形式组建六人小组，颁发小记者挂牌。小组人员对大龙湖周边小区居住的老人或者自己的祖辈进行采访。小组自己设计采访问题，如建国后祖辈如何解决温饱问题，兴修水利、变害为利等。及时拍摄记录工作轨迹，录制采访视频，形成采访稿。

课时 7—8：汇报与交流

实施建议：各小组合作以小记者的身份汇报采访的内容，可以做成 ppt 或者视频的形式进行交流。邀请采访中特别有代表性的祖辈（如参与过改造湖水的工人）进行讲述。从祖辈的记忆中感受当时人们改造自然的艰辛与生活中的苦涩。

课时 9—10：收集整理信息

实施建议：全员查阅资料，走访区政府相关部门，到图书馆或者利用网络寻找当时大龙口水库的相关资料。了解大龙口水库在水利灌溉、渔业养殖方面起到的作用及给附近村民生活带来的便利。

课时 11—12：资料分享展示

实施建议：每小组选一种方式展示。可有如下方式：（1）校报、手抄报呈现当时大龙口水库的资料。（2）大龙口水库给当时生活在周边的人们生活带来的影响，编成故事在校广播站播放。（3）合作绘制"大龙口水库地貌图"，将所有的资料展示在学校橱窗展板上。

单元三：今生——赏鉴龙湖胜景

课时 13—18：知龙湖概貌，寻汉玉元素

实施建议：（1）教师利用图片介绍现在大龙湖的地貌，让学生将之与从前的地貌图作比较。讨论交流：为什么大龙湖会发生巨大的改变？了解改造大龙湖是个巨大的工程，凝聚着千万人的心血。教师介绍大龙湖的设计理念中的汉玉文化元素。学生分小组网络搜集打印玉璧、玉璜、玉琥、玉琮、玉圭的图片，了解不同汉玉的形状和含义。（2）根据小组搜集到的图片，到大龙湖实地寻找蕴涵了汉玉文化元素的建筑，并对这些汉玉文化元素进行拍照记录。（3）评比交流：看一看哪一组发现的蕴涵汉玉文化元素的建筑更多。评出"探索之星"，进一步感受城市厚重历史文化与现代文明的融合。

课时 19—20：赏龙湖美景，知功能分区

实施建议：（1）举办"发现龙湖之美"摄影竞赛：学生分组实地拍摄龙湖美景，并调查说明各区域的功能。（2）分小组展示摄影作品，交流明确大龙湖各区域的功能。要说清楚：这是大龙湖的哪一区域？有什么功能？本区域设计的亮点是什么？班内投票，选取最美图片，授予学生"小小摄影师"称号。

课时21—24：探生态变化，感品质提升

实施建议：(1)分小组进行区域生态考察。完成考察任务单：树木种类，鸟儿数量，水质情况等。拍照留存过程性资料，再结合网络搜集的资料整理形成调查报告。(2)交流展示拍摄的图片并介绍本区域的树木种类，鸟儿种类，水质情况等。结束后，把各个区域介绍图片在展板上展出。(3)小组根据设计的调查问卷，分组对身边不同年龄层次的人进行问卷调查，调查问题主要包括大龙湖景区变化给自己带来的感受、最喜欢的区域是哪里、对大龙湖的发展有何建议等问题。(4)集体汇总问卷信息，形成总结报告，感受生态环境的变化给周边人们带来的生活品质的提升。

课时25—30：展龙湖风采，抒热爱之情

实施建议：(1)进行项目化学习。分小组搜索大龙湖图片和地图。讨论确定实践的景点区域。回忆自己在旅游过程中导游的形象，观看导游的视频，确定介绍的景点并分享各自的观点。网上搜索KT板、胶枪等美术工具的使用方法。通过视频理解立体导览图的制作过程和方法。根据导学单选择适宜的美术制作工具。(2)以小组为单位实地游览大龙湖。根据小组选择的景点进行实地测量，选择可行测量方法，计算路程距离和时间。完成学习任务单的填写。根据考察景点的地图，利用KT板进行导览图的框架绘制。拍摄景点风景，体验大龙湖旖旎风光给游客带来的愉悦舒适感。(3)根据之前搜集了解到的大龙湖的建筑特色、文化历史、景点特点、遗迹文化内涵等，做好文字记录，设计解说词。根据教师提供的导游资源，学习借鉴优秀解说词及解说的方法。在课堂上撰写大龙湖某一处景点的解说词。利用计算机的PPT软件，进行导游解说的图片讲解制作。小组合作，根据之前绘制的KT板景点地图，利用彩泥、吸管等做立体景物、用胶枪等工具进行立体图制作美化。(4)分小组进行景点距离计算的测量结果汇报。小组派选一人根据PPT进行小导游解说。其他组及教师根据量规进行打分评价。分小组进行景点立体图的制作过程介绍。其他组及教师根据量规进行打分评价。

单元四：未来——畅想龙湖前景

课时31：思考与讨论

实施建议：(1)全班共同总结大龙湖实践活动的内容和方法，通过教师讲解、图片展示、视频介绍等形式了解徐州云龙湖、金龙湖、九龙湖、潘安湖等水资源的形成过程，体会新时代"绿水青山就是金山银山"的生态文明理念。思考讨论：为什么徐州要建设诸多水资源？这与徐州市于2018年获得联合国人居奖有何关联？从而帮助学生了解这些水资源的建设对改善徐州生态环境，提升城市品位、擦亮城市名片发挥的巨大作用。

课时32：献计献策

实施建议：(1)畅想未来的大龙湖在环境、功能等方面将会发生哪些变化，学生以自己喜欢的方式表达心中的想法,如:创意绘画、畅想作文、立体模型等,为龙湖发展献计献策。在校内举行活动成果展。(2)结合学习过程与成果展示,综合评定期末成绩,给予评优奖励。

评价活动

学生的学期成绩以等第制方式呈现,由过程性评价(90%)和总结性评价(10%)两部分构成。最终成绩=单元一 12%+单元二 20%+单元三 45%+单元四 13%+总结 10%。

评价等第说明:90 分及以上,优秀;70—89 分,良好;60—69 分,合格;60 分以下,需努力。

02   "火柴人"校园环保行动

上海市徐汇区田林第三小学　崔莹

前记

适用年级：五年级
总课时：16

课程简介

本课程将校园环保主题与科技拓展活动相结合，一改以往校园环保活动停留于宣传或活动形式单一零散的局面，依托"火柴人"工作室的创意模板和编程器材，让科技环保活动有所依托，化为可操作的校园环保创意行动，充分发挥校园环保活动的活力，从而真正深入学生心中，切实提高学生的环保意识和能力。

背景分析

1. 体现校本特色

学校办学 20 年以来，秉承"生物与环保"的科技特色，坚持"以科技促发展，以活动展潜能"的办学理念，开发了"流动的芳草地"科技主题特色校本课程。本校是徐汇区的科技特色学校和绿色学校。2013 年，学校与"火柴人"工作室合作，将"火柴人"工作室研发的实验器材与学校环保教育特色相结合，着力于"'火柴人'校园环保行动"校本课程的探索与建设，并发展成为"流动的芳草地"科技主题校本课程体系下的一个分支。它主要是面向中高年段学生，学生在掌握"火柴人"工作室模板创意造型设计和电脑编程的基本方法后，既可以通过关注校园环境来寻找环保问题，也可以通过设计制作监测工具实现对校园环境的监测。本课程既让学生体验到新科技的神奇与乐趣,激发学生探究科学的兴趣,又让学生的环保意识、科学研究能力、动手能力以及团队合作能力等得到综合的基础性培养。

2. 学生发展需求

小学阶段的环保教育往往是以环保宣传为主,时间长了,学生会感到枯燥乏味。而"'火柴人'校园环保行动"科目,学生依托已掌握的"火柴人"工作室的电脑编程基本技能和模板造型设计制作基本方法,进行校园环保小课题研究,通过对校园环境的监测实现环保宣传。在这一过程中,学生真实感受到了新科技的神奇和乐趣,学习科学的兴趣也被激发,其综合能力得到基础性培养;利用制作的环境监测工具,学生对环保活动有了实际的体验,感受到了环保的重要性,实现了从活动体验到环保行为习惯养成的过程。

3. 基础和条件

(1)师资:具备一定科学知识、电脑操作知识和"火柴人"工作室模块教学知识的教师。

(2)设备:①自然或美术专用教室、电脑教室、实物投影。②"火柴人"工作室造型模板、电脑编程软件、电子模块。

课程目标

1. 利用"火柴人"工作室造型模板,初步掌握模板制作方法,同时通过造型设计,制作主题创意造型。

2. 学习电脑编程、运用电子模块,制作校园环境监测工具,提高动手能力。

3. 关注校园环保问题,通过制作的环境监测工具,监测校园环境,提高环保意识。

4. 通过参与"火柴人"实验室活动,增强问题意识,养成正确学习观。

5. 通过小组合作、主题演讲,体验分享的乐趣和收获,发展团体合作意识。

学习安排

1. 模块划分

模块划分由易入难,从简单模仿到自主创新,分为"火柴人"小问号、"火柴人"小能手、"火柴人"小卫士和"火柴人"小达人四个单元。内容安排循序渐进,在校园环保问题的驱动下,学生应逐步学习和掌握的"火柴人"实验室器材制作和应用的基本技能,并设计制作测试器材,实现对校园环境的监测。

2. 内容选择

本着"发现问题——设计方案——创意制作——操作体验——解决问题"的学习原

则,从关注学校实际环保问题入手,学生利用"火柴人"实验器材,电脑编程,选择相应的电子模块,制作监测工具,如"冲厕提醒器""课间噪声监测器""校园雾霾监测器""兰花土壤湿度监测器"及"室内光照度监测器"等,对校园环境进行监测,获取相应数据,解决环保问题。

3. 内容形式

现阶段本课程内容的设计是根据学生在校园中寻找到的可研究的环保问题,利用"火柴人"工作室开发的器材和电脑软件,自主设计、制作实验测试工具,通过实地监测,记录数据,撰写报告。后续将根据学生提出的可实施的环保探究小课题,不断对课程内容加以补充和完善,使课程内容更丰富、课程体系更完整。

4. 内容安排

分享课程纲要

单元一:"火柴人"小问号

课时1—2:"火柴人"之实地调查

教学内容:校园调查

实施建议:(1)小组设计讨论,全班交流。(2)确定调查主题、设计调查表格。(3)以小组为单位进行实地考察。

课时3:"火柴人"之寻找小课题

教学内容:(1)确立研究小课题。(2)撰写课题方案。

实施建议:全班讨论、小组交流,了解如何进行方案设计。

单元二:"火柴人"校园环保行动

课时4—5:"火柴人"校园环境监测进行时

教学内容:(1)"冲厕提醒器"的设计与制作。(2)利用自制监测工具,进行实地监测。

实施建议:(1)教师讲解注意事项。(2)小组分工合作,实践操作。(3)确立研究方案。(4)自制监测工具。(5)实地监测,记录数据。

课时6—7:"火柴人"校园环境监测进行时

教学内容:(1)"课间噪声监测器"的设计与制作。(2)利用自制监测工具,进行实地监测。

实施建议:(1)教师讲解注意事项。(2)小组分工合作,实践操作。(3)确立研究方案。(4)自制监测工具。(5)实地监测,记录数据。

课时8—9:"火柴人"校园环境监测进行时

教学内容:(1)"校园雾霾监测器"的设计与制作。(2)利用自制监测工具,进行实地监测。

实施建议：(1)教师讲解注意事项。(2)小组分工合作,实践操作。(3)确立研究方案。(4)自制监测工具。(5)实地监测,记录数据。

课时 10—11:"火柴人"校园环保监测进行时

教学内容：(1)"兰花土壤湿度监测器"的设计与制作。(2)利用自制监测工具,进行实地监测。

实施建议：(1)教师讲解注意事项。(2)小组分工合作,实践操作。(3)确立研究方案。(4)自制监测工具。(5)实地监测,记录数据。

课时 12—13:"火柴人"校园环保监测进行时

教学内容：(1)"室内光照度监测器"的设计与制作。(2)利用自制监测工具,进行实地监测。

实施建议：(1)教师讲解注意事项。(2)小组分工合作,实践操作。(3)确立研究方案。(4)自制监测工具。(5)实地监测,记录数据。

课时 14—15:"火柴人"主题演讲

教学内容：小组主题演讲

实施建议：(1)小组统计数据,大组交流。(2)小组分工撰写报告。(3)小组展示,大组交流评比。(4)交流实验现象,分析数据。(5)教师指导撰写研究小报告。(6)主题演讲交流。

单元三:"火柴人"小达人

课时 16:"火柴人"小达人进行时

教学内容：(1)撰写环保倡议。(2)交流寻找的校园环保探究课题。(3)评选"火柴人"小达人和最佳团队。

实施建议：(1)小组讨论撰写倡议。(2)大组交流总结。(3)教师参与讨论,指导撰写环保倡议。(4)通过交流,确立完善课题。(5)学生互评、自评、师评,评定"火柴人"小达人和最佳团队。

评价活动

1. 评价方式：以个人评价与小组评价相结合的方式评价学生

个人评价："五小"评价法贯穿整个活动过程,也适用于终结性评价。"四小"即"火柴人"实验室小问号、小制作、小监测和小报告。小问号指学生关注校园环境,寻找可探究的问题,提出可实施的建议;小制作指学生根据要探究的环保问题,利用"火柴人"实验室器材,自制环境监测工具;小监测指学生利用自制的环境监测工具,监测校园环境,记录数据;小报告指学生根据监测记录的数据,完成研究报告。最后"一小"是"火柴人"小科学家,是指在整个学期的活动结束后,根据评价表星星的得数,评定一二三级"火柴人"。

小组评价:在整个科目活动中,团队合作佳、能互帮互助共同完成课题研究的小组将被评选为"火柴人"最佳团队。

2. 评价内容

评价项目	评价要求与星级			评价者		
	★★★	★★	★	自评	互评	师评
小问号	实验调查表设计合理、内容完善、方便记录。	实验调查表设计有内容、便于理解。	会设计实验调查表。			
	提出的研究问题合理、可操作性。	提出的研究问题需修改、可操作性稍弱。	提出的研究问题缺乏可操作性。			
小制作	熟练掌握模板制作基本技能,能自主制作创意造型。	熟练掌握模板制作基本技能,能在教师帮助下半自主制作创意造型。	掌握模板制作基本技能,能模仿制作造型。			
	熟练掌握电脑编程方法,根据课题自主编程。	熟练掌握电脑编程方法,在教师帮助下根据课题自主编程。	掌握电脑编程方法,由教师帮助完成课题编程。			
	根据编程连接图,熟练运用电子模块进行连接,并完成测试。	根据编程连接图,在教师帮助下运用电子模块进行连接,并完成测试。	在教师帮助下,完成编程连接图、连接以及测试。			
小监测	方案设计合理,能运用自制监测工具监测校园环境并记录数据,实验过程清楚。	方案设计较合理,能运用自制监测工具监测校园环境并记录数据,实验过程较清楚。	方案由教师帮助设计完成,并在教师指导下运用自制监测工具监测校园环境并记录数据。			
小报告	报告撰写内容完整,过程清晰,科学性强,有较高的质量。	报告撰写内容较完整,过程较清晰,科学性较强。	报告撰写格式正确,内容完整,质量一般。			
	主题演讲过程清晰,声音响亮,仪态自然大方。	主题演讲过程较清晰,声音较响亮,仪态较自然。	主题演讲过程一般,声音一般。			
"火柴人"小达人	一级小达人:20颗星以上	二级小达人:12颗星以上	三级小达人:8颗星以上	总分		
"火柴人"最佳团队	团队合作好,分工明确,效率高。	团队合作较好,分工较明确,效率较高。	团队合作一般,分工较明确,效率一般。			

03 速度与激情

河南省郑州市中原区桐淮小区小学　陈珑玥、胡秀春、肖梦影、李静静

前记

适用年级：五年级

总课时：16

课程简介

本课程是科技制作类的校本课程。基于 STEAM 理念，将科学、数学、工程、技术以及艺术相融合，采用 PBL 学习方式，以参加"速度与激情——桐淮车展"为任务，经历三个阶段的基于真实情景的问题解决过程。本课程以简单的力学、电学、工学知识和相关科学概念为依托，在产生想法、选择材料和工具、设计方案与图纸、制作小车、创意展示的学习过程中，发展学生的 STEAM 素养，让学生体会到"小小设计师"的快乐，进一步提升科学探究精神和创新意识、创造能力，深刻感受由思考、实践、创新带来的"速度与激情"。

本课程每周一课时，因为涉及动手制作，需要的时间比较长，因此每节课时间为 60 分钟。

背景分析

"科学精神""实践创新"是中国学生发展核心素养的关键指标，郑州市中原区"品质教育"区域教育理念和我校以"阳光、尚美、智慧、创新"为特质的"活力少年"培养目标，都特别关注学生科学素养的培养。

调查显示，小学生对科学学习的兴趣随年级的升高递减，究其原因，用"不科学"的方

式"学科学",是目前学校科学教育存在的最为突出的问题。如何将科学课中习得的知识得以真实的应用并引导学生在真实情景中通过动手操作感知学习的意义,进而发展其科学素养,是本课程希望解决的问题。

我校是全国科技教育创新学校、郑州市科技馆"馆校结合示范校",学校有 6 名专、兼职科学教师,拥有科学实验室、科技活动室、创客教室等专业教室与设备;小学科学课程标准研制组专家、广西师大罗星凯教授及其团队对学校进行长期项目指导;学生喜爱科技制作类课程,在多项科技比赛中屡获大奖。

本校五年级学生在学校课程学习的过程中,已学习了初步的科学探究方法,好奇心强,有强烈的动手创造欲望。学生在科学课中已经学习过简单的力学知识,在数学课中学习过长方形、正方形等平面图形,美术课上学习过简单的色彩搭配和图形纹样,这些都为本课程的学习打下了基础。但学生观察生活的能力有限,还需要学习对于如何利用身边的材料开展探究与设计。

课程目标

1. 通过头脑风暴、小组合作、实践创作等方式,认识 PVC 板、螺旋桨等各种材料和工具。

2. 经历设计、制作小车的过程,能够利用生活中常见的材料和已有知识经验,设计制作可以参加学校车展的小车,发展由想法到创意再到物化的思维能力,初步了解工程设计的基本流程,产生对工程设计及科学知识应用的探究兴趣。

3. 在"速度与激情——桐淮车展"任务的驱动下,学会与他人一起讨论、合作,感受团队的智慧与力量。

学习安排

单元一：腹载五车

课时 1：分享课程纲要

实施建议：(1)介绍课程主题,明确核心任务：设计车辆,参与"速度与激情——桐淮车展"。(2)了解车展作品的核心评价标准：速度快、造型有创意、结构合理。(3)对本课程有基本了解,呈现整个课程学习的时间安排,展示项目时间量表。

课时 2：领跑无界

实施建议：(1)组建团队,制作队徽,找到适合自己的角色。(2)借助"小小工程师"小车拼装比赛,对组装小车有初步感受。(3)借助重力小车、反冲小车、弹力小车实验,对小车进行深入研究。

课时3：前车可鉴

实施建议：（1）展示课前搜集的资料，了解汽车的发展历史及结构、车型等知识。（2）小组交流，资源共享。初步了解一些术语，如发动机、重力、反冲力和摩擦力等。

课时4：学富五车

实施建议：（1）通过观看视频、书籍、查阅资料等方式，对车轮、车轴、材料及功能等有更深入的了解。（2）根据搜集的资料进行头脑风暴，将制作的流程和方法以思维导图的形式呈现，构建有关小车的背景知识。

单元二：轻车熟路

课时5—6：心随车动

实施建议：（1）小组合作交流，集思广益，确定初步制作计划。（2）初定所用材料，设计自己的创意小车，并将想法以画草图的方式呈现。

课时7—8：好车有限惊喜无限

实施建议：（1）汇报交流设计方案，各小组提出修改建议。（2）根据反馈意见，修改项目计划。（3）检测项目的科学性、合理性、安全性。

（下面这个表头与P167页合并，本行不排）

单元三：精益求精

课时9—11：车随"我"动

实施建议：（1）根据设计草图，在材料超市选择自己所需要的合适的材料。（2）熟练运用工具，对材料进行切割、组装、拼接，完成小车制作。（3）美化外观，制作小车名片（包括：小车名称，标志，设计图以及说明等）。（4）制作完成，初步检测车的稳定性。

课时12—13：初露锋芒

实施建议：（1）设计制作"速度与激情——桐淮车展"创意宣传海报，汇报交流。（2）在班级展评，收集意见反馈表。（3）参考反馈意见，进一步优化改进小车。

单元四："速度与激情——桐淮车展"

课时14—15：我车我SHOW

实施建议：（1）"速度与激情"班级邀请赛，选拔初赛优胜者。（2）举办"速度与激情"桐淮车展，邀请同学、老师、家长参观评价。

课时16：驾驭现在成就未来

实施建议：（1）在项目制作的过程中，提出新的研究问题，如：新能源汽车的利与弊、初识无人驾驶智能小车等。（2）谈谈参加课程的收获及对科技发展的感受。

评价活动

本课程的评价采取评价表的形式进行。

	评价标准	自评	他评	师评
畅游车的海洋设计篇	1. 设计图清晰 2. 方案合理 3. 图纸精确			
精益求精制作篇	1. 能够选择合适的材料和工具 2. 切割完整 3. 能够安全使用工具			
团结一心合作篇	1. 能够与小组成员和睦相处、共同探讨 2. 能够提出有创意的改进建议 3. 能够很好地完成所负责的任务			
我车我SHOW展示篇	1. 结构合理、完整 2. 小车能够跑完赛道 3. 小车外观美化			
速度大比拼（28分）	名次：第（　　）名			
我的收获				

说明：

1. 每有一辆小车涂色，可计 2 分，评价共计 100 分。
2. "速度大比拼"活动：前三名各得 28 分、第四名至第十名各得 22 分、其余成绩得 20 分。
3. 总分第一名获得"最佳设计奖"；竞速前三名分别获得"极速小车"一二三等奖。
4. 如小车仍存在不足，可以课下继续修改，师生共同进行二次评价。

04 仰望星空·创意航天

上海市松江区三新学校　　叶笛

前记

适用年级：六或七年级
总课时：18

课程简介

"仰望星空,脚踏实地"是温家宝总理对青少年的殷切期望。本课程以"航天科技"为主题,以人类航天发展史为主线,通过介绍内容丰富的科普知识,讲述催人泪下的科学家故事,开展形式多样的探究实验,组织多彩有趣的科技竞赛等方式,将"知识学习"与"探究活动"巧妙地融为一体,为广大青少年关注航天事业、传承航天精神开辟新天地,为青少年未来终身发展奠基。历经6年之久的实践探索,已形成了配有学生读本、课件及活动器材的完整校本课程资源体系。

背景分析

随着航天科技前进的步伐,人类从昔日聚焦于自己的家园到今天放眼广袤的宇宙空间,未来还将勾勒出美好的太空蓝图。我国的航天事业日益蓬勃发展,从"神舟飞天"到"嫦娥探月"再到"打造天宫",中华儿女实现了一个又一个划时代意义的重大突破。因此,面向广大青少年开展航天科普教育不仅充分体现了"科教兴国"的战略思想,还融合了爱国主义思想教育,同时可以发展学生勇于实践和大胆创新的能力。

"生命在于运动,教育在于活动",学生综合素养的全面提升需要在实践活动中得以实现。"仰望星空·创意航天"拓展型课程正基于此,以传统的课堂教学和探究实践活动相结合为课程模式,开展丰富多彩的教学活动,让学生在快乐的氛围中,充分获取知识、积极锻炼技能、主动习得方法、传承科学精神、认识科学本质、全面提升综合素养。

我校拥有航天教育优秀科技辅导员等一流师资,并依托上海市宇航学会提供活动器材支持,以"上海市航天科技教育特色学校"品牌效应为契机,使"仰望星空·创意航天"校本课程的普及推广成为现实,并在实践中摸索、在改进中前行。在长达6年的探索尝试实施过程中,我校逐步积累经验,最终形成了一套系统、完善、高效、优质的拓展型校本课程体系。

课程目标

1. 初步了解航天科技基础知识,尤其是我国航天事业所取得的辉煌成就。
2. 初步掌握制作航天模型的技能,手脑并用,达到学以致用的目的。
3. 通过改进和创新制作航天模型,逐步掌握积累经验的方法和培养创新能力。
4. 通过学习航天工作者的先进事迹,能够自觉发扬"自力更生,艰苦奋斗"的航天精神。

学习安排

分享课程纲要。

单元一:仰望星空——叩开宇宙之门

课时1—2:认识星空,了解家园;茫茫宇宙,梦想登天

实施建议:主要讲解有关航天科技的常识和基础知识。认识宇宙、太阳系的组成、地球等。了解人类探索太空的历程和空间环境。

单元二:插上翅膀——飞出地球摇篮

课时3—7:飞天利剑——运载火箭;庞然大物——航天飞机;放开天眼——人造卫星;琼楼玉宇——宇宙空间站

实施建议:主要介绍有关航天科技事业的产物,如运载火箭、航天飞机、人造卫星、宇宙空间站等,奠定学生对航天科技知识的基础,为进一步学习打下基础。

单元三:光辉历程——人类航天成就

课时8—9:航天首创——人造卫星和宇航员;首次登月——"阿波罗"展神威

实施建议：主要介绍人类空间探索取得的成就,包括前苏联和美国的一些航天首创。

课时10—13：千年梦圆——华夏飞天壮举;载人航天——神舟飞天;探月传奇——嫦娥奔月;巧夺天工——建造"天宫"

实施建议：主要介绍我国航天工程取得的辉煌成果,包括载人航天工程和探月工程等,让学生了解人类已经取得的航天成果,充分认识航天科技对人类生活的影响和空间开发的深远意义。

单元四：刻骨铭心——人类航天灾难

课时14—16：最痛心的挫折——"挑战者"的失败;最惨烈的教训——"哥伦比亚"的陨落;最沮丧的记忆——我国澳星发射失利

实施建议：主要介绍航天史上的灾难,包括美国两架航天飞机的失事和我国澳星发射失利等事件,让学生通过了解人类空间探索面临的困难,深刻领悟"细节决定成败"的道理,发扬人类不畏艰险勇于探索的精神品质。

单元五：勇往直前——飞向遥远未来

课时17—18：畅想未来航天器;展望未来航天事业

实施建议：主要畅想未来航天事业的发展远景,包括未来航天器、未来人类对空间的探索及将会取得的成果等,给学生提供了一个大胆想象、打开思路的教学场景,在提高学生创新思维能力的同时,为校本课程资源的后续补充预留空间。

课程评价

每个主题学习结束进行一次多元评价,内容包括：

1. 自我评价：(填写说明：请根据自己的实际情况填写各项)

【知识方面】

我学会了＿＿＿＿＿＿＿＿＿＿＿＿＿＿＿＿＿＿＿

【技能方面】

我掌握了＿＿＿＿＿＿＿＿＿＿＿＿＿＿＿＿＿＿＿

【情感方面】

我明白了＿＿＿＿＿＿＿＿＿＿＿＿＿＿＿＿＿＿＿

2. 同伴互评：(填写说明：请根据实际情况给予恰当的评价,将☆涂黑,★越多表示等级越高)

综合评价　☆☆☆☆☆

同伴姓名：_____

3. 教师点评：由教师根据实际情况给予激励性的评语。

待整套校本课程学习结束后，教师将根据学生各个主题的任务完成情况做学期终结性评价，相应评语和等第将填写在统一印制的《中学生成长手册》中。

05 嘉定数字博物馆

上海市嘉定区青少年科创集散地　邱晶、刘丹、徐润航、张三玉

前记

适用年级：六或七年级

总课时：16

课程简介

一间庙宇，教化嘉定；一座宝塔，顶天立地；一处园林，诗情画意。这些至今依然浮现于眼前的古代建筑，见证了嘉定千百年来的历史。本课程以"嘉定历史建筑"为切入点，建设嘉定"数字博物馆"，围绕"探究—建设—呈现—再创"的项目主线，设立"实景体验馆""3D模型馆""AR展示馆"和"创新梦想馆"这四个板块。采用情景导入、参观体验、任务驱动等教学方法，结合数字化设计软件，带领学生创建嘉定古建筑模型，并用AR（增强现实）技术来呈现心目中的嘉定古城，让学生在关注传统建筑文化的同时，也能感受科技带来的魅力。

背景分析

1. 目的与意义

嘉定，是一座历史底蕴深厚的文化名城，经历了数千年的沧海桑田，积淀了八百年的人文精粹，它随着上海一起在新时代中奔跑，同时还保留着其特有的文化气质。昔日学者大儒云集的孔庙、横穿古镇的州桥老街、具有中国古典园林特点的秋霞圃，这些记录着嘉定历史发展的古代建筑，如今依然是嘉定古城的标志。

然而随着科技的日益发展,这些标志的呈现形式也需要更新。我校作为嘉定区设立的青少年科创基地,不仅致力于发展青少年的文化素养,还注重培养学生的科创素养。如同嘉定是一座将传承与发展兼收并蓄的城市一般,我们也融合了传统文化与现代化技术,以嘉定古建筑文化为主题,数字化软件为媒介,使用 3D 技术和 AR 技术让嘉定的古建筑以全新的面貌呈现出来,建设一座"嘉定数字博物馆",让更多的人了解嘉定,感受文化的熏陶,欣赏古城的风采。

2. 学情基础

六、七年级的学生逐步从形象思维向抽象思维转变,他们好动、好奇、好表现,他们不再满足于被动的接受式学习,而是喜欢主动的探究式学习,具备一定探索分析能力的他们,能够对探究过的任务进行合理的归纳与总结。通过任务驱动的形式让学生自发地探索学习,能够使他们的综合能力得到快速提高。而身为嘉定的学子,他们对于自己生活的地区有着特殊的情感与初步的认知,以嘉定古建筑作为探索研究的对象,可以树立良好的文化传承意识,形成保护古代建筑遗迹的社会责任感。

3. 设备与条件

我校为本课程配备了丰富的教学资源,包括电脑、网络、摄像头、多媒体教学设备等,让学生可以使用轻量级体素编辑器 Magic a Voxel 进行体素化建模,培养学生的空间思维能力与动手创作能力,再通过虚拟交互式引擎 Unity 将作品以 AR(增强现实)的形式呈现,让学生感受数字科技带来的魅力。

课程目标

1. 通过建设"嘉定数字博物馆"项目,感受嘉定古城的文化底蕴,形成关注古代建筑文化的意识,形成保护人类文明成果、爱护建筑遗迹的社会责任感;

2. 掌握轻量级体素编辑器 Magic a Voxel 的基本操作与常用命令,完成嘉定古建筑模型的搭建,提升空间思维能力;

3. 通过体验并制作 AR,将嘉定文化古城以 AR 的形式呈现,感受科技的魅力,产生对先进信息技术的求知欲和好奇心。

学习安排

1. 课程模块

课程围绕"探究—建设—呈现—再创"的项目主线,设立以下四个单元,并采用"集章"形式,通过完成单元任务,获取 4 枚"嘉定印记",完成"嘉定数字博物馆"的建设:

（1）实景体验馆：通过实地参访、虚拟浏览、情景剧表演等方式，结合视频与图文资料，感受嘉定古城的风采，了解嘉定古建筑的特点；

（2）3D 模型馆：学生根据对嘉定现有古建筑的认知，运用轻量级体素编辑器 Magic a Voxel，以"法华塔""孔庙"等嘉定标志性古代建筑作为参考，建设嘉定古城的模型。

（3）AR 展示馆：利用虚拟交互式引擎 Unity，将制作好的嘉定古建筑以二维图片定位的方式，用 AR 形式呈现出来。

（4）创新梦想馆：本单元为综合提升项目，学生以现在的嘉定古城为雏形，发挥自己的想象，运用学习过的方法，建设各自心目中的未来嘉定新城。

2. 适用对象：六、七年级

3. 课时安排：共 16 课时，每课时 40 分钟。

单元一：实景体验馆

课时 1：课程纲要分享；走进嘉定数字博物馆

实施建议：（1）教师交代课程背景并展示课程样例，让学生明确任务目标。（2）引导学生进行分组，带领学生以团队形式着手建设"嘉定数字博物馆"。（3）在学生分享完自己对嘉定的印象后，来到"嘉定数字博物馆"的第一个场馆：实景体验馆。通过观看视频，初步了解嘉定的历史文化背景。（4）学生结合图文资料，以"虚拟浏览"的形式，走进孔庙：穿过仰高、兴贤、育才这 3 座牌坊，迈入棂星门，走过状元桥，跨入大成门，来到大成殿，一步一步了解孔庙的构成。（5）学生以"情景剧"的形式，通过表演阐述法华塔的背景由来，进一步感受嘉定的人文背景。

课时 2：古人的智慧：古建筑结构

实施建议：（1）学生以小组为单位，选取一个嘉定古建筑，运用网络对该建筑的历史背景、结构特点进行资料收集，完成嘉定古城的探究报告并进行阶段性分享与展示。（2）学生归纳分析这些古建筑在结构、材质、造型上的共同特点，知道中国古代建筑的基本构成。（3）学生观察不同的古建筑图片，运用基本几何图形来分析屋顶、屋身、台基的造型结构。（4）观看视频，了解中国古建筑中屋顶的结构，包括：庑殿顶、歇山顶、悬山顶和硬山顶，为第三单元的建模奠定知识基础。

课时 3—4："吴中第一"孔子庙；"科名鹊起"法华塔

实施建议：（1）教师组织学生到校园附近的嘉定孔庙与法华塔进行实地参访，直观地了解古建筑的造型特点，感受嘉定古建筑的文化气息。（2）学生使用摄影、绘画、文字说明等方式进行记录，并将这些资料作为 3D 建模的实物参考资料，培养科学严谨的学习态度。（3）提交考察资料，获取"嘉定印记"。

单元二：3D 模型馆

课时 5：趣味体素世界

实施建议：(1)经过第一单元的图文学习及参访考察后，进入"嘉定数字博物馆"的第二个场馆：3D 模型馆。(2)学生打开轻量级体素编辑器 Magic a Voxel，自主探索用法，再由教师进行总结与补充。(3)教师明确 Magic a Voxel 中"添加""擦除""上色"的功能后，让学生自主探索 L、C、F、B、V 这 5 种笔刷工具的功能，并让学生分享自己的探究成果，说说不同笔刷的作用，最后结合老师的补充与总结，掌握这款体素编辑器的基本用法，为建设 3D 嘉定古城模型奠定技能基础。

课时 6：嘉定古城设计(1)：建设嘉定

实施建议：(1)以团队讨论的形式，选择孔庙或法华塔作为嘉定古城的第一个建设目标，并结合参访时记录下来的资料，分析该建筑的造型特点，思考用 Magic a Voxel 中的哪些命令可以将其制作出来。(2)根据古建筑的结构特点，将建筑分解为屋顶、屋身、台基三个部分，灵活运用 Magic a Voxel 中的 B(盒模式笔刷工具)和 F(面模式笔刷工具)，创建嘉定古建筑的台基与屋身。

课时 7：嘉定古城设计(2)：添砖加瓦

实施建议：(1)结合中国古代建筑的屋顶样式，确定团队需要建设的古建筑为哪种样式，思考使用 Magic a Voxel 中的哪些笔刷可以将屋顶的雏形制作出来。(2)掌握使用 X/Y/Z 轴的对称工具以及复制、移动命令，在制作好的台基与屋身上添砖加瓦，建造出具有中国特色的砖瓦式屋顶。

课时 8：嘉定古城设计(3)：增光添彩

实施建议：(1)学生灵活运用 Magic a Voxel 中的各类笔刷工具和辅助型工具，为嘉定古城模型添加周边设施，包括水源、绿化等。(2)学生掌握 Magic a Voxel 中渲染模式的使用，为嘉定古城模型添加玻璃及灯光材质，获取"嘉定印记"。(3)学生从作品完成度、作品仿真度、作品美观度这 3 个角度进行自评与互评，再由教师对学生的作品进行阶段性点评。

单元三：AR 展示馆

课时 9：虚拟 or 现实？

实施建议：(1)建设完了 3D 模型馆后，来到"嘉定数字博物馆"的第三个场馆：AR 展示馆。思考如何使用 AR 技术来呈现嘉定古城。(2)学生使用老师提供的电脑设备及二维识别图片，初步体验 AR，了解 AR 的呈现效果，感受科技的魅力，并对比分析 AR 与 VR 的区别，从而了解 AR 的概念。(3)通过观看多媒体视频，并结合亲身体验过的 AR 形式，通过团队讨论法，分析两者之间的异同点，了解 AR 技术的三大特点。(4)根据三大特点中的"三维注册"概念,了解基于视觉的三维配准定位,明确本课程采用的是二维图片定位。知道制作 AR 所必备的条件,并选出合适的二维图片作为被识别物体,为嘉定古城的 AR 展示作准备。

课时 10:AR 原理

实施建议:(1)通过图文资料,了解 AR 的发展史,拓展新媒体艺术的视野领域。(2)学生通过角色扮演 AR 的设备,还原 AR 的工作原理,并结合 AR 技术的三大特点,理解典型的 AR 系统结构。

课时 11:认识 Unity

实施建议:(1)认识虚拟交互式引擎 Unity 的工作界面,采取探究式学习法,研究学习 Unity 中三维物体的移动、旋转、缩放等基本命令,为 AR 创作打下扎实牢固的技能基础。(2)将 Magic a Voxel 中制作好的嘉定古城模型以及对应的二维图片导入 Unity 中,摆放三维模型与二维图片的相对位置。

课时 12:跃于纸上的嘉定古城

实施建议:(1)在导入并调整完所有要素后,尝试运行 Unity 查看效果,思考为什么此时的 3D 模型在还没识别二维图片的情况下,会直接出现在屏幕中?就此回顾 AR 的呈现顺序,了解父子层级的概念。(2)将三维模型改为二维识别图片的子级,再次运行,完成嘉定古城的 AR 效果制作。(3)邀请身边的小伙伴,以 AR 形式浏览自己建设的嘉定古城。(4)学生从作品完成度、三维配准度两方面进行评价,再由教师进行点评。

单元四:创新梦想馆

课时 13:再创古城风采

实施建议:(1)建设好前三个场馆,学生对嘉定古建筑文化的新媒体展示有了一定的认知,此时开始建设"嘉定数字博物馆"的最后一个场馆:创新梦想馆。(2)在这里,学生可以通过团队形式对嘉定的其他古建筑进行探索与研究。选定一块区域,发挥创意,对该区域内的一系列古建筑进行合理的改建或创建,并画出相应的图纸。

课时 14—15:我心中的嘉定古城

实施建议:(1)根据设计图纸,合理划分团队各成员在目标区域内的建设任务,运用学习过的方法,使用 Magic a Voxel 完成各自的古建筑模型搭建部分。(2)学生在 Unity 中将团队各自建设的古建筑拼接成一座全新的嘉定古城,并为建设好的古城制作 AR 展示效果。

课时 16:秀出我心中的嘉定

实施建议:(1)教师提前将教室布置成博物馆的形式,在教室中间设立对应展台,为学生提供良好的展示平台。(2)学生作为创新梦想馆中的区域管理者,向其他人介绍自己团队的作品。(3)结合过程性评价与总结性评价,完成自评、互评、师评,并总结课程的知识内容。

评价活动

1. 评价方式

秉承客观性原则、发展性原则和整体性原则,采用形成性评价与总结性评价相结合的方式,从学生的学习态度、技能掌握程度、作品情况等多方面完成自我评价、相互评价以及教师评价。

考虑到六、七年级的学生正处于身心发展与成长的阶段,有很大的可塑性,适当的鼓励和奖励,可以帮助学生认识自我、建立自信。故评价环节不采取评分制度,而是通过"集星"的方式,鼓励学生通过自己的努力,填涂更多的☆,以此发挥评价的激励和导向功能。

评价星级=(自评+互评+师评)/评价内容项的数量

如:学生 A 在某课时中,一共获取了 25 颗☆,该课时的评价项共有 3 项,则该学生的星级等级为:25/3=8 级,属优秀评价。

2. 评价标准

"嘉定数字博物馆之嘉定古城"综合学习评价标准					自评	互评	师评
评价内容		☆☆☆	☆☆	☆			
过程性评价	课程参与度	积极参与课堂活动。	偶尔参与课堂活动。	很少参与课堂活动。	☆☆☆	☆☆☆	☆☆☆
	自我管理	能够主动遵守课堂纪律。	在老师的提点下,能够遵守课堂纪律。	不遵守课堂纪律,且影响了其他同学。	☆☆☆	☆☆☆	☆☆☆
	进步与成长	收获了许多以前不会的知识与技能。	收获了一点以前不会的知识与技能。	与以前相比,没有任何进步。	☆☆☆	☆☆☆	☆☆☆
总结性评价	知识掌握度	完全理解老师讲授的所有知识点。	基本理解老师讲授的部分知识点。	对于大部分的知识还不理解。	☆☆☆	☆☆☆	☆☆☆
	技能掌握度	能够熟练掌握建模的技巧并完成 AR 效果展示。	在老师的帮助指导下,能够掌握体素化建模的方式。	无法掌握体素化建模的方法。	☆☆☆	☆☆☆	☆☆☆
	作品创意性	作品创意点新颖独特、且吸引力强,有记忆点。	作品在构思、设想、特点上,有一定的突破与改进。	作品古板,毫无特点。	☆☆☆	☆☆☆	☆☆☆
	作品美观性	有强烈的视觉冲击感,能够吸人眼球。	在造型、比例、色彩等方面运用合理。	丝毫不考虑作品的造型、比例和用色。	☆☆☆	☆☆☆	☆☆☆
优秀的我,一共获得了( )颗☆,星级等级为( )级。							

3. 评价等级参考

星级等级参考	
优良	7—9 级
合格	4—6 级
不合格	1—3 级

06 低碳生活

华东师范大学第四附属中学　陆燕冰

前记

适用年级：六至八年级
总课时：16

课程简介

"低碳生活"从"地球妈妈发热了"引入，引出低碳生活概念。本课程贴近学生生活，从日常生活中安全饮食、节约用水和减少垃圾的角度出发，通过调查、表演、实验、绘画等形式提高学生的兴趣。本课程以加强学生生活体验为准则，力求增加学生的环境保护知识，培养学生的环境保护意识和行为习惯，养成环境友好的生活方式。

背景分析

近年来，全球气候变化给人类的生存和发展带来了严峻挑战。如何协调经济发展和环境保护的关系，除了发展"低碳经济"外，低碳也可以在我们身边。"低碳生活"是生活方式和消费观念的转变，需要用知识去开拓，用智慧去创新，用行动去实践。

"低碳生活"课程贴近学生生活，从日常生活中安全饮食、节约用水和减少垃圾的角度出发，通过调查、表演、实验、绘画等形式提高学生的兴趣。本课程以加强学生生活体验为准则，力求增加学生的环境保护知识，培养学生的环境保护意识和行为习惯，养成环境友好的生活方式。"低碳生活"校本课程的开发阐述了生命教育的科学内涵，促进了学校的可持续性发展。

"知道环保、关心而不用心"是目前学生的普遍情况。六至八年级学生已具备一定的分析问题和收集资料的能力,"低碳生活"力求使学生对环境保护有更多的认识和了解。通过课程的学习,学生将在课程中学习基本的环保知识,形成学科学、爱科学、用科学的良好习惯,增强环保意识,真正对环保"关心而且用心",提高自身综合素质。

"低碳生活"的开展需要具有多媒体播放功能的教室、光照条件好的室外及学校周边的超市。学习过程中需要的资源包括可以相互调查的同学、用于文献调查的学校图书馆(区图书馆)、网络环境、家庭用水情况(用于调查)、家庭垃圾(用于垃圾量的计算)、学校(用于垃圾分布图的绘制)、食堂后勤保证(用于安全饮食的实践)。

课程目标

1. 了解人类生活促使全球变暖的事实,增加环境保护科学知识,提高安全饮食、节约用水、减少垃圾的意识,并能够以不同途径和方式参与到保护环境的行动中。

2. 学习调查的方法并开展低碳生活调查,识别家庭、学校的低碳生活问题,能够设计和评价解决方案。

3. 积极参与环境保护的行动,养成"低碳生活,从身边做起"的良好习惯。

学习安排

分享课程纲要

主题一:什么是低碳生活
课时 1:地球妈妈发热了
实施建议:专栏宣传。
课时 2:模拟温室效应
实施建议:实验。
课时 3:低碳生活调查
实施建议:文献与调查。

主题二:节约用水
课时 4:地球上的水
实施建议:专栏宣传。
课时 5:看看家庭排除的污水
实施建议:调查与实验。

课时 6：绿色短剧——演环保电影

实施建议：影视欣赏、表演。

主题三：减少垃圾

课时 7：有哪些种类的垃圾

实施建议：专栏宣传。

课时 8：减少垃圾金点子

实施建议：比较各种商品的包装，思考有没有能重装的瓶和罐，思考减少家庭垃圾的办法，讨论和征集金点子。

课时 9：画一张学校的垃圾图

实施建议：绘画。

课时 10：制作环保袋

实施建议：手工 DIY。

主题四：饮食安全

课时 11：班上同学喜欢吃的食物

实施建议：调查。

课时 12：营养均衡与食量

实施建议：专栏宣传。

课时 13：加工食品中放了什么东西

实施建议：超市调查。

课时 14：什么是食品添加剂

实施建议：专栏宣传。

课时 15：自制奶酪、寿司、香肠

实施建议：实践。

课时 16：低碳生活海报绘制

实施建议：海报设计。

评价活动

科目评价：评价采用多元化的方式，对学生参与的调查、实验、做做看等各项活动予以量化的评价，依据各类量表，力求合理、完整、可操作。

过程性评价：学生每学一部分知识，有相应的成果展示；满分 80 分，占学生最终评定成绩的 80%。

评价内容	具体标准	自评(满分5分)	他评(满分5分)	师评(满分5分)
低碳生活是什么?(文献调查)	未完成,0分; 完成但不尽合理,2分; 完成且合理,5分			
温室效应模拟实验	未完成,0分; 参与,2分; 实验报告完整,5分			
低碳生活海报绘制	未完成,0分; 完成但不尽合理,2分; 完成且合理;5分			
绿色短剧编演	未完成,0分; 完成但不尽合理,2分; 完成且合理,5分			
它们从哪里来?(讨论)	未讨论,0分; 讨论未正确,2分; 讨论正确,5分			
垃圾图绘制	未绘制,0分; 绘制不够合理,2分; 绘制且合理,5分			
"喜欢吃的食物"小调查	未完成,0分; 完成但不尽合理,2分; 完成且合理,5分			
加工食品添加物小调查	未完成,0分; 完成但不尽合理,2分; 完成且合理,5分			

综合性评价:以学生互评和教师课堂打分形式,综合评价学生的三维目标落实情况。满分 20 分,占学生最终评定的 20%。

学习目标类别	评价实施者与实施方式	评价素材	评价实施时间	评价结果汇总方式	其他说明
知识技能类	学生互评 教师课堂打分	每位同学完成的作业	一个学期结束	教师汇总统计	教师提供评价支架(每节课的情况)
过程方法类	学生互评 教师课堂观察打分	师生日常观察			
情感态度类	学生互评 教师课堂观察打分	师生日常观察		教师汇总统计	

成绩评定:按分数排序,前 30%优、后续依次为良、合格、不合格。

07 环保酵素

山东省青岛第二十四中学　张静、张枫

前记

适用年级：六至八年级

总课时：16

课程简介

环保酵素是将生活中的果皮、菜头菜尾等厨余垃圾与红糖、水按照 3：1：10 的比例混合，发酵 3 个月得到的液体，它能够用于清洁家居、净化空气、净化水源、消炎止痛、保养汽车、促进植物生长、改善土壤环境、疏通下水道等许多方面。

本课程将引导学生学习环保酵素的制作，体验并实验验证酵素的功效，从而培养学生们的环保理念，让学生们能够主动参与到环保酵素的宣传推广活动中，从源头上实现垃圾的资源化、减量化和无害化处理。

背景分析

背景及意义：当下，全球环境日益恶化，环保行动迫在眉睫，保护环境需要人人参与。如何才能让广大普通民众通过简单有效、便于长期坚持的方式践行环保理念呢？其实制作环保酵素就可以实现这一理想。拯救地球，从厨房开始……制作、使用和推广环保酵素，能够实现垃圾的资源化、减量化和无害化处理，将生活中 70% 左右的厨余垃圾变废为宝，对环保事业贡献巨大。有效开展和实施本课程，能让学生在亲身实践中去感知、去体悟，真正触及学生心灵，从而极大提升学生的各类素养，包括社会责任、实践创新、科学精神、国际理解等核心素养。

基础：制作环保酵素的原料取自生活，成本低廉，方法简便，效果明显，易于在校园内外推广。中学生正处于价值观的形成时期，容易产生强烈的责任意识、生态意识，具有积极的探索实践热情。

条件：教师需要提前2—3个月制作5升以上的环保酵素，以便开课后1个月左右有足够的成品酵素作为课堂实验材料；本校学生大多在校午餐，餐后水果的发放有利于集中回收果皮，准备材料；多媒体教室，能播放课程资源，给学生提供上网查找资料的电脑。

课程目标

1. 积极参与本课程安排的各种活动，学会制作和使用环保酵素。

2. 愿意通过各种渠道，宣传垃圾减量化、资源化和无害化处理的"三化"理念。

3. 在本课程的学习过程中，强化自己的社会责任、实践创新、科学精神、国际理解等核心素养的培育。

学习安排

整体思路：动员——制作——体验——宣传

分享课程纲要

单元一：动员篇

课时1：地球妈妈生病了

教学内容：了解地球污染现状及原因。认识改善地球环境的迫切性。增强保护环境的意识，主动做力所能及的有助于节约资源，保护环境的事情。

实施建议：观看《地球来信了》环保宣传片。交流：看到了什么？想到了什么？这些现象会带来什么后果？打算怎么办？

课时2：垃圾分类面面观

教学内容：了解垃圾的危害。掌握垃圾分类的方法。知道什么是垃圾"三化"处理。培养主动参与的意识，在生活中努力做到垃圾分类处理。

实施建议：交流已知的垃圾分类方法。操作"垃圾分类"互动游戏。制定班级垃圾分类实施方案。

课时3：厨余垃圾也是宝

教学内容：学生通过家庭生活和追踪调查等方式，认识厨余垃圾的危害，学习资源化处理的常用方法。在家庭和学校生活中宣传推广并具体实施厨余垃圾的正确处理。了解厨余垃圾变身环保酵素后的作用。

实施建议：观看视频资料，认识厨余垃圾的危害，交流讨论将厨余垃圾资源化处理的常用方法。

课时 4：我们可以做什么

教学内容：认识改善地球环境的迫切性。培养"环境保护 我的责任"的理念。制定垃圾"三化"处理方案。了解"零垃圾"生活理念。

实施建议：分组合作，制定家庭、学校中的垃圾处理方案并宣传推广实施。

单元二：制作篇

课时 5：环保酵素 DIY

教学内容：掌握环保酵素制作方法。学生自己动手体验制作环保酵素的全过程。明确发酵过程中的注意事项。

实施建议：教师演示，学生参与，动手实践。

课时 6：材料选择有窍门

教学内容：容器、红糖、厨余的选择使用技巧。

实施建议：教师讲解、材料分发，学生动手操作。

课时 7：放气技巧大比拼

教学内容：掌握自动放气、手动放气的技巧。

实施建议：分组讨论、头脑风暴集思广益、参考他人经验。

课时 8：酵素宝宝巧提取

教学内容：掌握提取酵素和酵素渣的方法和技巧。知道如何储存酵素和酵素渣。

实施建议：教师演示，学生实际操作。

单元三：体验篇

课时 9：家居清洁好帮手

教学内容：掌握运用酵素清理油污、清洁家居环境的方法。了解酵素的特性与清洁原理。能够运用实验法验证酵素分解油污、清洁环境的功效。

实施建议：做实验验证酵素分解油污、清洁环境的功效。

课时 10：酵素拯救母亲河

教学内容：了解酵素净化水的原理。掌握酵素净化水资源的方法。制定拯救居住地水源的实施方案。

实施建议：观看他人案例资料、做实验验证功效、课余时间开展实践活动。

课时 11：天然空气清新剂

教学内容：了解雾霾、空气污染的成因和危害。了解环保酵素净化空气的原理。掌握酵素净化空气的方法。明确制作环保酵素对净化空气的价值。

实施建议：观看他人经验案例。现场实践操作，观测效果。

课时 12：浸泡蔬果去农残

教学内容：了解农药残留对人体的危害。了解环保酵素去除农药残留的原理。掌握酵素去除蔬果农残的方法。会用实验法验证酵素去农残的功效。

实施建议：观看资料片。使用农残速测卡进行实验验证。

课时 13：酵素种植保生态

教学内容：了解现代农业中一些违背自然规律的做法带来的危害。了解什么是有机农业、自然农耕。了解环保酵素对土壤、植物的作用。掌握酵素、酵素渣在种植方面的用法。

实施建议：观看资料片。如果学校有种植基地，可现场实践操作。

单元四：宣传篇

课时 14：宣传推广不容缓

教学内容：总结对环保酵素功效的感受。了解当下垃圾分类、厨余垃圾处理现状。认识环保酵素宣传推广活动的急迫性和可行性。激发学生宣传推广环保酵素的行动热情。

实施建议：绘制思维导图，展现对环保酵素的认识。各种渠道开展宣传活动，如网络、社区、农贸市场等。

课时 15—16：环保酵素进万家

教学内容：确定适合中学生进行环保酵素宣传推广的地点和形式。通过宣传活动，提升学生的环保素养。在活动中培养学生的社会责任感，培养合作精神，弘扬正能量。

在宣传活动中，实施建议：本课因为是全班同学参与，人数较多，不易在校外开展。可利用下午的课外活动时间或者家长会时间进行宣传。

评价活动

项目	合计	等第
在家庭和学校中制作环保酵素的情况（4—20 分） 体验环保酵素的各种作用并付诸行动（4—20 分） 参与环保酵素的宣传推广活动（4—20 分） 有环保意识和社会责任感（4—20 分） 有团队合作意识和创新精神（4—20 分）		优秀（85 分以上） 良好（75—84 分） 达标（60—74 分） 待达标（60 分以下）

08　我是校园新拍客

河南省郑州市第七十六中学　田燕、张文丽、张瑞、金文阁、王磊

前记

适用年级：八年级

总课时：18

课程简介

本课程包括三个单元：初识会声会影（基础篇）、畅游会声会影（进阶篇）、玩转会声会影（应用篇）。遵循深入浅出、循序渐进的原则，使学生熟练掌握会声会影 10 软件的使用方法，能够制作喜闻乐见的视频，实现学生成为校园拍客的梦想。

背景分析

随着计算机的普及和互联网的发展，作为信息时代"原住居民"的青少年已经不满足于文字输入、幻灯片制作等的学习，他们渴望学会用更炫酷的方式展示自我。21 世纪是创新科技和创新人才的竞争，数码产品对孩子的影响越来越大，利用数码产品对孩子进行创新教育，势在必行。

本课程最大的特点就是"新"，学生在摸索使用会声会影软件的过程中，可以掌握简单视频的制作方法，获得展示自我的新途径。

我校品牌校本课程"信息乐园"曾荣获 2014 年第二届"真爱梦想杯"全国校本课程设计大赛一等奖。通过已有校本课程"信息乐园"的学习，学生具备了一定的信息技术能力。通过调查发现，学生对校园新拍客非常感兴趣，而原来的课程内容设置则有些笼统。为了

便于学生系统地学习,我们结合学校资源,研发了此课程。

本课程要求学生有一定的计算机应用基础,需要有网络环境、视频录制设备等。学校对校本课程的开展提供了大力支持:学校的摄像机、先进的航拍设备、多媒体机房、录播室、班班通教室等为课程开展提供了硬件支持;专门设置的校本课程研发小组为本课程的开发和实施提供了软件支持。另外我校大部分学生家中都有电脑、智能手机、录像机等,这也为课程的顺利开展提供了便利条件。

课程目标

1. 能够采集图像和视频素材,熟练掌握会声会影软件的使用方法并创作出完整的作品。

2. 在作品的设计筹划过程中,发挥想象力,提升影视创作能力及艺术加工能力。

3. 通过激励式的评价,强化客观、公正的态度,形成良好的媒体素养。

4. 在拍摄和打磨作品的过程中,逐步建立科学的审美观,提高发现美、创造美的能力,做一个有情怀、有态度的拍客。

学习安排

整体安排:基础——进阶——应用——小结

分享课程纲要。

单元一:基础篇——初识会声会影

课时1—2:"拍"定主题

教学内容:(1)学校拍客大赛简介。(2)拍客的定义。(3)选择拍摄的内容:我的青春我的班;我的校园;往事随风;我的足迹;我眼中的"美"与"丑";自导自拍。(4)成立小组并建设小组文化。

实施建议:(1)教师展示本学期课程纲要内容。(2)利用导学案让学生初步了解校本课程的意义和内容。(3)为学生展示本课程评价的方法。(4)学生说一句鼓励的话为自己加油打气。(5)以学校的拍客大赛为切入点,导入新课。(6)通过自主思考、上网查询、小组讨论等方式明确拍客定义。(7)分享、交流拍摄的内容。(8)选择相同或相近主题的同学成为一个小组。(9)建设小组文化:组名、组长、口号、组规、组徽。(10)展示小组文化。

课时3:会声会影简介

教学内容:(1)确定制作视频软件:会声会影10。(2)会声会影软件的安装和运行。

(3)会声会影界面、工具栏。(4)会声会影向导。

实施建议：(1)教师展示会声会影软件制作的数字故事。(2)教师对会声会影的界面进行简单的介绍及功能简介。(3)学生熟悉软件的安装、运行、界面、工具栏、向导等内容。(4)学生体验用向导制作数字故事的过程。(5)小组之间交流分享。(6)学生分组准备下节课要用到的摄像工具。

课时4：摄像工具介绍

教学内容：(1)常用的摄像工具展示。(2)无人机使用方法介绍。(3)实战演练。(4)拍照和录像的方法和技巧。(5)布置任务，为下节课做好准备。(6)总结交流。

实施建议：(1)各组展示摄像工具。(2)教师介绍学校的"大疆精灵3"无人机使用方法。(3)学生利用摄像工具采集图片、视频素材。(4)展示素材，并总结拍照和录像的方法和技巧，评出"最佳摄影师"。(5)交流拍照和录像的方法和技巧。(6)根据拍摄的方法和技巧，再次采集素材，并利用会声会影向导功能制作视频。(7)布置任务：利用拍摄工具，根据每组主题，拍摄图片。(8)总结交流。

课时5：美轮美奂——图像的获取和处理

教学内容：(1)图像的添加、删除。(2)图像的编辑。(3)布置作业，为下节课做好准备。

实施建议：(1)通过教师讲解和实例展示，让学生了解图像的表现形式及应用。(2)请学生利用本节学习的内容，对提前准备好的图片进行合理处理。(3)学生互评作品。(4)老师点评，总结亮点，指出不足之处。(5)布置任务：每组根据自己的需要，提前录制视频。

课时6：先声夺人——音频素材的编辑

教学内容：(1)删除视频声音的方法。(2)为视频录制配音的方法。(3)为视频添加背景音乐的方法。

实施建议：(1)自主探究如何删除视频里的声音。(2)小组合作如何给视频配音。(3)自主探究如何给视频添加背景音乐。(4)保存项目文件。(5)请学生把自己小组录制的视频进行适当的声音处理。

课时7：琴瑟和鸣——视频的剪辑与合成

教学内容：(1)视频剪辑的方法。(2)视频合成的方法。(3)利用会声会影软件剪辑、合成视频作品。

实施建议：(1)教师播放两个对比鲜明的"学校篮球比赛"视频，一个是未处理过的原始视频，一个是经过加工的精美视频。(2)师生互动，讨论区别。(3)自主学习视频剪辑、合成的方法。(4)活动一：把前几节课录制的视频进行抠像剪辑。(5)活动二：从之前拍摄的素材里选择图片、视频，从网上选择喜欢的音乐，对视频进行整合。(6)评选出"最美人物编辑奖"和"最佳视频编辑奖"。(7)畅谈收获,总结升华。

课时 8:绘声绘色——素材的整合应用

教学内容:(1)添加视频。(2)添加音频。(3)添加图像。

实施建议:(1)教师讲解与示范。(2)布置任务:把自己拍摄的图像、声音、视频素材进行整合处理。(3)学生自主操作,教师从旁辅导。(4)学生作品展示分享。(5)师生交流,课堂总结。

单元二:进阶篇——畅游会声会影

课时 9:文从字顺——为视频添加字幕和标题

教学内容:(1)字幕的获取方式。(2)字幕的添加及调整。(3)标题的添加。

实施建议:(1)老师讲解和演示不同的字幕获取方式。(2)学生自主探究,将原来录制的一段视频加入字幕。(3)结合声音和视频调整字幕的位置。(4)为视频添加合适的标题。(5)老师根据学生的制作情况进行指导。

课时 10:斗转星移——转场效果

教学内容:(1)添加转场效果。(2)修改转场效果。(3)延长转场效果。

实施建议:(1)教师播放提前准备好的两个视频,对比分析添加转场效果与不添加的区别。(2)学生分组,自主学习添加、修改和延长转场效果的方法。(3)老师布置任务:请选择一段自己提前录制的视频,试着给视频添加合适的转场效果。(4)组间评比,选出"最佳转场效果奖"。(5)生生互动,总结回顾,温习新知。

课时 11:镜花水月——滤镜效果

教学内容:(1)滤镜效果的编辑步骤。(2)滤镜效果的设置。(3)滤镜效果的修改。

实施建议:(1)回顾引入。(2)学生自学滤镜的操作的基本方法。(3)学生演示操作结果,教师讲解。(4)学生对本组参加拍客大赛的作品进行合理的滤镜处理。(5)每组推优展示,评选最佳。

课时 12:移花接木——覆叠轨道

教学内容:(1)覆叠轨道的编辑步骤。(2)多重复叠的设置。(3)移动的画中画制作。

实施建议:(1)学生自学覆叠轨道组成。(2)学生练习覆叠轨道的使用方法。(3)学生演示操作结果,并由学生评价。(4)教师总结使用方法及注意事项。(5)学生巩固练习,并完成相应小组任务。

课时 13:瓜熟蒂落——输出视频分享作品

教学内容:(1)润色修改参赛作品。(2)输出分享视频的方法。(3)输出视频。(4)每组提交输出的作品。(5)各组展示参赛作品。(6)评选出获奖作品。(7)发布视频。

实施建议:(1)每组再次利用所学知识,润色参赛作品。(2)以学生制作的参赛作品为例,探讨输出作品的方法。(3)学生尝试动手操作,各组根据要求输出.mpg和.flv格式的视频作品。(4)通过"云课堂"提交参赛作品。(5)展示交流各组作品。(6)根据七十六中"'小窗口,大生活'校园拍客大赛"评分细则评选出本班"校园新拍客",并推荐作品参加全校拍客大赛。(7)为获奖小组颁发"校园新拍客"资格证。(8)在土豆、优酷和自己的个人主页上发布视频作品。

第三单元:应用篇——玩转会声会影

课时14:制作歌曲MV

教学内容:(1)欣赏歌曲MV作品。(2)学习制作歌曲MV的方法。(3)制定活动计划。(4)讨论任务分工。(5)布置本周任务。

实施建议:(1)通过赏析TFBOY的歌曲MV《大梦想家》,了解制作歌曲MV的方法。(2)小组讨论,制定计划,确定任务分工。(3)分组编写作品的脚本,再进行讨论修改完善。(4)确定角色。(5)教师布置本周任务:(a)每组利用会声会影软件制作一个歌曲MV。(b)时间:一周。(c)要求:自唱、自导、自编、自演。(d)要用到学过的知识:添加字幕、设置转场、滤镜、叠加等特效。(e)下节课展示各组作品,评出:最佳MV设计奖、最佳表演奖、最佳创意奖、最佳剪辑奖。推荐作品参加全校拍客大赛。

课时15:制作校园新闻

教学内容:(1)各组展示并点评上节课学习的歌曲MV作品。(2)颁奖。(3)引入新课,普及新闻的基础知识。(4)学习制作新闻的方法。(5)分组确定要制作的新闻主题。(6)每组制定活动方案。(7)确定活动时间、明确分工、确定录制视频工具、写好新闻脚本等。(8)活动方案展示和点评。(9)教师布置本周任务。

实施建议:(1)各组展示上节课制作的歌曲MV作品。(2)师生共评,颁发"校园新拍客"资格证。(3)播放一周视频新闻要点,引入新课。(4)师生共同探讨制作视频新闻的步骤和方法。(5)分组确定要制作的新闻主题。要求:弘扬校园真善美,发展学生德智体类似新闻素材,包括(a)我校花样跳绳在全省比赛中获得好成绩。(b)我校老师为了在金水区广播操比赛中取得好成绩,迎着寒风在操场上坚持不懈地练操。(6)每组制定并展示活动方案。(7)教师布置本周任务:(a)每组利用会声会影软件制作一个校园新闻。(b)时间:一周。(c)要求:自拍、自导、自编、自演。(d)要综合运用到学过的知识。(e)下节课展示各组作品,评出:最佳新闻设计奖、金话筒奖、最佳创意奖、最佳剪辑奖。推荐作品参加全校拍客大赛。

课时16:我是"大导演"

教学内容:(1)各组展示新闻作品,评选优秀。(2)颁奖。(3)导演的职责。(4)分镜头概念。(5)确定小组主题。(6)制定活动方案,分配个人任务。(7)活动方案展示和点评。

(8)教师布置本周任务。

实施建议：(1)分组展示视频新闻作品,评选优秀。(2)师生共评,颁发"校园新拍客"资格证。(3)播放现场拍摄花絮,引入新课。(4)学生讨论导演在拍摄过程中的作用。(5)学习分镜头的概念。(6)学生分组,讨论并确定本组拍摄主题。要求：用"发现美"的眼睛,拍摄身边感人的故事,传播正能量。(7)每组制定并展示活动方案,根据主题及脚本分配个人任务。(8)教师布置本周任务,课下完成拍摄及制作：(a)每组利用会声会影软件讲述一个短片故事。(b)时间：一周。(c)要求：自导、自编、自演、自拍、自制。主题明确,人物鲜明,情节连贯,以弘扬真善美为主,旨在传递正能量。(d)要综合运用学到过的知识。(e)下节课展示各组作品,评出：最佳导演奖、最佳演员奖、最佳创意奖、最佳摄影师、最美配音、最佳剪辑师、最佳影片等奖项。推荐作品参加全校拍客大赛。

单元四：小结篇——会声会影谈收获

课时 17—18：期末总结反思

教学内容：(1)宣布"校园新拍客"获奖名单。(2)播放前期活动视频,回顾本学期活动。(3)分组汇报展示。(4)点评。(5)总结收获。(6)填写"期末总结反思量表"。

实施建议：(1)教师宣布"校园新拍客"获奖名单。(2)教师播放用会声会影软件提前做好的前期活动的视频,请学生谈体会。(3)教师出示小组汇报展示的要求。(4)各组汇报展示。展示内容有小组文化、面对的困难、解决办法、分工等。(5)根据点评的内容和原则,小组之间互相点评。(6)总结收获。谈谈自己学到哪些知识、提升哪些能力。(7)每人填写"期末总结反思量表"。

评价活动

1. 评价依据

本课程的评价依据是：内容综合化,方式多样化,主体多元化。

2. 评价方式

本课程的评价方式是：过程性评价和终结性评价相结合。

过程性评价指标：学习态度、创新意识、动手能力以及作业练习情况。

终结性评价指标：学生的知识掌握、操作技能、综合能力等。

在实施过程中,采用学生自评、组评、师评相结合的方式来评价学生。

(1)过程性评价是对学生的学习态度、创新意识、动手能力以及作业练习情况的评价。

学习态度、创新意识、动手能力,每项总分为 100 分。教师只对课堂上在这三个方面表现特别的学生进行评价,表现好在 7 分的基础上加分(1—3 分),表现差的则在 7 分的基础上给予减分(1—5分)。加分和减分要给出相应的文字说明,若无特别评价则以7分来计算。最后以自我评价占30%、小组评价占30%、教师评价占40%来计算学生的各项得分。

作业练习包括平时教师布置的技能测试、书面作业或项目型作业。如果为书面作业或技能测试则由教师评价后记录到学生成长记录袋中,如果为项目型作业,则多采用小组协作的形式完成练习,每个小组作品最后得分以自评占30%、小组互评占30%、教师评价占40%比例来计算,并记录到学生成长记录袋中。最后在计算每位学生作业练习总成绩时,教师可以根据每次练习的难易程度或重要性来设置每次练习所占的权重来计算。最后以自我评价占30%、小组评价占30%、教师评价占40%来计算学生的各项得分。

(2)终结性评价是对学生的知识掌握、操作技能、综合能力进行的系统测试,每项总分为100分。其中,基础知识测试重点考查学生对会声会影软件的基础知识的理解,一般采用笔试的形式进行测试,由教师进行评价;技能测试主要是考查学生对会声会影软件的掌握程度以及熟练程度,一般采用上机的形式进行测试,也是由教师进行评价;综合作品是对学生综合运用会声会影软件设计作品的能力的测试,通过学生自己对其作品进行的介绍和展示,采用自评、互评、教师评价相结合的方式进行评价,以自评占30%、组评占30%、师评占40%的比例来计算最后得分。

3. 学生评价汇总表

类别	过程性评价(40%)				终结性评价(60%)			总评
项目	学习态度	创新意识	动手能力	作业练习	基础测试	技能测试	综合作品	
	A 10%	B 10%	C 10%	D 10%	E 20%	F 20%	G 20%	
分数								

09 校园微电影

江苏省锡山高级中学　黄宏、戴君

前记

适用年级：高一或高二

总课时：36（每周两节课连排）

课程简介

该课程适应于高一、高二年级学生，旨在引领学生关注内心情感表达，关注校园生活，培养其社会责任意识。

该课程涉及文学、美术、音乐、信息技术等学科领域，具有跨界学习、合作学习、体验学习的特点。课程学习采用"建构式"合作学习模式，学生在记录身边事件、表现校园生活的过程中逐步形成正确的社会价值观。学生可自主选择不同的角色分工（编剧、导演、表演、摄像、后期等）进行探究学习。课程导师由艺术、通用技术教师共同担任，根据学生学习情况进行指导。课程最后通过学校"微电影节"进行评价。

课程学习的过程是学生学习交往、合作、发现与表达的过程，也是传递积极信念、培养责任意识的过程，对学生的人生发展有深远的意义。

背景分析

1. 需求分析

（1）时代背景：近年来，信息技术迅速普及，简短微视频成为网络表达的普遍现象，我们已经进入一个微表达的时代。在这个时代背景下，学校有责任为学生提供与时代发展相适应的校本课程。

（2）学校育人目标需要：我校教育哲学坚持把培养生命旺盛、精神高贵、智慧卓越、情感丰满的时代新人作为教育"成全人"的最高目标。校园微电影课程的学习过程与学校育人目标相契合，注重团队合作、创意发现与表达的课程更能激发当代高中生自主探究的动力和创造力，学生也会在体验式课程学习过程中学会合作、学会交往、学会学习、学会发现与表达，在学习实践中塑造健全的人格。

（3）学生发展需求：2009 年我校对全体学生问卷调查显示，学生最需要校本课程提供帮助的领域分别是：创新能力，63.1％；特长爱好，59.5％；学会交往，59.0％；生活技能，57.3％；耐挫心理素质，40.2％；团队领导，37.9％。微电影艺术是一门综合艺术，校园微电影课程对于学生的以上发展需求都有帮助。

2. 目的与意义

校园微电影不是在校园拍电影，而是通过对校园中师生生活的观察与反映，表现校园事件的艺术创造过程。微电影的创作过程也是引领学生关注内心情感表达，关注校园生活，培养社会责任意识的过程。微电影跨界学习、深度学习、合作学习与体验性学习的特点也决定了校园微电影课程在培养学生的合作意识、交往能力、发现与表达能力、创造性思维等方面存在价值与意义。因此，通过该校本课程的开设与学习，我们也期待学生在具体的实践体验中真正有所收获。

3. 已有的基础和所需的条件

（1）课程基础：锡山高中校本课程的开发与实践已有近二十年的历史，有着丰富的校本课程开发经验。同时，我们有着完整的校本课程开发支持系统，校园微电影课程在管理与实施的所有政策与流程环节有着强大的技术支持。

（2）课程硬件基础：锡山高中有专门的影视制作中心，有微电影课程需要的各种装备，如高配置摄像机、高配置电脑、高配置录音设备、投影仪等。

（3）教师资源：锡山高中有丰富的教师资源，多年的校本课程开发与实践培养了一大批有经验的校本课程教师，校园微电影课程所需要的艺术、信息技术教师都有相关的专业研究能力。

（4）拍摄环境：锡山高中占地 400 余亩，是一所园林式校园，微电影课程的创作团队有丰富的拍摄环境资源。

（5）课程政策：学校为校本课程的开设提供了政策性保障，每周有 2 节连排的校本课程课位，保障校本课程顺利开展。另外，学校还拨出了专门的课程资金支持校园微电影课程。

课程目标

1. 通过小组分工,运用微电影创作语言,合作完成拍摄 3—5 部校园微电影作品。

2. 通过经历"小组讨论—制定计划—拍摄制作—反思评价"的过程,提高创造力和团队合作水平。

3. 通过在课程学习过程中,有效解决组内意见冲突的体验,学会协商、对话、交流、沟通,学会互助合作。

4. 通过校园微电影课程实践,学会关注校园生活,增强积极向上的人生态度,提高社会责任意识。

学习安排

建构主义学习理论认为,学习者在认知、解释、理解世界的过程中建构自己的知识,学习者在人际互动中通过社会性的协商进行知识的社会建构。基于建构主义的微电影课程教学设计强调实践操作与协作对话,根据学生的学习情况因势利导、边做边学。

具体来说,先用两节课的时间集中讲授,分享课程纲要,了解微电影制作的基本知识、拍摄流程、课程目的,然后再按照学生学习兴趣,按工种分成小组进行体验式的学习活动。我们把学生团队分设成编剧、摄像、表演、后期制作四个小组,各小组根据学习任务在老师的引导下开展合作、探究式的学习活动,每个小组每次将学习成果与大家分享交流,教师作必要的点评。在最初的体验性学习分享交流后再根据学生具体情况重新作分工的调整与组合,随后进入正式的电影拍摄制作过程。在课程学习结束时,每个微电影团队要拿出3—5 个微电影完整作品。一般情况下,我们每一期校园微电影课程会有 2 个班 10 个微电影制作团队,每个学习周期我们有 30—50 个校园微电影作品。具体教学流程见下图。

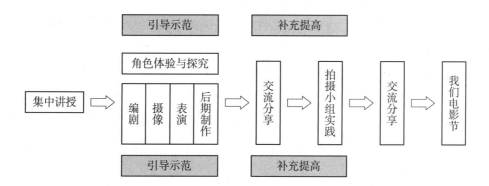

具体教学安排如下。

单元一：分享课程，体验角色

单元目标：（1）阐述微电影艺术基本发展历程和微电影拍摄的基本流程。（2）辨别不同景别（如全景、中景、特写等）。（3）通过直接接触器械，掌握基本操作功能。（4）体验各个角色分工，找到自己喜欢的角色分工。

实施建议：通过不同时期经典电影片段的欣赏，概括电影艺术基本发展历程和微电影拍摄的基本流程。教师讲解分组要求，学生根据最初的兴趣选择 A 组（摄像、后期）、B 组（编剧、表演）体验四个基本角色。通用技术教师负责 A 组，讲解摄像机和后期制作软件的简单操作功能，学生实际操作体验。艺术老师负责 B 组，学生根据教师提供的故事编写分镜头脚本，表演小组同时排练小品。AB 组互换体验，准备选择各自适合的角色。

课时 1—6：分享课程纲要；欣赏短片；选择角色；角色体验；分享交流

单元二：角色探究

单元目标：（1）编剧小组学生能够根据某个主题设计剧情，绘制分镜头脚本。（2）表演小组学生能在全体同学面前用夸张的语言和动作表演小品。（3）摄像小组学生能够运用不同景别和动作拍摄一段校园景色视频（60 秒）。（4）后期制作学生能够运用编辑软件将一段视频打散重组。

实施建议：学生选择确定自己所担任的角色（摄像、后期、编剧、表演）。根据教师布置的任务，各角色小组分别进行探究式学习。教师根据完成任务情况进行针对性指导。

课时 7—10：分角色体验；分享交流

单元三：微电影拍摄初探

单元目标：（1）各拍摄小组能够根据主题讨论微电影基本剧情，编剧绘制脚本。（2）各小组合作分工进行实际拍摄、制作微电影短片。（3）学生能够从技术角度客观公正地评价各小组拍摄短片。

实施建议：各角色小组学生通过抽签的方式组成拍摄小组，自主选出组长，并给本组选择有个性的组名。拍摄小组根据教师的作业要求进行第一次拍摄，并进行后期制作。（导演由摄像或编剧担任）教师根据各小组拍摄作品情况，从摄像技术、分镜头脚本的安排、景别的选择等方面进行针对性指导，并协调处理各小组拍摄分工。最后播放拍摄短片进行激励性的评价。

课时 11—15：组建拍摄团队；讨论设计拍摄计划；各小组拍摄制作播放短片；交流

评价

单元四：微电影模仿秀

单元目标：（1）通过对经典微电影的分析,学生能够说出不同景别画面传递的信息。（2）根据模短片本绘制改编脚本并进行拍摄。（3）对比各自作品说出模仿改编作品的优点与不足。

实施建议：教师展示优秀微电影两部,并从摄像技术、分镜头脚本的安排、景别的选择等方面进行分析。各拍摄小组选择其中一部微电影,编辑分镜头脚本,模仿拍摄进行后期制作。师生一起点评分析各小组模仿的微电影,总结经验交流分享。

课时16—19：鉴赏经典短片;绘制脚本;模仿拍摄与制作;交流分享

单元五：我们的微电影

单元目标：（1）以"青春—校园—责任"为主题,通过"头脑风暴"的方式,讨论拍摄剧本。（2）民主投票选择本组拍摄方案。（3）运用微电影创作语言团队合作拍摄一部微电影作品。（4）展示微电影作品,教师点评。

实施建议：教师确定"青春—校园—责任"的拍摄主题,教师播放不同类型的微电影短片启发学生创作思路。师生共同讨论微电影拍摄剧本,绘制分镜头脚本。学生自主拍摄制作,教师进行嵌入式指导教学。微电影展示,师生点评。

课时20—19：小组讨论;鉴赏提高;制定计划;拍摄制作;交流分享

单元六：我们的电影节

单元目标：（1）根据教师建议,针对性地补拍部分镜头。（2）参与设计颁奖流程,确定奖项名称。（3）通过小型电影节颁奖活动,鼓励和表彰表现优秀的同学。

实施建议：教师通过分析已经拍摄的微电影作品,指出可以修改的部分镜头,学生进行补拍。后期制作的同学对本小组展演作品进行最后的调整,其他同学组织设计电影节展演和颁奖流程,设计评价方案。通过小型电影节颁奖活动,鼓励和表彰表现优秀的同学。50%以上学生获得相应奖项。

课时30—36：补拍镜头;设计电影节颁奖展示活动

评价活动

1. 初期评价。在学生最初的实践中,学生刚刚组建拍摄团队,所拍摄的作品还很稚嫩,所以初期评价是以教师发现各小组拍摄优点并进行激励性评价为主。

2. 中期评价。学生将参与中期评价,依据课程学习档案袋纪录,每人三票根据创意和技术的不同比重评价五个小组拍摄作品,师生点评作品。

3. 总结性评价。学习结束,根据学生制作完成的校园微电影作品,以观摩投票表决的形式对作品作出总结性评价,评价主体为指导教师与全体课程学习成员,最终评选出最佳影片、最佳编剧、最佳导演、最佳演员、最佳画面、最佳音乐、最佳摄像。

10 创客梦工厂

河南省郑州市实验高级中学　王黎阳、张永齐、孙玥婷、赵鑫欣

前记

适用年级：高一或高二

总课时：16

课程简介

本课程属于综合类课程，以发明创造入门、发明能力训练、发明项目解析与实践为主题，融合了设计、计算机、工程技术等领域的知识与能力。具体实施时，从大量案例中总结发明课题的选择方法以及发明技法，以发现和解决问题为主线开展实践活动，通过头脑风暴式的讨论，发现问题并自主设计发明方案，在实践中锻炼画图、文献检索以及模型制作的能力。

背景分析

1. 目的和意义

本课程让学生充分体验发明创造的过程，形成自主思考、设计、研发的能力，培养创新精神，最终达到提高学生科学素养的目的，使学生成为有意愿、活力、热情和能力在创新2.0时代创造美好生活的创客。在学校层面，有利于学校课程体系的完善，为综合类课程的开发提供借鉴。对教师而言，有利于提高教师的课程开发能力，拓展视野。

2. 学情分析

高一、高二学生已有一定的理科知识储备，初步掌握了科学探究的方法，具备一定的科

学探究的思维方式。在动手方面,学生通过通用技术、劳技教育的课程学习,初步掌握了设计、加工新产品的能力。在信息资源检索方面,学生电脑操作较为熟练,且具备一定的信息检索的意识,掌握了一定的方法,已经可以通过现代技术广泛收集有用的信息。但大部分学生没有经历过自主设计、研发产品的过程,对设计、计算机、工程领域的相关知识与技术了解较浅,造物的创造力还不够,对自己的创意也很少有分享、交流及合作探究的意愿。因此需要引导学生参与到发明创造的全部过程中,通过交流合作,自己动手,真正将自己的创意实现。

3. 资源分析

本课程需要在通用技术教室及微机教室进行,微机室电脑要求可以上网,并安装CAXA3D制图软件,通用技术教室应具备木工、金工、电工等必备工具。授课教师是物理老师,并拥有多项发明专利,能熟练教授发明创造所需的知识及能力。

课程目标

1. 根据创设的生活情景,至少能应用两种发明技法,提出具备实用性及创新性的发明课题。

2. 通过作图、文献检索及文本写作的模仿训练,能够利用电脑软件画出清晰直观的三视图,并在文本训练中较为清楚地阐述发明细节和创新点。

3. 经历自主思考、自主设计以及自主研发的过程,与同学交流合作完成至少一项发明创造,并能够清晰表达发明内容。

4. 通过金工、钳工、电工工具的初步训练,能与同学合作并制作出简易的模型。

学习安排

分享课程纲要。

单元一: 发明入门

课时 1: 扬起发明的风帆

教学内容:(1)发明创造的重要意义。(2)发明创造的特点。

实施建议:交流讨论,说出对发明创造的认识及困惑,提出对本课程的期待,教师进行解答。

课时 2: 发明选题的确定

教学内容:(1)发明创造的原则。(2)好的发明选题有什么特点。(3)寻找发明创造点的方法。

实施建议:通过正反案例的对比分析,学生交流讨论,与教师共同总结本节知识。

单元二：发明能力训练

课时 3—4：发明技法介绍

教学内容：(1)吐槽法。(2)组合法。(3)希望点列举法。(4)检核表法。(5)信息交合法。(6)专利改进法。

实施建议：通过发明案例分析了解发明技法如何发现课题,教师讲授与学生讨论结合,并让学生运用发明技法进行训练。通过发明案例分析了解发明技法如何发现课题,教师讲授与学生讨论结合,并让学生运用发明技法进行训练。

课时 5：发明技法应用——教室里的小发明

教学内容：以教室中的发明为背景,引导学生运用所学发明技法,寻找教室内可挖掘的发明课题。

实施建议：教师提出教室中存在的不方便及问题,然后分组进行头脑风暴式的讨论,在讨论前介绍规则,讨论结束后分享发明创意。

课时 6：画图技法训练

教学内容：(1)了解三视图、平面图、流程图、原理图等。(2)运用 CAXA3D 实体设计软件进行绘图。

实施建议：在机房中进行,先介绍发明所需的图像类别及其特点,教师利用电脑软件演示,学生模仿操作,了解各种图的作用和画法。

课时 7：文献检索与信息查询训练

教学内容：(1)通过中国知识产权局或者专业网站查询专利。(2)利用关键词进行专利检索。(3)通过淘宝、阿里巴巴等网站查找已有产品,查看产品技术细节。

实施建议：在机房进行课程。一边检索示范一边讲解,能够利用互联网查找已有产品和相关专利文献,学会利用已有技术再进行创新。

课时 8：专利知识简介与写作训练

教学内容：(1)介绍专利及相关法律。(2)介绍专利的申请流程、具体操作。(3)介绍专利书写内容,学会写出设计方案。

实施建议：教师展示相关政策文件,学生针对部分内容进行模仿写作训练。

课时 9：模型制作和常用工具介绍

教学内容：介绍并示范金工、木工、电子类工具的使用方法。

实施建议：教师示范工具的使用,学生根据提供的材料和工具合作完成一个小任务,熟练掌握工具的使用方法。

课时 10：模拟发明制作：阅读书架的制作

教学内容：利用木工及金工工具对新型阅读书架进行制作。

实施建议：在学生制作室进行制作,为学生提供制作简图,分组制作,结束后评比。

单元三：发明项目解析与实践

课时 11：发明项目训练 1(机械类发明)

教学内容：设计并提出新型漏水器的结构。

实施建议：案例分析提出问题，提供现有产品技术细节，学生交流讨论，结合生活实际进行创新设计。

课时 12：发明案例剖析 1(机械类发明)

教学内容：对"圆弧半径测量仪"的发明进行剖析，学习发明创造的一般过程；对发明案例所用发明技法、说明书附图进行赏析；分析发明案例的创新点。

实施建议：介绍发明的创作过程，了解发明的一般程序，体会其中的方法，并让学生做出对发明案例的评价。

课时 13：发明案例剖析 2(电子类发明)

教学内容：对泳池溺水报警器、一种可显示游泳数据的智能泳镜等发明进行剖析，了解电子技术在发明创造中的应用。

实施建议：通过案例分析，介绍发明中的传感器等新型技术。学生利用所知道的新技术，提出发明创意。

课时 14：发明项目训练 2(电子类发明)

教学内容：应用电子技术设计并提出应用于公共游泳池及公共滑雪场等公共娱乐场所的方案或产品设计。

实施建议：为学生展示问题，学生针对问题进行方案设计。

课时 15：发明设计与实践

教学内容：以小组为单位对提出的发明课题自主进行设计及制作。

实施建议：在机房自主进行，以小组的形式对方案进行设计。教师巡视给予指导。

课时 16：(1)汇报自己的发明设计成果。(2)教师点评，学生互评。

实施建议：在讨论室中进行，学生分组展示，进行互评，教师最后做评价。

评价活动

一、过程性评价(60%)

(一) 知识技能目标(权重 30%)

1. 基本知识及其应用评价

(1)确定发明课题

等级描述：A　符合发明原则，实用性和创新性较好；B　符合发明原则，实用性和创新性一般；C　不符合发明原则，不具备实用性和创新性。

（2）发明技法应用

等级描述：A　准确分辨发明中使用了什么技法，对其中至少三种技法熟练掌握；B　较为准确分辨发明中使用了什么技法，并至少熟练掌握两种技法；C　不能准确分辨使用什么技法，只能掌握一种发明技法。

（3）评价发明案例

等级描述：A　准确说出发明创新点，给出有实际价值的改进方案；B　较为准确说出发明创新点，给出的改进方案实际价值不大；C　说出的发明创新点不够准确，改进方案无实际价值。

2. 基本技能评价

（1）制图能力

等级描述：A　能熟练应用软件画出发明附图；B　能应用软件画出发明附图，但不够熟练；C　无法用软件画出发明附图。

（2）发明文本的撰写能力

等级描述：A　语言规范，逻辑清晰，格式正确；B　语言较为规范，有一定逻辑，大部分格式正确；C　语言不规范，逻辑不通顺，格式问题较多。

（3）制模工具的使用能力

等级描述：A　能熟练使用工具制作出简易模型；B　能制作出简易模型，但制作时间较长，不够熟练；C　部分工具不会使用，无法制作出模型。

（二）表现性目标（权重30%）

1. 合作评价

等级描述：A　参与度高，能主动交流并有主导意识；B　参与度一般，但能积极配合并完成分配的任务；C　不参与或基本不参与。

2. 发言与分享评价

等级描述：A　表述清晰，且提出的创新性想法较多；B　表述较为清晰，想法创新性一般；C　无法清晰表述，想法无创新性。

二、终结性评价（40%）

（一）合作与参与态度

等级描述：A　做到全员参与，活动过程中做到精神饱满，活动结束后能分享自己的感悟或具有创新性的想法；B　做到全员参与，活动过程中精神面貌不太到位，活动结束后能分享自己的感悟，但想法没有创新性；C　不能全员参与，活动过程中精神面貌不太到位，活动结束后没有感悟和想法。

（二）结果性评价：发明成果

等级描述：A　能提出实用并具有独特创新性的发明，能形成文本并完成简易模型制作;B　能提出实用但创新性一般的发明,基本形成文本并完成简易模型制作;C　提出发明方案,但实用性与创新性一般,无法完成简图、文本及模型,或只完成部分;D　没有提出有一定实用意义的发明方案。

三、成绩评定

最终成绩＝过程性评价(60%)＋终结性评价(40%)

评价等级：(1)85分及以上为优秀;(2)70—84分为良好;(3)60—69分为合格;(4)60分以下为不合格。

11 微型化学实验

浙江临海市回浦中学　朱恩

前记

适用年级：高一或高二

总课时：18

课程简介

以微型化学实验的核心理念为指导，本课程充分利用当前有限的实验资源，以点滴板、小试管等现有教学装备为基础，结合青霉素药瓶、注射器等物品，开展系列实验活动。高中微型化学实验设计可使得高中化学必修、选修教材以及各册《化学实验手册》中的相关实验更加安全简约、易于开展、便于操作、现象明显、节约时间，以实现"尽可能小剂量实验、省资源、少污染、低成本"的高中化学实验目标。本课程致力于让学生在动手操作中探究、在探究中学习，转变学习方式，以培养学生的创新意识并提高其实践能力。

背景分析

1. 目的

充分利用当前有限的实验资源，为学生创造进行实验的机会，在亲历的实验中，探究、学习化学，提高化学素养。

2. 意义

（1）提高学生的实验参与度，让学生动手操作，在实验中学习。

（2）树立化学药品明确用量的观念，有利于改变部分学生取用药品过量、浪费严重的现象。

3. 已有的基础

在先后完成的浙江省 2005 年度教科重点课题"中学化学实验微型化、绿色化的研究与实践"、全国教育科学"十一五"规划课题"中学新课程微型化学实验的研究与实践"(FHB070384)等 10 余项全国、省市教育教学研究课题过程中积累了一批典型成果。

4. 所需的条件

化学实验室,点滴板、小试管、青霉素药瓶、注射器等相关实验设备。

课程目标

1. 通过专题讲座以及实验操作,进一步了解微型化学实验的核心思想。

2. 在积极参与、独立操作的过程中,学会遵守实验规范,感受科学实验的精神。

3. 在实验探究中,体会化学学科的学习方式,培养创新意识,提高运用化学知识解决实际问题的能力。

学习安排

分享课程纲要。

(一)专题讲座:微型化学实验的发展及其在高中化学实验中的应用。(2 课时)

(二)已开发的实验(供高一、高二学生选用,每周一次)

1. 电解饱和食盐水(1 课时)

2. 氯气的制取及性质实验(1 课时)

3. 钠的性质实验(1 课时)

4. 镁的性质实验(1 课时)

5. 铝的性质实验(1 课时)

6. 氢氧化铝的制备与性质实验(1 课时)

7. Fe^{2+} 与 Fe^{3+} 相互转化实验(1 课时)

8. 二氧化硫的性质实验(1 课时)

9. 浓硫酸的性质实验(1 课时)

10. 氨的喷泉实验(1 课时)

11. 铵盐的性质实验(1 课时)

12. 硝酸的性质实验(1 课时)

13. 原电池系列实验(1 课时)

14. 氢氧燃料电池的生活化实验(1 课时)

15. 电解氯化铜溶液(1 课时)

16. 乙烯的制备与性质实验(乙烯的绿色微型实验)(1 课时)

17. 乙炔的绿色微型实验(1 课时)

18. 乙醇的性质实验(1 课时)

19. 醛的性质实验(1 课时)

20. 乙酸的性质实验(1 课时)

21. 糖类的性质实验(1 课时)

22. 蛋白质的性质实验(1 课时)

23. 铜氨纤维的制取(1 课时)

24. 影响化学反应速率的因素(1 课时)

25. 氯化铵与氢氧化钡晶体的反应(1 课时)

26. 浓度对化学平衡的影响(1 课时)

27. 温度对化学平衡的影响($CoCl_2$ 溶液封管)(1 课时)

28. $FeCl_3$ 的水解实验(1 课时)

29. 沉淀溶解平衡(1 课时)

30. 探究铁的腐蚀实验(1 课时)

31. 火柴头中某些成分的检验(1 课时)

32. 硫酸亚铁铵的制备实验(1 课时)

＊根据学生实际,在上述 32 个已开发的实验中选 16 项。

实施要求

1. 课时安排：每周一次

2. 选修人数：50 人

3. 实施原则

(1) 重联系,拓展内容：遵循高中学生的年龄特点和认知发展规律,以必修一、必修二的知识为"生长点",在已学知识基础上进一步加深对所学知识的认识。

(2) 重方法,开拓思路：在实验活动的过程中,提高探究意识和实践能力。改变死记硬背、机械训练的学习方式,不仅重视知识点的理解记忆,还要能发现问题,学会反思。

评价活动

过程性评价与终结性评价相结合,既重视过程,也关注结果。

1. 考勤：全勤为 A,缺课 1—2 次为 B,缺课 3—4 次为 C,缺课 5 次及以上为 D。

2. 考核方式：纸笔测试＋实验操作。纸笔测试：以专题讲座、实验改进等方面的内容为主。实验操作：确定 4—8 个实验，由学生自选并独立操作。

3. 学分认定：考勤为 D 者，需重修，不予认定学分；考核作弊者不予认定学分。考核合格者，得 1 学分。

12　舌尖上的化学

上海南汇中学　吴春丽

前记

适用年级：高二

总课时：16

课程简介

本课程以国际理解教育为大背景，将"食品与化学"作为课题。通过社会调查、实验探究等活动，培养学生全面分析问题的习惯和严谨细致的科学态度。期望学生在学习过程中做到积极参与，分享观点，以提高其解决问题的能力和交流与表达的能力。期望通过本课程的教学，帮助学生进一步认识中西方国家不同的饮食习惯，并激发学生的食品安全意识，为健康生活打下基础。同时，本课程也期望帮助学生树立正确的化学价值观和化学社会观，改变学生对化学的普遍性偏见和误解。

背景分析

近年来，食品安全问题频发，人们普遍将矛头指向化学品在食品加工领域的应用。期望通过本课程的教学，帮助学生正确认识化学对人类生活所起的作用，为化学去"妖魔化"。随着国际交流的日益频繁，认识并理解不同民族的饮食习惯颇为重要。本课程将介绍中西方国家在饮食上的差异，并将其与化学知识联系起来，使学生能更好地尊重差异，友好交往。

高二的学生已经基本掌握了大部分高中化学基础知识，有一定实验操作的能力。本课程内容的选择必须是学生感兴趣的,从而使其能积极参与到课程学习中来;课程的难度应充分考虑学生已有的学习经验,并能够获得新的经验;课程的实践必须考虑学生的时间,尽可能在课上完成,不占用课余时间,不影响基础型学习。

本课程涉及学生实验、资料查询、视频欣赏、问卷调查等活动,需要相关硬件设备的支持及人员的协作。

课程目标

1. 通过查找和阅读资料,了解常见的饮食营养学知识。

2. 学会通过观察和记录相关实验现象,探测部分食品中的成分,并对其做出一定的定性及定量检测。

3. 初步了解与食品有关的化学问题,正确看待化学对人类生活的影响。

学习安排

本课程将考虑课程实施时的气候情况,适时地开展四个单元。

单元一:今天喝什么

背景:9月气候炎热,学生热衷于喝各种各样的饮料。结合这一情况,本单元将讨论饮料问题。

课时1:分享课程纲要;调查饮料

实施建议:与学生分享课程纲要。班级分组,分头行动。各小组成员分头完成以下任务:调查饮料的类型、品牌、成分、售价、销售量等;去电子阅览室查询与饮料相关的化学知识;整理和展示调查材料。

课时2:常见饮料种类

实施建议:学生汇报交流调查到的信息。教师总结归纳饮料的常见分类、主要成分及功能,介绍世界三大饮料——茶、咖啡、可可,指出其背后隐藏的化学知识及透射出的文化差异。

课时3:维C测定实验

实施建议:在教师指导下,学生选择合适的氧化剂对果汁饮料中的维生素C进行定性的检验,运用滴定法对果汁饮料中的维生素C进行定量测定。

课时4:饮料的选择

实施建议:观赏视频片段——东方卫视节目《双城记》之"毒塑风暴",看专家当场调制柠檬汁、奶茶、草莓果酱等;学生交流分享观后感,教师适时指导学生恰当地选择饮料。

单元二:主食的诱惑

背景:金秋 10 月,进入水稻收割、小麦播种的时节,这都涉及人类的主食米和面。这个月将开展主食专题学习。

课时 5:主食与添加剂

实施建议:观赏视频片段——央视《舌尖上的中国》之"主食的故事";师生互动,讨论主食与人体健康、如何选购无有害添加剂的米、面。

课时 6:制作浆糊与面筋实验

实施建议:在教师指导下,学生尝试土豆制浆糊,土豆制面筋,完成实验报告。

课时 7:自制酒酿实验

实施建议:在教师指导下,学生尝试酿酒,完成实验报告。

课时 8:分享品尝

实施建议:学生分享实验成果,品尝自制的甜酒酿。教师讲述主食及加工过程中涉及的化学知识。讨论不同地区人们主食选择的差异及原因,同时教育学生要尊重他人的饮食习惯。

单元三:调出美味来

背景:11 月,秋意浓,农民们体会丰收的喜悦,吃货们享受季节的馈赠。这个单元将学习美食与调味剂专题。

课时 9:寻找甜蜜的滋味

实施建议:学生利用课余时间去超市调查、搜集各种糖类产品,课上交流、小结糖的分类及常见的甜味剂。教师讲述糖分对人体的影响。

课时 10:探究炒洋葱为什么有甜味

实施建议:学生利用课余时间在家炒一盘洋葱并品尝,思考为什么炒熟的洋葱有甜味。在教师指导下,提出假设、设计实验、验证假设、得出结论,体会科学探究的一般过程。

课时 11:醋的妙用

实施建议:查找资料,了解醋的历史及各国的醋文化。从化学的角度阐述生活中"一醋解千愁"的原理,如为什么吃蟹宜蘸醋;烧鱼时加点醋和酒会更香等。

课时 12:盐的奥秘

实施建议:教师借助 PPT 介绍盐在食品加工中的应用、盐对人体的作用及食盐中为什么要加碘,并倡导大家低盐清淡饮食。学生实验:加碘食盐中碘的检验。

单元四：烹出健康来

背景：12月，近岁末，圣诞、元旦及春节越来越近。人们习惯于用盛宴庆祝节日，犒劳忙碌了一年的家人。这个单元将开展烹饪专题学习。

课时13：炒菜的学问

实施建议：学生周末回家协助妈妈做一顿晚餐，记录烹饪的方式，比较菜肴的口感，体会实验步骤和手段的不同对实验结果产生的差异。课上交流分享做菜的体会；教师介绍常见的烹饪方式及其对人健康的影响。师生共话东西方国家常采用的烹饪方式，评选健康烹饪方式"排行榜"。

课时14：我来当厨师

实施建议：自选食材，运用本课程学到的各种与健康饮食相关的化学知识，做一道健康、营养的菜。课上互品佳肴，交流分享心得，评选最佳厨师及最健康菜肴。

课时15：推广宣传

实施建议：组织学生去社区、街头发放调查问卷，了解当地居民的饮食习惯，印发《中国居民膳食指南》，宣传健康饮食，倡导人们尊重不同民族的饮食习惯。

课时16：总结交流

实施建议：学生畅谈化学对人类生活的影响，体会掌握必要的化学知识对健康饮食所起的积极作用。自评互评，结束课程。

评价活动

对学生的评价采用自评、互评及教师评价相结合的方式，从知识与技能、过程与方法、情感态度与价值观三个维度全面评价。重视学生在教学过程中的表现，小组合作的态度、作业完成的情况、实验的成果等都可以作为成绩评定的依据。

第五部分

传统文化与红色经典

 导读

　　传统文化与红色经典类校本课程,是近年来在落实立德树人根本任务和实现中华民族伟大复兴中国梦的指引下,引发学校与教师诸多关注的一类课程。此类课程着重弘扬中华传统文化、国家发展进程中值得传颂的革命精神、奉献精神等,学生可以通过课程学习,探索这些经典文化与精神在新时代的意义。

　　此类课程的设计,旨在鼓励学生在理解所处的多元世界的同时,不忘初心、立足根基,深入了解民族和国家的文明与精神,在此基础上形成认同感与自豪感,逐渐建立与丰富自己的世界观、人生观、价值观。此外,课程的设计也让学生一面回溯过往,一面将过往转换成当下与未来,将所学融入个人的发展以及个人与社会、个人与国家关系的思考中,成长为全面发展的人。

　　与其他四类主题的校本课程相比,此类校本课程的开发还在探索阶段,故总体而言获奖案例相对较少。从学段维度来看,传统文化与红色经典类校本课程主要分布在小学。然而,这并不意味着此类课程只适用于小学生,其同样也可以向初中生与高中生开放。

　　从历年的变化趋势来看,一个明显的特点是此类课程已经引起了诸多教师的关注,越来越多教师正在尝试设计此类课程,尤其是中小学思政课的开发是校本课程中教师努力探索的新方向。

　　由于此类课程所涉及的主要内容与其他类别的课程相比,并不是学生日常生活中常常能够接触到的,因此,具有历史感和抽象性的内容需尽可能与学生所处的现代情境建立起联系,并以多样化、趣味性强的活动串联学习内容。此外,课程评价也应更侧重于学生在课程学习中的过程性体验与对课程学习的心得、感悟等。

01 红色二七

河南省郑州市二七区长江西路小学　李芳、张莹、李晓明、张峰、李志、曹雨沛

前记

适用年级：三年级

总课时：18

课程简介

本课程是以二七地域资源为依托，以德育为主题，以研学为主要方式的校本课程。课程采用真实情景下的探究、体验式学习活动，通过十个主题的学习，了解二七大罢工事件的由来与过程，了解"二七精神"的形成与发展，感知二七事件的历史影响和现实意义；通过参加社会考察、职业体验，感悟二七精神的时代内涵，把对家乡、对二七的热爱转化为"我为红色二七代言"的行动方案。本课程主要面向学校三年级、乐于参加二七文化探究的学生开课。每周一节课内学习，同时开展相关的课外研学。

背景分析

习近平总书记在北京主持召开学校思想政治理论课教师座谈会上指出："思政课是落实立德树人根本任务的关键课程。"让红色基因代代相传，这是习近平总书记多次提及的嘱托。《关于推进中小学生研学旅行的意见》要求学校根据学段特点和地域特色，逐步建立小学阶段以乡土乡情为主的研学旅行活动课程体系。《中小学德育工作指南》把课程育人、实践育人、活动育人作为重要的育人途径。《中小学综合实践活动课程指导纲要》也强调"通过亲历、参与少先队活动、场馆活动和主题教育活动，参观爱国主义教育基地等，获

得有积极意义的价值体验"。

河南省郑州市二七区是全国唯一的以革命事件命名的区域,"二七精神"是中央组织部认定的36种"中国精神"之一。利用红色二七地域文化资源,结合学校"爱生活,乐求知,善创造"的培养目标,我们明确了课程开发的定位:把红色基因融入思政课,以体验、探究的研学课程方式开设"行走的思政课——红色二七研学课程"。

目前学校最高年级是三年级,且德育课程单一,课外德育活动分散,学生参与德育活动不够系统连贯。通过调查发现,我校学生虽身处二七、长于二七,但对"红色二七"相关内容知之甚少,却对了解二七历史普遍有兴趣,而学校所处的二七区有二七纪念塔、烈士陵园等资源,这些都为课程开发提供了条件。

课程目标

1. 通过小组合作、收集资料、实地走访等方式,了解二七大罢工事件的由来与过程,学会基本的收集与整理资料的方法,能够梳理和分享和二七精神有关的事件。

2. 通过社会考察、社会服务、职业体验等方式,学会与别人清晰、有礼貌地交流,了解相关行业特点,感受二七精神中的担当和奉献,树立向行业楷模学习的愿望。

3. 通过创意设计、研学等方式,产生传播二七精神的意愿,把对家乡、对二七的热爱转化为"我为红色二七代言"的行动方案。

学习安排

整体思路:了解二七区——探索二七区变迁——崇尚二七精神

专题一:从"第二区"到"二七区"

课时1—2:二七区概况

教学内容:(1)分享课程纲要,初步了解此课程目标、内容、实施和评价。(2)将班级分成六个研学小组。(3)学习收集资料、整理资料的方法。(4)形成研学过程中的共同约定。(5)了解"第二区"即"二七区"的前身。(6)了解"二七区"名字的由来以及二七区最初的行政区域划分。初步了解二七概况。(7)应用收集资料、整理资料的方法。

实施建议:(1)以课堂交流、听教师讲授的方式,形成对本门课程的了解,产生学习兴趣。(2)采用游戏进行分组,自由竞选每位成员在组内的任务。(3)小组讨论,班内交流,制定研学过程中的共同约定。(4)课前查阅书籍、上网搜索,收集关于二七区地理位置、行政区划方面的资料信息。(5)采用思维导图的形式展示成果,从而了解"二七区"名字的由来以及二七区最初的行政区域划分。

专题二：听爷爷讲那过去的事情

课时3：人物访谈

教学内容：(1)确定采访重点,各组形成属于自己的、明晰有条理的采访提纲。(2)了解二七区历史发展过程中的民间故事和社会事件。(3)掌握与人沟通交流的技巧。

实施建议：(1)课前小组讨论、交流对比,确定访问地点或访问人物。组内合作,形成一份采访提纲。(2)全班交流在采访时与人交流沟通遇到的问题,共同商讨解决或改进方式。(3)以手抄报、剪报等形式展示自己采访的所感所得。

专题三：二七区的昨天和今天

课时4：二七区的历史变迁

教学内容：(1)了解二七区发生的巨大变化及变化的原因。(2)体会二七巨变中展现的二七精神。

实施建议：(1)课前查阅书籍影视资料、网络搜索、实地考察等方式收集二七区建筑、交通、居住环境等新旧照片资料,制作对比图卡,附以文字说明。(2)展示对比图卡,交流分享,感受二七变化。(3)全班交流分享,感受二七区在变化中不断迅速发展,体会二七人民忠诚、奉献的精神。

专题四：我是二七地标宣讲员

课时5：二七地标知多少

教学内容：(1)了解二七地标的概念。(2)掌握二七各个地标的基本概况。

实施建议：(1)老师讲解、学生举例,了解二七地标的基本概念。(2)在课前搜集二七地标相关知识的基础上,举行"二七地标知多少"课堂知识竞答比赛,从而掌握二七各个地标的基本概况。

课时6：我在二七地标打个卡

教学内容：(1)近距离接触二七各个地标,进一步加深对其的认知。(2)用喜欢的方式表达自己对二七地标的喜爱。

实施建议：(1)实地考察,近距离接触二七各个地标,进一步加深对其的认知。(2)采用和二七地标拍照合影、制作二七地标姓名牌等自己喜欢的方式表达出对二七地标的喜爱。

专题五："感动二七"颁奖典礼

课时7：二七楷模

教学内容：(1)认识二七精神楷模人物。(2)通过二七精神楷模人物的事例，加深对新时代二七精神的认知。

实施建议：(1)课前收集二七精神楷模人物资料，小组内分享，认识二七精神楷模人物。(2)课上模拟颁奖典礼，了解二七精神楷模人物的事例，从而加深对新时代二七精神的认知。

专题六：二七精神走京汉

课时8：了解京汉铁路大罢工

教学内容：(1)了解"京汉铁路大罢工"事件。(2)感知在"京汉铁路大罢工"中铁路革命工人的斗争精神。

实施建议：(1)前期收集相关资料、观看记录片《风暴》片段等方式，了解"京汉铁路大罢工"事件。(2)在小组讨论中，感知在"京汉铁路大罢工"中铁路革命工人的斗争精神。

课时9：走进二七纪念馆

教学内容：(1)通过实地参观，进一步了解京汉铁路大罢工事件及主要人物，完成研学导学单。(2)通过了解京汉铁路大罢工主要人物的事例，加深对敢于斗争、无私奉献"二七精神"的理解。

实施建议：(1)在研学导学单的指引下，通过实地参观的方式，进一步了解京汉铁路大罢工事件及主要人物，完成研学记录单。(2)在导游或教师的解说下，了解京汉铁路大罢工主要人物的事例，在课上小组分享研学收获的方式中。加深对二七精神敢于斗争、无私奉献的理解。

课时10：走进武汉

教学内容：(1)通过实地参观武汉二七纪念馆，完成研学导学单，对京汉铁路大罢工事件有一个更加完整的认识。(2)在全面了解京汉铁路大罢工事件的基础上，深入感悟铁路革命工人在民主革命时期的爱国主义精神和不畏强敌、不惧牺牲的英勇斗争精神。

实施建议：(1)在研学导学单的指引下，通过实地参观武汉二七纪念馆，对京汉铁路大罢工事件有一个更加完整的认识。(2)在纪念馆导游解说下，全面了解京汉铁路大罢工事件，通过小组讨论，加深对铁路革命工人在民主革命时期的爱国主义精神和不畏强敌、不惧牺牲的英勇斗争精神的理解。

专题七：人民铁路为人民

课时11：中国交通的十字路口——郑州站

教学内容：(1)了解中国铁路精神，了解郑州站的交通优势。(2)制定铁路工人岗位职责的观察记录表,为角色体验做准备。

实施建议:(1)教师讲授,初步感知中国铁路精神,通过课前搜集资料、小组分享了解郑州站的交通优势。(2)教师指导,交流讨论,以小组为单位形成铁路工人岗位职责的观察记录表格,明确观察任务。

课时12:走进郑州站

教学内容:(1)走进郑州站,观察、记录、体验,完成铁路工人岗位职责的观察记录表。(2)感受铁路工人"人民铁路为人民"的铁路精神。

实施建议:(1)学生以小组为单位走进不同岗位,观察、记录、体验,感受不同岗位的责任与担当。(2)小组交流、全班交流,分享在角色体验中的观察和感受,感受铁路工人"人民铁路为人民"的铁路精神。

专题八:一条德化街,百年商贸史

课时13:德化街的前世今生

教学内容:(1)了解德化街由来。(2)了解德化街的商业发展史,形成今昔对比,感受德化街的发展和繁荣。

实施建议:(1)课前收集德化街的相关资料,对小组资料进行筛选、整理。(2)小组分享展示,讨论今昔变化,了解德化街的发展历史,感受德化街现在的发展和繁荣。

课时14:走进德化街

教学内容:(1)实地考察,完成德化街研学记录单。(2)实地参观感受德化街现在的繁荣景象。

实施建议:(1)课前制定研学方案,实地开展研学活动。(2)小组交流、全班交流,分享在德化街中的观察和感受,感受德化街的商业繁荣。

专题九:和我在二七的街头走一走

课时15:走街串巷

教学内容:(1)制定研学计划,确认研学地点,明确任务分工。(2)实地了解二七城市和乡村的变化,感受二七的美。

实施建议:(1)小组讨论,制定研学计划,确认研学地点,明确任务分工。(2)实地参观,走进二七区的不同区域,实地了解二七城市和乡村的变化,感受田园二七的美。

课时16:话说家乡

教学内容:(1)分享交流二七新变化,感受二七的飞速发展。(2)感受二七精神在区域各行各业的建设中发挥巨大作用。

实施建议:(1)小组图片、视频展示,交流分享在实地参观中的观察,感受二七的变化和发展。(2)小组交流、全班讨论,感受二七精神在区域各行各业的建设中发挥巨大作用。

专题十:我让二七更美好

课时 17—18:红色代言行动

教学内容:开展全校范围的"我为红色二七代言"行动方案发布会。

实施建议:(1)小组交流讨论形成自己的行动方案。(2)各小组按照行动方案开展活动,并形成各小组的学习成果。(3)举行发布会分享学习成果,表达对家乡、对二七的热爱。(4)邀请家长、老师、社区代表参与。

评价活动

本课程的评价旨在让学生及时获得关于学习过程的反馈,改进后续学习,主要以档案袋形式记录学生的课程学习过程,从方案制定、研学过程、成果展示等方面观察和分析学生在课程中的参与情况。每项评价分为 A、B、C 三个层级。

课程评价共计 100 分,其中,研学评价占 60 分,"我为红色二七代言"行动方案占 20 分,小组合作占 20 分。

总分 85 分及以上的获得希希梦想币一张、85 分以下的获得希希贴纸 3 张(梦想币、希希贴纸为我校专属评价工具,期末可以使用梦想币、希希贴纸兑换自己的梦想)。在"我为红色二七代言"活动中获得 A 等级的小组成员,获得"二七明星代言人"的称号。

"我为红色二七代言"评价表

评价维度	评价等级及标准		
	A(20 分—16 分)	B(15 分—11 分)	C(10 分及以下)
方案设计	行动方案内容完整(包括主题、参与人、分工、活动内容等);代言形式有创意;能体现出对二七的热爱和对二七美好未来的设想	行动方案内容完整;代言形式有创意;缺乏对二七美好未来的设想	行动方案内容不完整;代言形式缺乏创意;代言活动缺乏对二七的热爱和对二七美好未来的设想
活动过程	能够多方面收集影像资料;能够灵活、合理、及时解决活动中的突发问题	能够收集影像资料;能够解决活动中的突发问题	影像资料不够全面、充分;不能够解决活动中的突发问题
表达展示	能够清晰、流利有感情地分享"我为红色二七代言"的经历和成果	能够分享"我为红色二七代言"的经历和成果	不能够分享"我为红色二七代言"的经历和成果

研学表现评价表

评价维度		评价等级及标准		
		A(60 分—51 分)	B(50 分—41 分)	C(40 分及以下)
研学前	内容了解	通过询问家长、查找资料等方式收集信息,并记录下主要问题	仅了解研学地点	不了解
	物品准备	独立准备所需物品,准备充分	需要家长帮助准备物品	没有准备
研学中	自我管理	能主动遵守公共秩序,服从教师管理	能在老师的提醒下遵守公共秩序	不能遵守公共秩序
		具有团队意识,与小组同伴一起活动,主动帮助小组同学	在小组同学的提醒下,能和小组同伴一起活动	独自活动,没有和小组同学一起活动
		遵守时间,能控制好自己的行为,管理自己物品	在别人的提醒下基本能够遵守时间要求,能管理好自己的物品	没有遵守时间要求,物品有丢失现象
	实践活动	自主选择恰当的活动方式	在同伴的帮助下选择活动方式	不能选择
		用多种方法搜集、处理信息	在同伴的帮助下才能搜集、处理信息	不会搜集、处理信息
		能运用所学知识解决实际问题	在同伴的帮助下解决问题	不能解决
研学后	资料收集	独立完成个人档案袋的收集和整理	在家长或老师的帮助下完成	不能完成
		根据活动分工,主动完成小组资料收集任务	在老师或同伴帮助下完成小组资料收集任务	不能完成
	学习成果	活动中能发现新问题	在老师或家长的帮助下发现新问题	不能发现
		小组讨论中有自己的见解,并大胆和同学交流	在同伴的帮助下形成自己的见解,并交流	没有见解

小组合作评价表

评价维度		评价等级及标准		
		A(20 分—16 分)	B(15 分—11 分)	C(10 分及以下)
组内合作	分工情况	组内分工明确,任务分配合理	组内分工不够明确,只有基本的任务分配	组内分工不明确
	参与情况	服从安排,每个成员都能积极参与小组合作,发挥自己才能	大部分成员服从安排,能参与小组活动并尽自己所能	只有个别成员服从安排,参与小组活动
	合作情况	每个成员愿意听取别人的意见并发表自己的看法见解	大部分成员愿意听取别人的意见,发表自己的看法	只有个别成员愿意听取别人的意见

评价维度		评价等级及标准		
		A(20 分—16 分)	B(15 分—11 分)	C(10 分及以下)
	资料共享	都能主动分享自己的资料	大部分成员能分享自己的资料	只有个别成员愿意分享资料
	任务完成	任务总是能按时完成,自己有所收获	任务大部分能按时完成,比较有收获	只有个别任务能按时完成,收获不大
组间合作	组间关系	关系融洽,能积极地参与组间合作	关系一般,能参与组间合作	关系冷淡,基本不能参加组间合作
	资料共享	小组能将自己的资料共享给其他小组	小组只将自己部分资料共享给其他小组	小组基本上不把自己的资料共享给其他小组
	研讨价值	合作效果好,问题解决有实质性的进展或者有有价值的成果出现	合作效果好,问题解决有一些进展或有一些成果	合作效果一般,问题解决几乎没有进展或没有成果

02 篆刻蒙学

天津市滨海新区塘沽于庄子小学　杨玉龙

前记

适用年级：三至六年级

总课时：18

课程简介

学校在全面深入实施素质教育的同时注重民族文化教育，在"研籍明理，勒石立行"特色办学思想熏陶下，"篆刻"就是我校艺术教育工作中的一个特色项目。2003 年 10 月，学校成立了篆刻兴趣小组——"籍石印馆"。通过多途径、多渠道、多元化活动的开展，做大做强篆刻特色项目，现已把篆刻课程纳入课表，并使用由学校教师自行编写的区本教材《篆刻蒙学》。我们坚持把篆刻项目的培训活动、展示活动、社会活动与学校德育工作相整合，主要从"篆刻拓展课、篆刻小团队活动、课外社会活动"三条途径来达成。为推动学校篆刻特色项目的发展，学校建立了多元化的民族文化教育活动实施运作机制与策略，学校篆刻特色项目的开展已彰显成效，篆刻项目成为我校艺术特色工作中的"品牌产品"。

背景分析

在学校书法、篆刻社团的基础上，筹建了籍石印馆。把读书和篆刻有机地结合，以促进知识教学和学生人文传承、学科教育与文化熏陶的协调，充分提升学生认识水平和境界，从而促进学生全面和谐的发展，形成了和谐相处的学校人文环境，和以课堂教学为主阵地，各项教育行动有机结合的素质教育新格局。

篆刻特色教学是新生事物,没有现成教材可参考。新课程改革给学校和教师留有很大的空间,我们根据学校实际情况和教学需要,在继承传统篆刻艺术的基础上,在篆刻技法、材质、教学研究等方面,有所突破和创新,并编写了《篆刻蒙学》一书,利用学生课余时间进行授课。

课程目标

1. 通过倾听教师讲解,了解篆刻基本常识和技法。

2. 积极参加篆刻以及书法作品展示、交流、比赛、古诗文诵读等各项专题艺术实践活动。

3. 通过学习、作品鉴赏和创作,感受篆刻艺术的文化价值和审美情趣。

学习安排

课时 1:分享课程纲要;篆刻的历史及汉印赏析

课时 2:篆刻步骤(兼顾汉印赏析)与刻前准备(兼顾汉印赏析)

课时 3:写印稿(描写汉印)

课时 4:摹印(摹写汉印)

课时 5:执刀法(刻画基本线条)

课时 6:运刀法(刻画回形线条)

课时 7:正冲法(临刻单字印)

课时 8:切刀法(临刻单字白文印)

课时 9:切刀与冲刀的结合法(临刻单字白文印)

课时 10:单刀正冲法

课时 11:单刀侧冲法(临刻单字白文印)

课时 12:汉印及明清篆刻名家作品赏析

课时 13:白文印基本刻法(临刻双字白文印)

课时 14:朱文印的刻法(临刻单字朱文印)

课时 15:修改加工(修改未完成作品)

课时 16:钤印(钤印练习)

课时 17:临刻汉印

课时 18:篆刻名家边款赏析(以赵之谦边款为主)

评价活动

对于学生的评价,不采用考试的方式,而是依据学生兴趣、爱好、学习成果进行评价。具体评价方式如下:

1. 精品展览。开展多种形式的校内、校外学生作品展览,利用《小雨点》校报、板报、橱窗、手抄报和广播站等途径,宣传篆刻艺术,同时开展征联、接诗、竞刻等活动,加强对学生进行鼓励。

2. 作品集。将每个阶段学生的优秀作品、照片、获奖作品、荣誉证书等结集成册。

3. 开展专题艺术实践活动。加强与社会文化团体的合作与交流,通过组织参加篆刻及书法作品展示、交流、比赛,古诗文诵读,朗读比赛,师生论坛等活动,在活动参与和现场学习中,对学生进行评价。

4. 期末评语。每个学期结束后,学校利用现有资源,将学生每个阶段的作品制作成塑封的书签,作为阶段性的评价。

03 小神农走进百草园

浙江工业大学　陈慈、汪加英、花露、胡凡琪

前记

适用年级：三至六年级

总课时：16

课程简介

"小神农走进百草园"以"认识常见中草药、感受中医药文化"为核心目标，大力弘扬中华传统文化，引领学生学习相关的中草药知识。本课程分为理论课、实践课和分享课三种类型；分为"常见中草药""趣味多多中草药""地域特色中草药"和"我国著名的中医学家"四大主题单元。在课程学习中培养学生收集、处理和利用信息的能力，丰富童年生活，发展个性，开发潜能，促进学生全面和谐发展和终身持续发展。

背景分析

中草药文化有着悠久的历史，我国的第一部医书《黄帝内经》距今已有二千多年的历史。新型冠状病毒肺炎爆发后，中医药为临床治疗提供了诸多选择，在防治新型冠状病毒肺炎中发挥了重要的作用。中草药拥有悠久的历史，是中华传统文化中的璀璨瑰宝，对中草药的学习具有独特的价值和意义。

课程实施的条件：

1. 学校有相应草药的资源收集、种植等物质条件；

2. 学校配有 VR 教室，具有虚拟仿真教学实施的条件；

3. 教师应具备中草药的基础知识；

4. 当地相关部门及组织的支持，如中医药方面的专家到校授课。

课程目标

1. 了解中草药常用知识，梳理常见中草药分类、种植、采集、加工、保管的基本方法。

2. 通过实践学习，认识常见中草药及其功用主治。

3. 体会中医和中药的意义和价值，关心中医中药发展。

学习安排

单元一：我国著名的中医学家

课时1：分享课程纲要；中草药的前世今生

实施建议：讲解中草药在古代医疗中发挥的作用，现代对中草药的研究及应用，以及中医药在防治新型冠状病毒肺炎中发挥的重要作用，使学生明白学习中草药的意义，引起学习的兴趣。

课时2：古代神医——扁鹊

实施建议：课中——通过相关的视频和收集的资源，向学生介绍古代神医扁鹊，发放扁鹊"简历表"，让学生在课中边学边记录扁鹊的相关信息，并在课后通过资料的查找完善扁鹊"简历"。课后——收集关于神医扁鹊的相关故事，用于之后的分享。

课时3：外科圣手——华佗

实施建议：课中——通过相关的视频和收集的资源，向学生介绍古代神医华佗，发放华佗"简历表"，让学生在课中边学边记录华佗的相关信息，并在课后通过资料的查找完善华佗"简历"。课后——收集关于"外科圣手"华佗的相关故事，用于之后的分享。

课时4：著名中医学家——任应秋

实施建议：课中——通过相关的视频和收集的资源，向学生介绍著名中医学家任应秋，发放任应秋"简历表"，让学生在课中边学边记录任应秋的相关信息，并在课后通过资料的查找完善任应秋"简历"。课后——收集关于著名中医学家任应秋的相关故事，用于之后的分享。

单元二：常见中草药

课时5：传统时节的中草药

实施建议：课中——以"重阳节的明星草药"为题，认识菊花、桂花等基本知识，区分山茱萸和吴茱萸,通过视频了解重阳节的传统习俗,以及相关教学资源对重阳节涉及的中草药进行学习和认识。课后——完成与传统节日相关的中草药的功效作业单。

课时6:贴近生活的中草药

实施建议:课中——围绕感冒、饮食和睡眠等贴近生活的内容,介绍一些常见中草药及中医配方,指导学生正确选择感冒药,养成正确的饮食和睡眠习惯。课后——完成贴近生活相关的中草药的功效作业单。

课时7:"走进学校百草园"实践课(1)

实施建议:课中——走进学校的"百草园",在百草园寻找上课介绍过的中草药,仔细观察,认真记录,和小组成员一起交流。教师发放中草药的种子,学生按照喜好领取种子,回家播种。课后——和家长一起播种中草药;利用周末,和家长或者学生小组一起,走进自然,寻找自然中野生的中草药,可以制作标本,也可以认识新的中草药。

课时8:"常见中草药收集"汇报分享课

实施建议:课前——小组整理收集到的中草药的资料,整理小组资料包准备汇报的PPT制作及分组,为下节课的小组分享做准备。课中——实时连线在中医方面有建树的专家,进行观点分享,拓展学生的视野;小组汇报及资料分享;教师和专家对汇报分享的小组或个人进行点评。

单元三:趣味多多中草药

课时9:变废为宝的中草药

实施建议:课中——针对日常生活中人们丢弃的橘子皮、玉米须、花生衣、鸡蛋壳和石榴核等,讲解这些被抛弃的宝物的药用价值及使用方法。课后——完成变废为宝的中草药的功效作业单。

课时10:"是否有毒"的中草药

实施建议:课中——围绕"为什么吃毒不中毒""为什么无毒却有害",教师介绍白果、朱砂和雄黄等有毒药材的使用注意事项,知道使用不当也会引起中药中毒;知道一些中药虽不含有毒成分,但过量服用也会引起中毒,如过量服用肉桂会引起血尿;决明子虽然有降血脂的作用,但同时可引起腹泻,长期饮用对身体不利。课后——完成"是否有毒"的中草药的功效作业单。学生小组通过资料查找,讨论如何科学合理用药,增强合理、科学用药的意识,懂得自我保护。

课时11:"走进学校百草园"实践课(2)

实施建议:课中——走进学校的"百草园",在百草园寻找上课介绍过的中草药,仔细观察,认真记录,和小组成员一起交流。观看相关中草药的标本,对橘子皮、玉米须、花生衣、鸡蛋壳和石榴核等被丢弃的具有药用价值的中草药进行实体的接触。课后——回家和家长一起收集橘子皮、玉米须、花生衣、鸡蛋壳和石榴核等被丢弃的具有药用价值的中草药。

课时12："趣味多多中草药"汇报分享课

实施建议：课前——小组整理中草药资料包，准备汇报的PPT，为下节课的小组分享做准备。课中——实时连线中医药专家，进行观点分享，拓展学生视野；小组进行汇报及资料分享；教师和专家对汇报分享的小组或个人进行点评。

单元四：地域特色中草药

课时13：地域特色中草药

实施建议：课中——围绕"西南地区特色中草药""西部高原地区特色中草药"两个小节，结合一些影视剧中提及的名贵、珍稀、特色的中草药进行介绍，了解更多的中草药相关知识。课后——完成地域特色的中草药相关的功效作业单。学生小组通过资料查找，整理更多具有地区特色的中草药，用于分享。

课时14："走进学校百草园"实践课（3）

实施建议：课中——走进学校百草园，寻找之前理论课没有提及的中草药，看哪个小组寻找到的多；去学校的标本室，近距离观察课堂学习到的地域特色中草药；去VR虚拟教室，通过虚拟仿真技术观察名贵珍稀的中草药。课后——学生小组通过资料查找，整理更多具有地域特色的中草药，用于分享。

课时15："地域特色中草药"汇报分享课

实施建议：课前——小组整理中草药资料包，准备汇报的PPT，为下节课的小组分享做准备。课中——实时连线中医药专家，进行观点分享，拓展学生视野；小组进行汇报及资料分享；教师和专家对汇报分享的小组或个人进行点评。

单元五：中草药知识知多少

课时16：终章——我们与中草药

实施建议：每位同学展示课程的个人学习成果，教师对班级的学习成果进行总结。

评价活动

1. 评价指标

（1）了解有关中草药的知识，掌握本课程学习过的中草药的相关内容，包括名称、种类和功用主治等；

（2）了解常见中草药采集、加工、保管的基本方法；

（3）了解中草药的历史，认识历史上知名的中医、中草药学家；

（4）掌握资料调查、整理、汇报的方法。

2. 评价方式

本课程的评价注重主体性、多元性、过程性和发展性，因此，在追求全面化的前提下，评价方式力求多样化。

在实施的过程中，每个单元结束的分享课，选定学生小组对本单元内容汇报展示完后，运用评价量规，采用学生自评（30%）、组长评价（20%）、教师和专家评价（50%）相结合的形式，评价学生的学习状态和效果。占总评的50%。

学期末组织对中草药学习小册子的检查，正确背诵并掌握中草药的名称、种类和功用主治等基本知识。占总评的20%。

课程结束后提交一份个人作业，包括以下内容：关于中草药学习的感悟、中草药的作品（标本册、相册等）、中草药或者历史上与中药有关的人物小故事等体现课程收获的作业。占总评的30%。

附：第一单元学习评价表

姓名：		班级：	课程主题：	日期：		备注：
项目		评价量规		学生自评	组长互评	教师评价
感受认识		认识生活中常见的一些中草药；				
		说出常见中草药的特点和功效。				
实践汇报	观察记录	在"百草园"中能找出介绍过的中草药；				
		能够仔细观察中草药的外形特点。				
	播种草药	完成中草药种子的播种；				
		记录该中草药的生存习性。				
	制作标本	寻找出自然中的野生中草药，观察并查找资料进行了解；				
		将找到的野生中草药制作成标本。				
	整理汇报	小组整理收集观察的中草药的特点、功效等资料；				
		制作汇报成果的PPT并进行分享汇报。				
学习参与		积极投入课内外学习；				
		了解课本里的几种中草药；				
		认识课本外的其他中草药。				

注：达到要求的同学，在自评中给小花涂上喜欢的颜色；在学生互评中给同伴送上美丽的树叶；教师评价中给予学生笑脸奖励。

评价时，强调学生在"走进百草园"实践中体现的观察能力、动手能力、资料收集能力以及分工协作能力，激发学生参与课程的积极性。

04　马克思主义·少年说

山东省临沂第四十中学　张红、主国情、李伟娜、王志娟

前记

适用年级：六年级
总课时：16

课程简介

本课程面向小学六年级学生，以马克思、毛泽东、周恩来、习近平等伟人系列故事为主要学习内容，把社会主义核心价值观教育校本化实施融入其中，根据学生认知规律和课程的特点融阅读、观赏、写作、演讲于一体，旨在让学生成长为有信念信仰、有理想价值、有劳动奋斗、有团结友谊等素养的和合少年。

背景分析

本课程属于学校和合课程体系下的和圣课程，针对我校学生缺乏理想信念与奋斗目标，部分学生抗挫折能力差、以自我为中心、缺乏换位思考能力等状况而开设，以此为载体，让理想信念和社会主义核心价值观教育在我校落地。

课程目标

1. 通过欣赏反映伟人成长历程的电影和微视频，阅读马克思、毛泽东、周恩来、习近平等伟人的故事和名言，增加对伟人的了解，感受伟人的魅力，提高阅读的速度和提取关键

信息的能力。

2. 通过"我的理想""劳动奋斗的故事""我们的友谊"等主题的写作和作品评价,分享审题与写作的技巧,提高写作能力。

3. 通过围绕四个主题内容的演讲,提高围绕中心观点搜集与整合材料的能力,掌握演讲的技巧,提高演讲能力。

4. 通过欣赏、阅读、写作、演讲等活动的开展,树立正确的信念信仰和价值观念。

学习安排

单元一：信念信仰

课时1：分享课程纲要

教学内容："马克思主义·少年说"课程纲要分享。

实施建议：教师通过调查问卷的形式,引领学生了解"马克思主义·少年说"课程纲要,明白课程的开设背景、内容、实施等;学生在小组内交流对课程的认识。

课时2：马克思的一生

教学内容：观看有关马克思的微视频或电影,了解马克思的一生。

实施建议：利用多媒体,播放介绍马克思一生的纪录片;利用思维导图,绘制马克思的一生。学生交流感受,拉近与伟人的距离。

课时3：伟人的信仰

教学内容：阅读《自白》《在被告席上》《〈共产党宣言〉是科学社会主义的经典》《从周恩来终生不回故乡看信念坚定》《有一种信仰薪火相传》,分享名言。

实施建议：学生自由阅读《自白》《在被告席上》《〈共产党宣言〉是科学社会主义的经典》《从周恩来终生不回故乡看信念坚定》《有一种信仰薪火相传》五篇文章,学生根据学习提示,快速阅读文章。综合五篇文章,浅谈伟人的信念信仰,分享快速阅读的方法。小组内分享搜集的名言,然后小组选出一句名言进行分享,并说明分享理由,制作名言推荐卡,张贴在班级宣传版面。

课时4：演讲——信念信仰

教学内容：以信念信仰为题,进行演讲展示。

实施建议：学生课前搜集有关信念信仰的名人故事或者文章,结合自己的实际和演讲要求,整合材料,形成一份演讲稿。课上,每个小组推选一名代表,分享搜集及整合材料的心得体会,师生共同总结方法。然后根据前期的讨论结果,修改自己的演讲稿。每组推选两位同学进行演讲,其他同学和老师一起根据演讲评价标准进行评价。

单元二：理想价值

课时5：马克思的理想价值

教学内容：阅读《一篇出色的毕业论文》《坚决站在"冲天的巴黎人"一边》《现代普罗米修斯的自白》等文章，了解马克思的理想价值。

实施建议：学生自主阅读《一篇出色的毕业论文》《坚决站在"冲天的巴黎人"一边》《现代普罗米修斯的自白》等文章，运用之前学过的快速阅读方法，完成阅读。勾画关键句，找出马克思的理想价值。组内交流搜集的名言和时代背景，再次深入理解马克思的理想价值。

课时6：演讲——我的理想价值

教学内容：《少年立志出东山》《为中华之崛起而读书》，以"我的理想价值"为主题，进行演讲。

实施建议：阅读《少年立志出东山》《为中华之崛起而读书》和社会主义核心价值观，根据出示的表格，明确毛泽定和周恩来的理想，并梳理出他们为理想所作的努力。通过阅读文章，完成表格，感受理想价值的力量。仿照两篇文章，以"我的理想价值"为题，围绕"我的理想是什么""为什么有这样的理想""我会如何实现理想"等问题，进行演讲。演讲评价侧重演讲内容的真实性和感情的真挚性。

课时7：我们身边的理想故事

教学内容：分享社会主义核心价值观故事，欣赏有关"理想价值"微视频。

实施建议：课前搜集有关社会主义核心价值观的文章或故事，选取一个词语，制作一个卡片，课上进行分享。师生共同搜集身边人的理想价值微电影或者视频，找出不同角色的不同理想，以及由不同理想造就的不同人生，从而感受理想价值的重要。组内交流"小学生应不应该树立远大的理想"，并就不同观点组织开展辩论。

课时8：我的理想

教学内容：写作——我的理想。

实施建议：回顾本单元的内容，畅谈各自的理想，分享与理想有关的故事，然后列出提纲，最后完成练笔。根据习作的评价要求，以小组为单位进行互评。

单元三：劳动奋斗

课时9：劳动奋斗故事（一）

教学内容：阅读《贫困中的奋斗》《大英博物馆留下的足迹》《周恩来在黎平带头用瓦片搓稻谷》《有一种磨砺百折不挠》，分享有关劳动的名言。

实施建议：课前小组内确定人物，并搜集他的劳动故事。课上默读《贫困中的奋斗》《大英博物馆留下的足迹》《周恩来在黎平带头用瓦片搓稻谷》《有一种磨砺百折不挠》四篇文章。以小组为单位，将搜集的材料进行整理汇总，然后提取出关键词，给自己选定的人物绘制一幅劳动奋斗漫画像,分享漫画背后的故事,感受劳动与奋斗的艰辛与光荣。分享搜集的名言,并说明分享理由。

课时 10:劳动奋斗故事(二)

教学内容:学习文章《在延安插队的时候面临过"五关"的考验》,观看微视频《公仆之路》等。

实施建议:课前录制家人或者陌生人的劳动奋斗故事微视频。课上欣赏《公仆之路》微视频,阅读《在延安插队的时候面临过"五关"的考验》,简要复述习近平总书记劳动奋斗的故事。欣赏学生自己录制的劳动奋斗故事,从故事的内容、人物形象的塑造、画面的流畅性等方面进行评价,师生共同总结拍摄微视频的注意事项。最后总结收获,再次感受劳动与奋斗的价值。

课时 11:劳动体验推介会

教学内容:准备一张自己的劳动图片,并介绍图片背后的故事。

实施建议:准备一张自己的劳动图片和一段推荐词。课上,学生通过多媒体展示自己的劳动图片,简要介绍图片上的内容,并分享图片背后的故事。将分享过的图片张贴在班级宣传栏内。

课时 12:我的劳动奋斗故事

教学内容:写作——我的劳动故事。

实施建议:学生根据上一节课分享的劳动奋斗体验,列出习作提纲,组内就提纲进行讨论修改,然后完成习作。最后进行评价。

单元四:团结友谊

课时 13:伟大的友谊(一)

教学内容:阅读《马克思与恩格斯的友谊》《伟大的友谊》《习近平讲故事:中华民族有追求团结统一的内生动力》,分享马克思关于友谊的名言。

实施建议:默读阅读《马克思与恩格斯的友谊》《伟大的友谊》《习近平讲故事:中华民族有追求团结统一的内生动力》三篇文章,说说文章中的友谊给你怎样的感受。分享马克思关于友谊的名言,小组 PK,看谁积累的名言多。

课时 14:我的朋友们

教学内容:演讲——我的朋友们。

实施建议:提前准备一件与朋友有关的物品。课上展示自己的物品,并介绍展示这件物品的缘由,引出自己与朋友间发生的有趣的或者难忘的故事。评选出最打动人的故事。

课时 15:我的友谊故事

教学内容:写作——我的友谊故事。

实施建议:分享自己的友谊故事,选择最具有代表性的故事,然后列出提纲,最后完成写作。

课时 16：我眼中的马克思

教学内容："我眼中的马克思"演讲比赛。

实施建议：明确"我眼中的马克思"演讲比赛的要求，并对学生进行评价。

评价活动

1. 评价内容

包括阅读、欣赏、演讲与写作等四个方面。

2. 评价主体

学生自评、同学互评、教师评价三种方式相结合。

"马克思主义·少年说"校本课程评价量表

评价指标（权重）	A（1—0.9）	B（0.8—0.7）	C（0.6—0）	自评	互评	师评
阅读（25分）	1. 能在规定时间内，完成资料的阅读。 2. 能够准确、清晰地表达自己的感受与体会。 3. 每堂课发言 2 次以上。主动提出自己的想法。	1. 在规定时间内，基本完成资料的阅读。 2. 能够较准确、清晰地表达自己的感受与体会。 3. 每堂课发言 1 次。不能主动提出自己的想法。	1. 在规定时间内，不能完成资料的阅读。 2. 不能准确、清晰地表达自己的感受与体会。 3. 每堂课不发言。不发表自己的想法。			
欣赏（25分）	1. 主动录制劳动奋斗视频，准备劳动图片。 2. 能从电影内容、人物形象等方面作出评价，口语表达强。 3. 乐于助人，尊重他人，能主动和同学、老师交流。 4. 合作意识强。	1. 劳动奋斗视频与劳动图片，只准备了一种。 2. 能从电影内容、人物形象等方面简要评价，口语表达较强。 3. 能和同学、老师交流。 4. 合作意识一般。	1. 未准备劳动奋斗视频与劳动图片。 2. 不能从电影内容、人物形象等方面简要评价，口语表达较差。 3. 不主动和同学、老师交流。 4. 合作意识淡薄。			
演讲（25分）	1. 每次都能够按要求准备图片或物品，提前搜集、整理演讲素材。 2. 观点明确，选材恰当，声情并茂，语言流畅，富有感染力，精神饱满，肢体语言使用恰当，演讲效果好。	1. 偶尔按要求准备图片或物品，有时会提前搜集、整理演讲素材。 2. 观点较明确，选材较恰当，语言较流畅，较富有感染力，精神较饱满，肢体语言使用较恰当，演讲效果较好。	1. 不能按要求准备图片或物品，不提前搜集、整理演讲素材。 2. 观点不够明确，选材不够恰当，语言基本流畅，感染力缺乏，精神不够饱满，肢体语言使用不够恰当，演讲效果一般。			

评价指标 （权重）	A （1—0.9）	B （0.8—0.7）	C （0.6—0）	自评	互评	师评
写作 （25分）	主题突出、鲜明，用词准确，语句通顺，内容充实，感情真挚，结构合理，字迹工整。	主题较突出、鲜明，用词较准确，语句较通顺，内容较充实，感情较真挚，结构较合理，字迹较工整。	主题不够突出、鲜明，用词基本准确，语句基本通顺，内容不够充实，未能表达真情实感，结构基本合理，字迹不够工整。			
总评						

附录：2013—2021 年五届校本课程设计大赛特等奖一览表

届别	学段	课程名称	作者
第一届 2013 年	小学	沛县封侯虎	张振华、朱桂金/江苏省沛县泗水小学
		艺术博览	刘群英、方放、徐佳玮、蒋宗海/上海市打虎山路第一小学
		皮影	朱玮芳/湖南省长沙市开福区新竹第二小学
		纸绳巧编织	张艳霞、郝晓霞、刘子锋、王素珍/山东省博兴县湖滨镇见桥完小、湖滨佳海工艺品厂
	初中	仰望星空·创意航天	叶笛/上海市松江区三新学校
		海南骑楼	韩民姝/海南省海口二中
	高中	理财	周旭华/上海市第四中学
		校园微电影	黄宏、戴君/江苏省锡山高级中学
		陶艺	张新江、王燕、屠晓蓓/山东省青岛第二中学
		做智慧温暖的行者	蒋玉宇、俞晓瑾、董勤、周云、徐晴、王刚、李品磊、刘晓佳、汪庭国/浙江省湖州市吴兴高级中学
第二届 2014 年	小学	衍纸创意	陈博宇/上海市徐汇区汇师小学
		小手绘大桥	王燕/上海市徐汇区徐浦小学
		儿童剧	张帅/江苏省常州市新北区新桥实验小学
		篆刻蒙学	杨玉龙/天津市滨海新区塘沽于庄子小学
		表情的秘密	孟晓莉、谢蕾蕾/河南省郑州市郑东新区昆丽河小学
	初中	低碳生活	陆燕冰/华东师范大学第四附属中学
		创意废绳	黄彩娟/江苏省常州市勤业中学
		走呀，让我们采风去	高平/山东大学附属中学
	高中	微型化学实验	朱恩/浙江临海市回浦中学
		舌尖上的化学	吴春丽/上海南汇中学

续 表

届别	学段	课程名称	作　者
第三届 2016 年	小学	奇妙的手	潘能/江苏省常州市武进区星韵学校
		熠尘陶艺	季玉秋/山东省临沂光耀实验学校
		"火柴人"校园环保行动	崔莹/上海市徐汇区田林第三小学
		花与叶——植物标本制作	花丽霞/河南省郑州市金水区文化路第一小学
		舟山核雕	吴静/江苏苏州太湖国家旅游度假区中心小学
	初中	护宝奇兵	王鹃、裴云/北京师范大学哲学学院、忻州师范学院政治系
		我是校园新拍客	田燕、张文丽、张瑞、金文阁、王磊/河南省郑州市第七十六中学
		创意写作	温文华、翁思绮、梁静文、洪培偲、李华康/华南师范大学
	高中	生活中的创意与设计	廖根仁/浙江省台州中学
		校园心理剧	林娜/天津市滨海新区塘沽紫云中学
第四届 2018 年	小学	儿童音乐剧	张晓琼/河南省郑州高新技术产业开发区八一小学
		心晴剧场	林文捷、邓红霞、张婷、万慧杰/河南省郑州市二七区艺术小学
		校园泥吧	奚玉兰、陈海娟、顾奕、潘意如、邬春花、陆锋、陈畅、胡婷、杜爱芬/上海市奉贤区青村小学
		野营	朱江/上海市青浦区凤溪小学
		运河桥韵	王怡芳、朱雅萍/浙江省杭州市卖鱼桥小学
		创意绘本	尤敏红/江苏省无锡市少年宫
	初中	环保酵素	张静、张枫/山东省青岛第二十四中学
		乡情古塔	裘乐春、申家宁、赵丹华、房磊、李蒙爱、周济群、刘丹、王蕾/浙江省杭州市大关中学
		走进地标	阎永华、李政伟、范卉、张莲花、张毅楠/河南省郑州市第六十九中学
	高中	创客梦工厂	王黎阳、张永齐、孙玥婷、赵鑫欣/河南省郑州市实验高级中学
第五届 2021 年	小学	红色二七	李芳、张莹、李晓明、张峰、李志、曹雨沛/河南省郑州市二七区长江西路小学
		小神农走进百草园	陈慈、汪加英、花露、胡凡琪/浙江工业大学
		稻米飘香	陈宏敏、段金/山东省临沂高都小学
		速度与激情	陈珑玥、胡秀春、肖梦影、李静静/河南省郑州市中原区桐淮小区小学
		龙湖沧桑	赵琦、张学迎、张娟、孟静、杨洁/江苏省徐州市潘塘中心小学
	初中	马克思主义·少年说	张红、主国情、李伟娜、王志娟/山东省临沂第四十中学
		嘉定数字博物馆	邱晶、刘丹、徐润航、张三玉/上海市嘉定区青少年科创集散地

届别	学段	课程名称	作 者
		徐州泥玩具	闵凡思/江苏省徐州市西朱中学
	高中	牌楼	吕士媛/江苏省锡山高级中学
		荞麦情怀	姚磊、李霞、郑荣华、雷宝平、马娟娟/甘肃省定西市通渭县第三中学